Gernot Schauer

NLP als Psychotherapie

Harmlose Mixtur oder hochwirksames Verfahren?

Reihe
Pragmatismus & Tradition
Band 38
Herausgegeben
von Thies Stahl

Gernot Schauer

NLP als Psychotherapie

Harmlose Mixtur oder hochwirksames Verfahren?

Mit einem Vorwort
von Dr. Gundl Kutschera

Junfermann Verlag • Paderborn
1995

Cover-Gestaltung: Martin Gubo, Wien
Cover-Foto: Veronika Neubauer, Wien

Satz: La Corde Noire – Peter Marwitz, Kiel

Die Deutsche Bibliothek – CIP-Titelaufnahme
Schauer, Gernot:
NLP als Psychotherapie – harmlose Mixtur oder hochwirksames Verfahren? / Gernot Schauer. – Paderborn: Junfermann, 1995.
Reihe Pragmatismus & [und] Tradition, Bd. 38
ISBN 3-87387-166-1
NE:GT

ISBN 3-87387-166-1

Inhalt

Vorwort von Dr. Gundl Kutschera		11
Zum Vorverständnis		13
I.	**Einleitung**	**17**
II.	**Fragestellung**	21
1.	Allgemeine Formulierung der Fragestellung	21
2.	Spezifizierung der Fragestellung	21
3.	Methodenwahl und Aufbau der Arbeit	25
A	**Definition**	29
I	Definition	31
1.	Definitorische Annäherung und Entwicklungsgeschichte des NLP	31
1.1.	Methodenentwicklung	31
1.2.	Definition	33
1.2.1.	Neuro	33
1.2.2.	Linguistisch	35
1.2.3.	Programmieren	36
2.	Definitorische Festlegung	39
B	**Reformulierung des NLP als System der Psychotherapie**	43
I	**Allgemeine Betrachtungsweise zur Definition eines Systems der Psychotherapie**	45
II	**Menschen- und Weltbild**	47
1.	Erkenntnis- und wissenschaftstheoretische Grundlagen	47
2.	Die Auffassung zu menschlicher Existenz und die Beziehungsachse Mensch–Umwelt, erste Überlegungen zu einer Störungstheorie	50

3. Bezugnahme auf die Fragestellung 55

III Psychologische Theorien des NLP unter Bezugnahme auf das Menschenbild 59

1. Meta-Modell der Sprache 59
1.1. Kritische Diskussionsbeiträge zur Theorie des Meta-Modells 61
2. Repräsentationssysteme und Wahrnehmungskanäle 65
2.1. Primäres Repräsentationssystem 67
2.2. Synästhesien 68
2.3. Submodalitäten 69
2.4. Analoges Repräsentationssystem 70
2.5. Digitales Repräsentationssystem 71
2.6. Kritische Untersuchungen und Bezug zur Fragestellung 71
3. Ressourcen 74
3.1. Modellierungsverfahren des NLP 75
3.1.1. Self-Modeling – Verwertung personeninterner Ressourcen 76
3.1.2. Modellieren anderer Personen – Verwertung personenexterner Ressourcen 76
3.2. Bezug zur Fragestellung 77
4. Beliefs 81
4.1. Ätiologie 83
4.2. Wirkung 85
4.3. Therapeutische Relevanz des Beliefmodells 87
4.4. Bezug zur Fragestellung 88
5. Prinzip der Wahlmöglichkeiten 90
5.1. Therapeutische Umsetzbarkeit 92
5.2. Vergleich zu psychologischen Theorien 93
6. Die Funktion des Unbewußten 96
6.1. Kritik an der Theorie des Unbewußten und Bezug zur Fragestellung 99

7.	Inter- und intrakommunikative Aspekte unter Berücksichtigung von bisher geschilderten phänomenologischen Betrachtungen des NLP	103
7.1.	Innerer Zustand	103
7.1.1.	Assoziation	104
7.1.2.	Dissoziation	105
7.1.3.	Wahrnehmungspositionen	105
7.2.	Innere Prozesse	107
7.3.	Physiologie	108
7.4.	Filter	108
7.5.	Interdependenzen	109
7.6.	Bezug zur Fragestellung	109
8.	Vorläufige Zusammenfassung im Bezug zur Fragestellung	111
9.	Persönlichkeitsmodell	112
9.1.	Beschreibung des Persönlichkeitsmodells nach DILTS	113
9.2.	Persönlichkeitsmodell nach KUTSCHERA und das dynamische Modell des Systemansatzes	116
9.2.1.	Diagnostische Bedeutungen der logischen Ebenen	119
9.2.1.1.	Das Gesundheitsbild	120
9.3.	Die Dimension der Zeit in Erfassung eines Persönlichkeitsbildes	122
9.4.	NLP – System – Matrix als Zusammenfassung eines Persönlichkeitsmodells	126
9.5.	Zusammenfassung und Ansätze von Störungstheorien	127
9.5.1.	Interpersonale Konfliktfelder	130
9.5.2.	Konfliktfeld Person-System-Umwelt	132
9.5.3.	Intrapsychische Konfliktfelder	132
9.6.	Bezugnahme zur Fragestellung	134
IV	**Therapietheorie**	145
1.	Ziele und Inhalte der Therapie	145

2.	Diagnostische Konzepte und Krankheitslehre	148
3.	Anwendungsgebiete	149
3.1.	Indikation und Kontraindikation	150
3.2.	Klinische Anwendungsbereiche	156
3.2.1.	Therapie von Erwachsenen	156
3.2.2.	Therapie von Kindern und Jugendlichen	156
3.2.3.	Systemischer Ansatz und Familientherapie	157
3.3.	Nicht-klinische Anwendungsgebiete	158
3.3.1.	Prävention	158
3.3.2.	Pädagogik	158
4.	Definition des Terminus Therapie im NLP	159
5.	Kontext zur Fragestellung	161
V	**Praxeologie**	169
1.	Therapeutische Beziehung	169
1.1.	Anspruch an den Therapeuten	169
1.1.1.	Pacing und Leading	170
1.1.2.	Kalibrieren	171
1.1.3.	Anforderungen an den Therapeuten	173
1.2.	Widerstand	174
1.3.	Übertragung – Gegenübertragung	176
1.4.	Bezug zur Fragestellung	178
2.	Verlaufsmodell des NLP	186
2.1.	Prozeßmodell und Verlaufsphasen der Therapie nach NLP	186
2.1.1.	Zusammenfassung des Therapieprozesses nach NLP	192
2.2.	Therapeutisches Setting	194
2.3.	Bezug zur Fragestellung	195
3.	Spezifische Formen, Therapietechniken und Interventionsmodelle des NLP	199
3.1.	Interventionstechnik Ankern	200
3.1.1.	Theoretischer Hintergrund der Ankertechniken	200

3.1.2. Anwendungsformen der Anker 202
3.1.2.1. Eigenständig produzierte Verankerungsprozesse 202
3.1.2.2. Verankerung mit Fremdeinflüssen 203
3.1.3. Die psychotherapeutische Umsetzung und Anwendung der Ankertheorie 203
3.1.3.1. Kollaps-Anker 205
3.1.3.2. Chaining / Kette von Ankern 206
3.1.3.3. Weitere Strategien mit Ankervariationen 206
3.1.3.3.1. »Veränderung« der persönlichen Geschichte durch Ankertechnik 206
3.1.3.3.2. Verankerung eines erwünschten Zustandes unter Einbeziehung von Erfahrungen 207
3.2. Therapeutische Aktivierung von Submodalitäten 207
3.3. Interventionen mit regressiven Anteilen 211
3.3.1. Veränderung der persönlichen Geschichte 211
3.3.2. Beliefs 212
3.3.2.1. Satir-Modell 213
3.3.2.2. Technik unter Einbeziehung von Submodalitäten 214
3.3.2.3. Installieren eines neuen Glaubenssatzes 215
3.3.2.4. Integrationsansatz zur Beliefbearbeitung 216
3.3.3. Reframing 218
3.3.3.1. Six-Step-Reframing 220
3.3.3.2. Kontextreframing 221
3.3.3.3. Inhalts- oder Bedeutungsreframing 222
3.3.3.4. Verhandlungsreframing 222
3.3.3.5. Zusammenfassung 223
3.3.4. Regressionen mit Hilfe der »Time line« 224
3.3.4.1. Grundlegendes Interventionsprinzip der Zeitlinie und dissoziiertes Erleben von Vergangenheit, Gegenwart und Zukunft 224
3.3.4.2. Parental Time line 225
3.3.5. Phobie-Technik 228

3.3.6. Zusammenfassung 230
3.4. Gegenwartsbezogene Interventionsmuster 230
3.4.1. Drei Positionen 231
3.4.2. New behavior generator 231
3.5. Zukunftsorientierte Interventionsmodelle 232
3.5.1. Zielarbeit 232
3.5.2. Future pace oder der Schritt in die Zukunft 233
3.6. Bezug zur Fragestellung 234

C Resümee 237

Anmerkungen 249
Literatur 260

Vorwort

Im Sommer 1990 wurde vom österreichischen Nationalrat ein »Psychotherapiegesetz« beschlossen, das den Psychotherapeuten als zweiten Heilberuf neben den Ärzten definiert. Da dies weltweit die erste diesbezügliche Gesetzgebung ist, ist es notwendig, vieles neu zu definieren. So schließt sich der Kreis, der mit Freud begonnen hat, und macht Österreich zum Vorreiter auf psychotherapeutischem Gebiet.

Das vorliegende Buch von Gernot Schauer ist eine wichtige Arbeit, die zur inhaltlichen Diskussion, wie die Rolle eines Psychotherapeuten sein kann, beiträgt. Die formale gesetzliche Regelung kann die Ausbildung und das Tätigkeitsfeld genau regeln. Niemals kann jedoch gesetzlich festgelegt werden, was einen »guten« von einem »schlechten« Psychotherapeuten unterscheidet. Es kann nicht regeln, was der Unterschied ist, der den Unterschied ausmacht.

Eine weitere wichtige Aufgabe fällt dem Psychotherapeuten dadurch zu, daß seine Arbeit wesentlich zum Finden eines neuen menschlichen Miteinanders beiträgt. Zur Zeit fehlt eine allgemeine Vorstellung darüber, wie ein glücklicher und ganzheitlich integrierter Mensch, der in Beziehung mit seinem Umfeld ist, ausschauen kann. Es fehlt eine allgemeine Richtung, in die wir uns bewegen können. Es herrscht Unsicherheit und Verwirrung, weil alte Vorstellungen und alte Rollenbilder über Männer und Frauen, Väter und Mütter am Zerfallen und neue noch nicht vorhanden sind.

Wir sind auf vielen Gebieten geschult und brauchen Zertifikate und Ausbildungen für alles mögliche, nur heiraten und Kinder erziehen dürfen wir ohne jede Schulung und Ausbildung.

Wir sind an einer Wende angelangt, und zur Schulung unseres logischen Denkens wird sich in Zukunft die Schulung unserer Gefühle dazugesellen. Unsere offizielle Schulbildung hat den Lehrplan fast ausschließlich für unser logisches Denken zusammengestellt. D.h. es wird eine Trennung zwischen Kopf und Körper gezogen. Wir können gut über Gefühle reden, sie tatsächlich zu spüren, fällt uns schwer.

Aus all diesen Gründen kommt der Arbeit des Psychotherapeuten besondere Bedeutung zu, da Probleme oft aus der beschriebenen Unsicherheit heraus bestehen und in jeder erfolgreichen Psychotherapie „neues Lernen" erfolgt.

Gernot Schauer kenne ich seit Jahren durch die Teilnahme an NLP-Seminaren. Mit Hilfe des NLP-Konzeptes fand er einerseits seine Kriterien und Richtung für sein Leben, und andererseits verfeinerte er seine Fähigkeiten, indem er diese immer wieder privat und beruflich den jeweiligen täglichen Themen anglich.

Gernot Schauer hat mit Achtsamkeit, Respekt und Liebe das Thema dieses Buches behandelt und aufgezeigt, wie der Prozeß bezüglich Psychotherapie in verschiedenen Ausbildungsrichtlinien definiert wird, und wie unterschiedliche Denkweisen und Vorgehensweisen nebeneinander Platz haben und sich gegenseitig bereichern können. Diese Arbeit zeigt auch, wie sehr wir in diesem Bereich noch am Anfang stehen. Gernot Schauer hat sich mit dieser Arbeit in dieses umfangreiche Thema hineingearbeitet und wird mit seinem Wissen und seiner tiefen demokratischen Überzeugung sicher in Zukunft weitere wesentliche Beiträge im Bereich der Psychotherapie leisten können und mit dazu beitragen, daß Menschen mit unterschiedlichen Denkansätzen gemeinsam arbeiten und leben können.

Dr. Gundl Kutschera

Zum Vorverständnis

In den letzten Jahren wurde ein heißer Kampf um den Markt der Psychotherapien entfacht. In Österreich wurde durch das Inkrafttreten des Psychotherapiegesetzes zwar ein Meilenstein in der Geschichte der Psychotherapien gelegt, gleichzeitig trat damit allerdings ein Dilemma ans Tageslicht der Öffentlichkeit, das bis zu diesem Zeitpunkt eher in »subtilen« Diskussionen bemerkbar wurde: Wann läßt sich ein Verfahren als Psychotherapie beschreiben, was grenzt eine psychotherapeutische Methode von einer anderen ab, die angeblich nicht psychotherapeutisch ist.

In meinen unzähligen Gesprächen mit Fachleuten von anerkannten Therapieverfahren und bislang unberücksichtigt gebliebenen Richtungen konnte ich erkennen, daß z.T. eine Stimmung vorhanden ist, die mir gerade dieser Szene unwürdig scheint, sollte sie doch eine Vorbildwirkung für das Sozialleben haben: Nicht selten werden emotionale und gar irrationale Argumente verwendet, um darauf zu pochen, weshalb die eine Schule eine Psychotherapie sei und die andere nicht.

Als weiteres, einer Psychotherapieszene unwürdiges Manko sehe ich die zum Teil neid- und konkurrenzgetragenen Emotionen, welche in Österreich mit der Erlangung des vielbegehrten »Scheins« zur Eintragung in die Psychotherapeutenliste einhergingen und die in manchen Fällen einem außenstehenden Beobachter unverständlich scheinen. Es ist ebenso darauf hinzuweisen, daß in der derzeitigen Bewerbungsphase für Ausbildungsrichtungen die Gefahr besteht, daß wegen subjektiver Interessen oder elitären Bewußtseins traditioneller Verfahren eine objektive und seriöse Auseinandersetzung mit fremden Psychotherapieströmungen vereitelt wird. Im Einklang mit JANDL-JAGER und PRESSLICH-TITSCHER (1993) ist auf die Gefahr hinzuweisen, daß wissenschaftliche Fakten mit politischen Machtansprüchen vermischt werden, und somit der Stellenwert der wissenschaftlichen Forschung ins Wanken gerät. Die Ausgangslage, daß eine Gruppe von Mitgliedern, von denen bei manchen Anträgen niemand die sich bewerbende Schule kennt, darüber urteilen soll, ob diese Richtung die Würde besitzt, sich als Psychotherapieverfahren zu bezeichnen, erhöht das angesprochene Risiko.

Nun wurden allgemeine Richtlinien geschaffen, die helfen sollen, in objektiver Form festzuhalten, was eine Psychotherapie kennzeichnet. Zwingend stellt sich die Frage, ob die bereits offiziellen Psychotherapieströmungen die gestellten Anforderungen erfüllen. Diese Ausführungen mögen dem Leser etwas provokant erscheinen, sie dienen jedoch simpel der Anregung, mit aller nur möglichen Objektivität und somit mit Gerechtigkeit wie Respekt anderen Strömungen entgegenzutreten und dem bereits Jahrzehnte andauernden Hick-Hack ein Ende zu setzen, was die gegenseitigen Herabsetzungen betrifft – man denke nur an die alten kontroversen Auseinandersetzungen zwischen der Psychoanalyse und Verhaltenstherapie oder die Streitigkeiten innerhalb einer Schule, wie ehemals zwischen FREUD und manchen seiner Schüler.

Das vorliegende Buch wird nicht dazu dienen, festzustellen, welche Therapierichtungen wo theoretische Defizite haben, auch ist es genausowenig Ziel, mit aller Vehemenz auf eine generalisierende Antwort auf die Frage hinzuarbeiten, ob NLP eine Psychotherapie sei. Es handelt sich um eine Arbeit, die sich mit wissenschaftlichen Ansprüchen einer Psychotherapie allgemein auseinandersetzt und systematisch untersucht, ob NLP spezifisch diesen gerecht wird.

Ich danke auf diesem Weg allen, die es mir durch gezielte Auseinandersetzungen ermöglichten, mich mehr und mehr in das hier bearbeitete Thema zu vertiefen. Ich danke auch jenen, die mich aus dem Weg des »eingleisigen« Denkens führten, daß lediglich tiefenpsychologische Ansätze eine »Daseinsberechtigung« haben, indem sie mir vor Jahren in Form ihrer eigenen persönlichen Entwicklung demonstrierten, durch welche Vielfältigkeit ein »neues Lernen«

möglich ist. Mir wurde im Zuge meiner Arbeit und Ausbildungen immer bewußter, daß ein idealer Weg nur der sein kann, der eine Verbindung aller Kenntnisse versucht – also auch von teilweise scheinbar unvereinbaren Richtungen. Besonders möchte ich noch meine »LehrerInnen« und Wegbereiter Dr. Gundl Kutschera, Christl Ladwig, Frieder Lehmann hervorheben, die lebhaft vorzeigen, wie aus der unerträglichen Leichtigkeit des Seins ein spielerischer Einsatz der eigenen Fähigkeiten werden kann, um so zu einem besseren Menschen- und Weltbild beizutragen.

Das vorliegende Werk hat ebenso geistige Mütter und Väter aus der kritischen »Front«, die mir gerade durch ihre Bedenken zum NLP viele Hinweise lieferten, welche Gesichtspunkte für die gegenständliche Untersuchung zu durchleuchten sind.

Linz, im Dezember 1994

I. Einleitung

Die vorliegende Arbeit befaßt sich mit der Reformulierung des Modells des Neurolinguistischen Programmierens, sowie der Frage, welche psychologischen Theorien die Entwicklung des NLP[1] beeinflußt haben.

Vorausgreifend läßt sich die bisherige Diskussion in bezug auf NLP soweit zusammenfassen, daß zwar eine Vielzahl von NLP-Techniken beschrieben wird, jedoch keine komplette psychotherapeutische Prozeß- oder systematische Therapiebeschreibung vorliegt, wie dies z.T. in anderen Schulen in verschiedensten Formen gegeben ist. Es gibt bis dato eine Fülle von Deskriptionen diverser Techniken, wie sie in der NLP-Praxis in der Therapie oder Beratung angewandt werden können, bruchstückhaft wurden auch theoretische Erklärungen über Kernannahmen des NLP veröffentlicht[2]; es wurden Methoden- und Theorieteile unter diversen Beobachtungskriterien empirisch untersucht, jedoch liegen keine Publikationen vor, die versuchen, NLP als Therapie im Sinne einer linearen Beschreibung des gesamten Modells zu erfassen. So ist festzustellen, daß die diversen Kernannahmen, theoretischen Elemente und einzelnen Therapietechniken unabhängig voneinander behandelt werden. Folglich hatte man bisher verabsäumt, NLP als ein einheitliches Modell zu bearbeiten, die verschiedenen Theorien und Techniken in *ein* Modell zusammenhängend und logisch aufeinander aufbauend zu integrieren.

In der vorliegenden Arbeit wird der Versuch unternommen, eine Methode, die in der Zwischenzeit einen hohen Popularitätsgrad erreicht hat, auf Kriterien zu untersuchen, die für eine psychotherapeutische Arbeit notwendig erscheinen, d.h. zu untersuchen, welche theoretischen Hintergründe dem psychotherapeutischen Modell des Neurolinguistischen Programmierens eine Rechtfertigung geben und welche psychotherapeutisch methodischen Schritte daraus ableitbar sind. Diese Untersuchung scheint auch deshalb notwendig, da in den letzten Jahren die Psychotherapie und ihre Forschung insofern an Bedeutung gewannen, als eine direkte Einbindung in das Gesundheitssystem stattfand, die sich in Österreich und Deutschland in der Ausarbeitung eines Psychotherapiegesetzes niederschlug. Damit geht einher, daß der Anspruch an die jeweiligen Strömungen der Psychotherapie wuchs, die theoretische Konzeption und das praktische Vorgehen wissenschaftlich zu begründen. Mit dieser Entwicklung auf dem Feld der Psychotherapie stellt sich an NLP ebenso wie an andere Strömungen die Anforderung, sich nach bestimmten Kriterien zu rechtfertigen. Damit ist das Grobziel der Arbeit festgelegt, nämlich eine Antwort auf die Frage zu erhalten, ob NLP den Anforderungen standhalten kann, die an eine wissenschaftliche Psychotherapieform gestellt werden. Daraus folgt allerdings nicht, daß in der vorliegende Arbeit eine vollständige Evaluation geleistet wird, vielmehr wird der Schwerpunkt darauf gelegt, NLP in bezug auf seine theoretische Grundlagen zu analysieren.

Während meiner Recherchen stieß ich – wie bereits ausgeführt – auf das Problem, daß bisherige Ausführungen über NLP einen großen und breit gefächerten Rahmen umfassen und häufig eine Vielzahl von Anwendungsgebieten miteinander vermischt werden, so daß es schwer ist, Arbeiten zu finden, die sich in theoretischer und empirischer Hinsicht mit NLP als Psychotherapieform befassen. Worauf dieser Mangel zurückzuführen ist, mag verschiedene Ursachen haben, doch erscheint mir ein Grund darin zu liegen, daß in erster Linie eine Vermischung von pädagogischen und psychotherapeutischen Themenkreisen vorliegt. Diese unklare Trennung der beiden Faktoren ist wahrscheinlich wiederum auf verschiedene Ursachen zurückzuführen, doch ist es nicht das Ziel dieses Buches, diesen nachzugehen und ich verweise deshalb auf BACHMANN (1991), der einen Grund darin vermutet, daß in den Vereinigten

Staaten – NLP wurde in den USA als Methode entwickelt – keine so eindeutige Differenzierung zwischen Pädagogik und Psychologie und insbesondere Psychotherapie wie im westeuropäischem Raum besteht.

Das vorliegende Werk ist als eine Arbeit zu betrachten, welche mit anderen Publikationen nicht vergleichbar ist, da versucht wird, die verschiedenen Aspekte und Erkenntnisse, deren sich NLP bedient, miteinander in Verbindung zu bringen und auf Integrationsmöglichkeiten in ein multidimensionales Modell hin zu untersuchen.

II. Fragestellung

1. Allgemeine Formulierung der Fragestellung

Ziel dieser Arbeit ist es, mittels einer Analyse des NLP zu untersuchen, ob für das Untersuchungsobjekt eine theoretische Fundierung besteht, um sich als eigenständiges psychotherapeutisches Verfahren ausweisen zu können. Durch Beschreibung theoretischer und methodischer Kernstücke des NLP[3] soll es einerseits als psychotherapeutisches Modell reformuliert werden, andererseits mit anderen Psychotherapieverfahren verglichen werden.

Da es sich hier um eine wissenschaftssystematische Arbeit handelt und bestimmte mehr oder weniger klar deklarierte Ansprüche für eine wissenschaftlich fundierte Methode bestehen, läßt sich daraus die allgemeine Fragestellung der Arbeit ableiten: *Läßt sich NLP als psychotherapeutisches Modell beschreiben, und ist eine wissenschaftlich-theoretische Fundierung seiner Annahmen gegeben?*

2. Spezifizierung der Fragestellung

Um eine Aufgliederung dieser Fragestellung zu erhalten, ist es dienlich, vorerst Anforderungen, welche an eine wissenschaftliche Arbeit gestellt werden, zu diskutieren. Vordergründig geht es dabei um Abhandlungen von wissenschaftstheoretischen Grundlagen der Psychotherapie, die einem systematischen Herangehen an das übergeordnete Ziel der vorliegenden Arbeit dienen können. Dies ergibt in der Folge die Notwendigkeit der Überlegung, welche Kriterien heranzuziehen sind, um NLP auf seine wissenschaftliche Fundierung hin zu überprüfen.

PERREZ (1991a) weist darauf hin, daß grundsätzlich eine wissenschaftliche Fundierung einmal dann vorliegen kann, wenn sich die Theorie einer Psychotherapie auf der Grundlagenforschung und insbesondere den Erkenntnissen der Allgemeinen Psychologie entwickelt. Der logische Weg einer wissenschaftstheoretischen Analyse geht weiterhin von nomologischen Gesetzesaussagen über technologisches bzw. nomopragmatisches Wissen zu Tatsachenwissen und singulären Hypothesen aus. Nomologisches Wissen ist, Erkenntnisse über Zusammenhänge zwischen Variablen zu haben. Die Erkenntnisse sind wiederum Gesetzesaussagen deterministischer (d.h.: »Für alle x gilt: wenn x ist A, dann x ist B«) oder probabilistischer (»Wenn x ist A, dann ist mit der Wahrscheinlichkeit p x B«) Form. Nach PERREZ kennzeichnen nomologische Aussagen das Wahrheitskriterium, während technologische Regeln dem Effektivitätskriterium entsprechen. Das nomopragmatische Wissen ist die Gewinnung von Kenntnissen über Herstellbarkeit und Beeinflußbarkeit von Phänomenen. In der nomopragmatischen Form werden Handlungen und deren Folgen unter bestimmten Ausgangsbedingungen beschrieben, um darauf aufbauend technologische Regeln zu erstellen, die eine Handlungsempfehlung für bestimmte Ausgangsbedingungen sind, um ein gestecktes Ziel zu erreichen. Das Tatsachenwissen oder die singuläre Hypothese wiederum bezieht sich auf Einzelfälle und -situationen, diese haben keine Generalisierung über Situation, Raum oder Zeit und somit weniger allgemeinen Informationswert. Die Problematik der Psychologie als Forschungsdisziplin liegt darin, daß häufig keine allgemeinen Formulierungen im Sinne der allgemeinen Gesetzesgültigkeit »Wenn A, dann B« gegeben sind. PERREZ weist in diesem Kontext darauf hin, daß auch bei falscher oder fehlender Grundlagentheorie ein therapeutisches Interventionsmodell effizient sein kann. Es stellt sich demnach die Frage, wann eine psychotherapeutische Methode als wissenschaftlich fundiert anzusehen ist. PERREZ nennt sieben Bedingungen, an welche eine Wissenschaftsanalyse von Psychotherapie gebunden ist:

Erstens ist der Nachweis der erwünschten Wirksamkeit erforderlich.

Zweitens soll eine wissenschaftlich fundierte psychotherapeutische Methode auf Voraussetzungen beruhen, die mit wissenschaftlichen Erkenntnissen, im Konkreten mit dem rationalen Korpus der Psychologie, vereinbar sind.

Drittens fordert er, daß Regeln und deren nomopragmatische Grundlage eine Ableitung von bewährten psychologischen Gesetzen darstellen.

Viertens soll eine ethische Legitimierbarkeit der Therapieziele vorhanden sein.

Fünftens wird die ethische Vertretbarkeit der Methode selbst verlangt.

Sechstens muß die Methode Aufschluß über Art und Wahrscheinlichkeit der zu erwartenden unerwünschten Wirkungen leisten.

Siebtens hat eine Methode die Kosten-Nutzen-Relation zu überprüfen.

Im Sinne der Fragestellung werden in dieser Arbeit v.a. die Bedingungen zwei und drei Untersuchungsgegenstand sein, auf eine Analyse der anderen fünf Kriterien muß verzichtet werden, da dies den Rahmen der vorliegenden Arbeit erheblich sprengen würde, und jedes einzelne einer isolierten Betrachtung in einer eigenen Untersuchung bedarf. Bei einer Betrachtung des Kriteriums zwei fällt allerdings auf, daß PERREZ an eine wissenschaftlich fundierte Psychotherapieform Bedingungen stellt, deren Erfüllungen mit sehr hohen Anforderungen verbunden sind[4]. Dieser Anforderung ist u.a. deshalb schwer Genüge zu leisten, da eigenständige Gebiete der Psychologie und insbesondere der Psychotherapie allgemein, wie Psychotherapierichtungen speziell unmöglich ein Gesamtwissen in ihre Theorien integrieren können, sondern lediglich ein Teilwissen in die Exploration aufnehmen können. Dies bedeutet, daß in der vorliegenden Arbeit lediglich partiell den Vorstellungen von PERREZ entsprochen werden kann: In erster Linie handelt es sich um eine Reformulierung des NLP, in zweiter Linie erfolgt eine Auseinandersetzung darüber, inwiefern sich eine Verbindung zu Theoriengebäuden und empirischen Befunden anerkannter psychologischer Theorien herstellen läßt.

Weiterhin ergibt sich aufbauend auf der Grundlage der Bearbeitung theoretischer Annahmen des Untersuchungsobjekts die Frage, wie diese in konkrete Handlungen umgesetzt werden, also mit der Praxis in Verbindung stehen.

Es ist auch davon auszugehen, daß eine wissenschaftliche Fundierung dann gegeben ist, wenn a) eine Unabhängigkeit von subjektiven Ansichten vorhanden ist und folglich eine intersubjektive Validierung möglich erscheint, b) eine rationale Begründbarkeit für Theorien vorliegt, c) diese eine empirische Überprüfbarkeit besitzen, und schließlich d) zu gegebenem Zeitpunkt erweiter- und falsifizierbar sind.

Im Sinne der angeführten allgemeinen Kriterien resultieren daraus detaillierte Fragestellungen, wobei allerdings bei einer Spezifizierung der Fragestellung berücksichtigt werden muß, daß diese Arbeit eine Überprüfung der Grundlagen darstellt und keine Ambition aufweist, sich mit einer Gesamtkonsequenz für NLP im Sinne der angeführten Kriterien nach PERREZ auseinanderzusetzen.

Konkret bedeutet dies, daß an betreffenden Stellen der Arbeit zu analysieren ist,

- *welche Theorieinhalte des NLP formuliert werden können,*
- *ob für die jeweiligen Theoriebausteine des NLP ein Bezug zu Theorien der Psychologie nachzuweisen ist,*
- *und eine logische Verbindung zum praktisch-therapeutischen Handeln besteht.*

Im weiteren ist nun zu überlegen, welche Themengebiete zu behandeln sind, um wissenschaftstheoretischen Anforderungen gerecht zu werden. HAGEHÜLSMANN (1984) postuliert, daß ein eigenständiges Psychotherapieverfahren imstande sein muß, klare

Vorstellungen zu einem bestimmten Menschen- und Weltbild zu haben, sowie Beschreibung und Umsetzung von psychologischen Theorien, Therapietheorie und Praxeologie zu fundamentieren und zu begründen.

Aus dieser Überlegung von HAGEHÜLSMANN ergeben sich folgende Bereiche und Themen, die in bezug auf die Fragestellung untersucht werden:

- Ist ein eigenständiges Welt- und Menschenbild vorhanden, auf dessen Basis die Psychotherapieform NLP aufbaut?
- Welches Störungs- und Gesundheitsbild liegt dem NLP zugrunde?
- Was sind die Inhalte einer Therapietheorie?[5]
- Welche konkreten Interventionsformen und Modelle zur Behandlungsmethodik liegen vor?
- Besteht die Möglichkeit der Evaluation und Forschung innerhalb der Methode?

3. Methodenwahl und Aufbau der Arbeit

Im weiteren steht die Diskussion darüber im Vordergrund, welche methodische Vorgangsweise dem Ziel der Arbeit am ehesten dienlich ist. Vorerst stellt sich die Frage, ob eine hermeneutisch/heuristische, eine empirische Bearbeitungsweise oder eine Kombination beider für die Arbeit anzustreben ist. Da es sich um eine theoretische Grundlagenarbeit handelt, in der vor allem bisher vorhandene Publikationen im Sinne der Fragestellung untersucht werden sollen, erscheint die Entscheidung für eine analytische Vorgehensweise sinnvoll. Dies beinhaltet gleichzeitig die Forderung, daß in Folgearbeiten mittels empirischer Methoden die hier aufgestellten Behauptungen zu überprüfen sind und getroffene Aussagen lediglich den Stellenwert theoretischer Behauptungen besitzen. Die Rechtfertigung ergibt sich aus der theoretischen Überprüfung und der Suche nach theoretischen Fundierungen durch psychologische

Theorien, um auf dieser Basis Untersuchungen zum Thema der Forschung und Evaluation leisten zu können.

In Anlehnung an die Fragestellungen finden sich Auseinandersetzungen in schulenübergreifender Form, wie z.B. die Diskussion darüber, was unter Psychotherapie als wissenschaftlichem System zu verstehen ist, und wie in einer wissenschaftlichen Systematik eine Therapieverlaufsbeschreibung zu bearbeiten ist.

Es handelt sich also in erster Linie um eine Handlungsweise im Sinne eines begriffs- oder konzeptanalytischen Vorgehens. Weiterhin sei darauf hingewiesen, daß eine umfassende wissenschaftstheoretische Analyse nicht geleistet werden kann, da kein einheitlicher Systementwurf existiert, und es somit unmöglich ist, ihn auf Vollständigkeit hin zu untersuchen.

Es wird versucht, einen Überblick zum Ist-Stand des NLP zu geben und bestehende Literatur mit dem Ziel zu überprüfen, Klarheit darüber zu erlangen, ob ein Modell des NLP v.a. den wissenschaftlichen Kriterien im Sinne von Punkt 2 und 3 nach PERREZ (1991a) entspricht.

Zur Verdeutlichung des inhaltlichen Vorhabens dieser Arbeit verweisen wir auf nachfolgende Abbildung (Abb. 1). In den einzelnen Kapiteln wird überprüft, welchen Aufschluß die jeweils behandelten Ansätze des NLP für die Fragestellung geben.

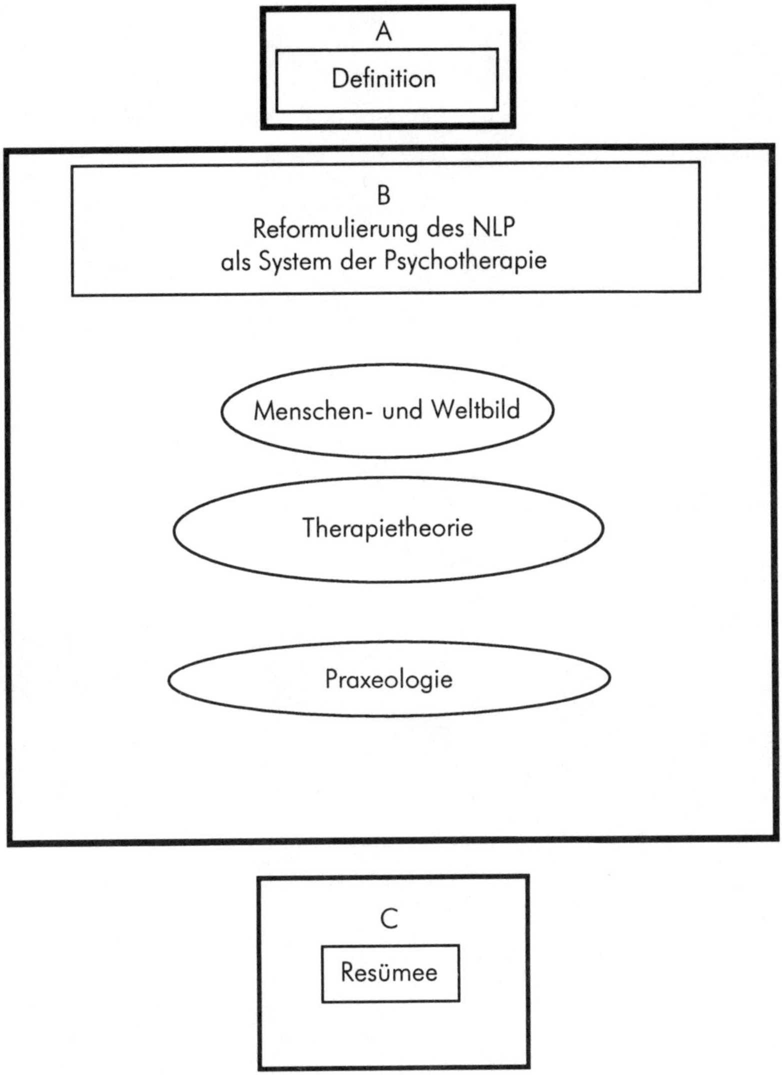

Abb. 1: Gliederung der Arbeit

A Definition

I. Definition

1. Definitorische Annäherung und Entwicklungsgeschichte des NLP

Zum Zwecke einer Definition wird zunächst ein Rückblick auf den Beginn der vergleichsweise jungen Therapieform NLP gegeben, um über die rasche Entwicklung und damit verbundene Theorien- wie Methodenentfaltung einen Überblick zu schaffen. In Konsequenz wird aus den Beschreibungen ersichtlich, daß nur schwer eine Definition erstellt werden kann, die NLP in wenigen Worten beschreibt.

1.1. Methodenentwicklung

Es handelt sich bei der Methode NLP um einen multidimensionalen wie eklektischen Ansatz. Dies wird bereits dann deutlich, wenn die Entwicklung von NLP beleuchtet wird.

John GRINDER, Assistenzprofessor für Linguistik an der University of California in Santa Cruz, und der damalige Psychologiestudent Richard BANDLER beschäftigten sich 1972 mit Psychotherapie. Ihre Arbeitskoalition beruhte auf dem gemeinsamen Interesse an wirkungsvollen psychotherapeutischen Verfahren und effizientem Verhalten diverser erfolgreicher Psychotherapeuten. Sie gingen ihrer Neugier an dieser Sache nach, indem sie Therapeuten beobachteten. So untersuchten sie therapeutische Muster und Inhalte des Gestalttherapeuten Fritz PERLS, der Familientherapeutin Virginia SATIR und des Hypnotherapeuten Milton ERICKSON. Sie konnten beim Vergleich der drei Therapeuten, obwohl sie sich unterschiedlicher theoretischer Sichtweisen bedienten (SATIRs systemorientierte Paar- und Familientherapie, PERLS' humanistisch-tiefenpsychologisch orientierte Gestalttherapie, ERICKSONs Hypnotherapie im Sinne der Suggestionstherapie), ähnliche therapeutische Grundmuster erkennen. Durch dieses Ergebnis angespornt, kam ihnen die Idee, die drei verschiedenen

Verfahren zu kombinieren, sie in ein gemeinsames Modell zu integrieren sowie in deren Kombination zu optimieren[6]. Es handelt sich bei dieser Methode der Suche nach Unterschieden und Gemeinsamkeiten verschiedener Therapien um eine in der Psychotherapieforschung beliebte Vorgehensweise. Vergleichende Untersuchungen über das Therapieverhalten bekannter Therapeuten liegen zu der Zeit bereits vor, GARFIELD (1982) faßte einige von ihnen zusammen: Exemplarisch sei hier diejenige von ZIMMER und COWLES (1972) erwähnt, in welcher Interviewprotokolle von ROGERS, PERLS und ELLIS gegenübergestellt werden. Die Autoren gingen davon aus, daß wegen unterschiedlicher psychotherapeutischer Prämissen und verschiedener Persönlichkeitsstile Divergenzen in der Therapiedurchführung zu erwarten sind. Es zeigten sich deshalb auch erwartungsgemäß deutliche Unterschiede im Verbalverhalten zwischen ELLIS und ROGERS gemäß ihrer theoretischen Ansätze.

Andere Untersuchungen beschäftigen sich mit Vergleichen von Verhaltenstherapie vs. Psychoanalyse. Stellvertretend für ähnliche Ergebnisse halten SLOANE, STAPLES, CRISTOL, YORKSTON und WHIPPLE (1975) fest, daß beide Verfahren trotz gegensätzlicher theoretischer Standpunkte in allgemeinen Merkmalen, wie dem Einbringen der Persönlichkeit in den therapeutischen Prozeß oder der Bedeutung der Empathie, eine hohe Gemeinsamkeit aufweisen.

Das Vorgehen BANDLERs und GRINDERs grenzt sich gegenüber den erwähnten Untersuchungen insofern ab, als sie versuchten, die Ähnlichkeiten unterschiedlicher Verfahren für ein einziges Modell umzusetzen, also die empirischen Ergebnisse für praktisch-therapeutisches Geschehen zu nutzen. Ergänzend ist hinzuzufügen, daß BANDLER und GRINDER neben den genannten Vertretern bestimmter psychotherapeutischer Strömungen in ihre Theorien- und Methodenentwicklung ebenso kommunikationspsychologische

Kenntnisse nach WATZLAWICK und systemische Ansätze des britischen Anthropologen BATESON einbauten, bis als vorläufiges Ergebnis eine Bezeichnung eines eklektischen therapeutischen und/oder pädagogischen Verfahrens[7] vorlag: Neuro Linguistic Programming.

1.2. Definition

Um eine umfassende Definition des NLP vorzunehmen, ist es notwendig, in einem ersten Schritt die einzelnen Kernelemente zu beschreiben. Als erstes fällt bei einer definitorischen Analyse ins Gewicht, daß bei NLP drei Bereiche miteinander in Verbindung gebracht werden. Demnach gilt es vorerst, diese drei Bausteine zu begutachten. Im folgenden findet sich eine Deskription der drei Ebenen – die in ihrer Zusammenfügung das Wort »Neurolinguistisches Programmieren« ergeben –, welche nach Ansicht der NLP-Vertreter dazu beitragen, psychische Zustände und kognitive Prozesse in ihrem ganzheitlichen Kontext, also auch im psychophysischen Verständnis[8] zu verstehen.

1.2.1. Neuro

Mit diesem Begriff wird auf neurologische Vorgänge Bezug genommen, indem davon ausgegangen wird, daß erstens innere Zustände wie Prozesse genauso wie Worte und Informationen gespeichert werden[9], zweitens diese einen sensorischen Bezugsrahmen haben, d.h., daß ein enger Zusammenhang zwischen inneren und äußeren Vorgängen besteht: Externe sensorische Repräsentationen entsprechen jeweils internen sinnlichen Prozessen. Dies bezieht sich nach BACHMANN (1991) auf die Repräsentation innerer Vorgänge im Kontext zu visuellen, akustischen, olfaktorischen, gustatorischen und kinästhetischen[10] Ablagen. Informationen werden mit Vorliebe in einem der Sinneskanäle bearbeitet, als Beispiel führen BANDLER und GRINDER (1991b) das Wort Zirkus an, bei dem interindividuell unterschiedliche innere Prozesse einsetzen können: Es vermag zur bildlichen Vorstellung einer Zirkuswelt kommen, oder es wird das Hören von Karnevalsmusik ausgelöst, bei anderen Personen wird ein kribbelndes Gefühl erzeugt, das durch die Erinnerung an weithin riechendes Popcorn entsteht. Die zugrundeliegende Theorie geht also davon aus, daß jede Person auf eigene Weise Informationen aufnimmt und verarbeitet. In Anlehnung an die Beschreibung von DILTS, HALLBOM und SMITH (1991) gibt es Personen, welche mehr mit visuellen Rahmen vertraut sind, andere, die eher akustische Reize aufnehmen usw. Wie noch in den folgenden Kapiteln diskutiert wird, hat die jeweilige Priorität für ein Sinnessystem bestimmte Konsequenzen auf eine bestimmte therapeutische Indikation.

In diesem Zusammenhang wird auch von einem senso-motorischen Konzept gesprochen, da die sensorischen Verankerungen der Informationen auch unterschiedliche Auswirkungen im grob- und feinmotorischen Konzept besitzen. Das bedeutet, daß emotionale und kognitive Prozesse in Wechselbeziehung zu efferenten Vorgängen stehen. DILTS (1983) beschreibt von den o.g. fünf Kanälen visuelle, auditive und kinästhetische als die am häufigsten vorkommenden, wobei auch nach ihm für einen der drei Bereiche je nach Disposition Priorität vorliegt. Es besteht eine Wechselwirkung zwischen Wahrnehmung und Verhalten, wie aus der Modellbeschreibung von DILTS ersichtlich wird: In der Input-Phase wird einer der Sinne in verstärkter Form eingesetzt, die darauf folgende interne Repräsentation bzw. Verarbeitung dient dem Speichern der Informationen – wiederum auf analogem Wege zur Benutzung eines bestimmten Wahrnehmungskanales –, schließlich wird auf der Stufe Output der Informationsaufnahmeprozeß nach außen geleitet – sprich, im verbalen und nonverbalen Bereich wieder festgelegt (z.B. Augenbewegungen bei der Informationsverarbeitung, die sogenannten Eye Accessing Cues)[11].

Das Entscheidende dieser neurologischen Determinanten des NLP ist, daß durch Wahrnehmung bestimmte neurologische Vorgänge eingeleitet werden, die sich auf das Verhalten niederschlagen, wobei hier unter Verhalten – ähnlich wie in der behavioristischen Terminologie – ein außen sichtbarer motorischer Prozeß gemeint ist. Im Gegensatz zur klassischen behavioristischen Vorgehensweise wird jedoch große Aufmerksamkeit darauf gelegt, wie es zum letzten Stadium eines komplexen Prozesses, der mit Reizaufnahme beginnt, kommt, also welche Prozesse kognitiv, emotional in biographischen Zusammenhängen zu erwarten sind, damit bestimmte behaviorale Muster sichtbar werden.

1.2.2. Linguistisch

Linguistisch bezieht sich auf das Phänomen, wie durch Sprache deutlich wird, in welcher Form sinnliche Repräsentationen ablaufen, d.h. es ist durch eingehende linguistische Analyse möglich, herauszufinden, welche Repräsentationssysteme eine Person bevorzugt verwendet. Im weiteren wird behauptet, daß die Sprache unter Beachtung der exakten Wortwahl direkten Einfluß auf psychische Zustände und Vorgänge ausübt. Die Sprache wurde bereits in den frühen Jahren der NLP-Geschichte als ein wichtiges Element erkannt. Dies scheint logisch, da es in den Anfängen der Methodenkonzeption erklärtes Ziel war, für Psychotherapeuten eine Hilfestellung bei sprachlichen Interventionen zu finden, um den Therapeuten ein bewußteres und effizienteres Einsetzen von Sprache anzubieten. Es wurde ein Meta-Modell der Sprache entwickelt, welches sich mit den Auswirkungen sprachlicher Akzentuierungen auseinandersetzt[12].

In der psychotherapeutischen Arbeit kann von diesem Modell zweierlei erwartet werden, nämlich Hilfestellung bei diagnostischen Therapieschwerpunkten und bei der Durchführung von Interventionen: Erstens versprechen sich also die Anwender vom linguistischen Modell ein diagnostisch einsetzbares Mittel für therapeutisches Arbeiten, indem man Informationen darüber erhält,

- in welcher sinnlichen Repräsentationsebene sich ein Klient zum Zeitpunkt der Konversation befindet,
- welche Strukturen in kognitiver Hinsicht soeben im Vordergrund stehen, bzw. welche Einstellung jeweils dominant vorherrscht,
- welche Informationen getilgt, verzerrt werden, oder ob bestimmte Generalisierungen vorhanden sind, die Informationen in eine bestimmte Richtung in Abhängigkeit zum individuell ontogenetisch festgelegten emotional-kognitiven System steuern[13].

Zweitens versucht dieses Sprachmodell des NLP, dem Therapeuten insofern eine Unterstützung anzubieten, als durch Erhebung, ob eine Generalisierung, Tilgung und Verzerrung vorhanden ist, direkte Korrekturen an den verwendeten sprachlichen Mustern ermöglicht werden, womit nach der NLP-Auffassung eine unmittelbare Veränderung des inneren Zustandes eines Klienten einhergeht. Diese Ausführung bleibt einstweilen in der oberflächlichen Form stehen und wird zu einem späteren Zeitpunkt differenziert, wenn die Inhalte des Meta-Modells genauer betrachtet werden.

1.2.3. Programmieren

Das drittes Wort des Terminus NLP ist »Programmieren«, das dafür steht, daß durch Lernen[14] eine Stabilität in Verhaltenseigenschaften erreicht wird. Außerdem wird damit ausgedrückt, daß es für das Individuum notwendig erscheint, sich intern zu »organisieren«, um mittels innerer Pläne den gesteckten Zielen entgegenzukommen. Die Idee, welche dahintersteckt, ist, daß eine Verinnerlichung bestimmter Muster und Verhaltensstrategien stattfindet, auf die im Alltag zurückgegriffen werden kann. Mit anderen Worten handelt es sich um einen Automatisierungsmechanismus, dessen Ergebnis schematisches Handeln ohne bewußte Reflexion in bestimmten Situationen ist. Das folgende Zitat von BANDLER und GRINDER (1991b, S. 99) macht deutlich, daß eine Verbindung von Programmierung und Automatisierungsvorgängen anzunehmen ist: »Ihr braucht irgendeine Art Wahlprogramm, das ihr durchlaufen könnt, um Wahlmöglichkeiten so zu verinnerlichen, daß ihr nicht mehr darüber nachdenken müßt, was ihr jeweils als nächstes tun wollt.«

In den vergangenen fünf bis zehn Jahren trat allerdings innerhalb der NLP-Expertenkreise vermehrt Kritik an der Verwendung des Begriffes »Programmieren« auf. In der Definition der Methode im Jahresprogramm 1993 des NLP-Institutes »NLP Trainings G.m.b.H.« (S. 2) steht nach KUTSCHERA Programmieren »für die verschiedenen Programme und inneren Denkprozesse, die entscheidend für unser zwischenmenschliches Verhalten sind«. Grundsätzlich liegt im Terminus »Programmieren« eine etwas andere Bedeutung als dies in der Alltagsverwendung üblich ist. Neuere Ansätze sprechen von »Denken und Handeln«, da eben der Forschungsschwerpunkt des NLP der Prozeß und nicht etwa eine nachher folgende Programmierung ist. Es wird dabei nach BACHMANN (1991, 11f) »einerseits die Tatsache hervorgehoben, daß die mit Hilfe des NLP entschlüsselten Techniken auf relativ stabile Verhaltensdispositionen zurückgeführt werden können; andererseits steht oben genannter Ausdruck für die umfangreichen internen Organisations- und Verarbeitungsprozesse, die zur Erreichung eines jeweils gesteckten Zieles notwendig sind. Dabei entwickelt jeder Mensch eine für ihn typische Strategie.«

Damit ist einmal mehr zugleich angedeutet, daß im NLP das Prozeßhafte den Schwerpunkt bildet, was bedeutet, daß weniger das Inhaltliche im Vordergrund steht, sondern vielmehr darauf Bedacht genommen wird, der Frage nachzugehen, nach welcher Art und Weise Handlungen erfolgen und nach welchen Regeln der einzelne Handlungen setzt. Priorität besitzt die Analyse des kognitiven Verlaufes bei Klienten, also welche Strategien und Repräsentationskanäle individuell bevorzugt werden. BANDLER und GRINDER (1991b, 104) betonen, daß in einer Therapie darauf zu achten sei, inhaltliche Aspekte zu Gunsten des Prozesses zu vernachlässigen: »Wenn es uns darum geht, Leute zu lehren, das zu tun, was wir tun, dann verlangen wir, daß es inhaltsfreie, reine Prozeßtherapie sein soll.«

Mit anderen Worten steht nach WEERTH (1992) »Programmieren« für neurologische Abläufe, die zu bestimmten Ergebnissen, also auf das Individuum bezogen zu Stimmungslagen und Gefühlskonstellationen führen. Es handelt sich demnach um die Strategien und um die Deskription manifestierter kognitiver und emotionaler Abläufe, die ihrerseits unter bestimmten Voraussetzungen durch die Person selbst veränderbar sind.

BACHMANN (1991) hat die Implikation der Aufmerksamkeitsverschiebung weg von inhaltlichen Faktoren der Gedanken und Handlungen zugunsten einer Betonung der Prozeßhaftigkeit selbiger als bedeutendes Kriterium für NLP-Therapie angesehen. Diese Tendenz weg vom Inhaltlichen hin zum Prozeßgeschehen ist bei einigen anderen Therapieformen ähnlich gegeben. So läßt sich dieser Ansatz bei Vertretern von kognitiven Formen finden. Zum Beispiel beschäftigt BECK (1976) die Frage nach der Ursache depressiver Krankheitsbilder. Er führt depressive Störungssymptomatik auf falsche Denkansätze zurück. Als Prämisse seiner der Rational Emotiven Therapie nach ELLIS verwandten kognitiven Therapie beschreibt er, daß es durch Wahrnehmungsverzerrung und fehlerhafte Informationsverarbeitung zu Depressionen komme, Erfahrungen über die eigene Person, Umwelt und Zukunft werden mit negativen Erwartungen und Bewertungen gekoppelt, wobei die Denkfehler selbst von BECK in Kategorien festgelegt werden: willkürliche Schlüsse, selektive Abstraktion von Informationen, Übergeneralisierung, Minimierung und Maximierung, verabsolutierendes oder dichotomes Denken. Für die vorliegende Arbeit ist in erster

Linie von Bedeutung, daß die Prozeßorientierung im NLP und den kognitiven Therapien einen ähnlichen Stellenwert hat. Beide Formen beschäftigen sich intensiv mit kognitiven Verarbeitungsmustern, also der Frage, wie es zu einem kognitiv-emotionalen Ist-Zustand einer Person kommt.

2. Definitorische Festlegung

NLP ist eine Methode, die mittels Bearbeitung äußerlich erkennbarer Folgeerscheinungen psychophysiologischer Vorgänge, wie Reaktion der Gesichtsmuskeln, Körperhaltung, etc. und linguistischer Hilfsmittel versucht, Verhalten möglichst so zu optimieren, zu verändern bzw. zu programmieren[15], daß gesteckte Ziele, die ihrerseits selbst im Therapieverlauf er- und bearbeitet werden, erreicht werden.

Weiterhin handelt es sich bei NLP um eine Schule, die in ihre Modellentwicklung die Wahrnehmungspsychologie einbezieht, wenn sie Phänomene der Perzeption und Apperzeption untersucht. Durch die Integration von Erlebnis-, Kognitions- und Wahrnehmungsorientierung wird NLP dem Anspruch nach HAJOS (1972) gerecht, daß eine Wahrnehmungsforschung keinen extrem verhaltensorientierten Standpunkt annehmen soll, sondern auch die Erfassung von perzeptiven und erlebnisorientierten Vorgängen zu thematisieren hat.

Es ist in diesem Zusammenhang vorausgreifend zu ergänzen, daß sich NLP mehrerer Elemente kognitiver Theorien bedient. Eine Parallelität wird deutlich, wenn BANDURA (1986) als Grundpostulat eines kognitiven Modells für das Verhältnis zwischen Individuum und Umwelt beschreibt, daß einerseits eine Person mit ihren Erkenntnissen und Zielen auf die Umwelt aktiv einwirke, andererseits die Umwelt eine Person dadurch beeinflusse, indem sie subjektiv reale Bedeutungen wie Erleben und Verhalten mitgestaltet und vergleichend NLP diese beiden Standpunkte konform verwendet.[16]

Dabei ist nochmals anzumerken, daß beim NLP der Prozeß im Vordergrund steht, der inhaltliche Aspekt wird therapeutischerseits vernachlässigt. Mit diesem letztgenannten Schwerpunkt wird der Anspruch, dem Klienten die Glaubens- und Wertsysteme des Therapeuten nicht aufzudrängen, zu erfüllen versucht.

Wie in Abb.2 (S. 41) deutlich wird, läßt sich NLP als eine Therapie beschreiben, die durch

- Veränderung bestehender kognitiver IST-Zustände,
- Erhöhung der Flexibilität von Wahrnehmungsprozessen im Sinne der Repräsentationssysteme,
- Entwicklung bedürfnisorientierter Zielvorstellungen in kurz-, mittel-, langfristiger Sicht und
- Bewußtmachung persönlicher Ressourcen eine Modifikation der eigenen Erlebniswelt, des Verhaltens und Handelns sowie der Problembewältigungsstrategien erreichen will.

NLP läßt sich auch als eine Therapieschule umschreiben, die sowohl einen psychosomatischen als auch somatopsychischen Ansatz verfolgt, d.h., daß auf eine bestehende Wechselwirkung von körperlichen Vorgängen wie Gestik, Körperhaltung, neurologische Prozesse, physisches Befinden und psychischer Verfassung hingewiesen wird. Auf dieser Basis beruht der Anspruch, daß eine wirkungsvolle Veränderungsarbeit nur dann erreichbar ist, wenn in eine Behandlung seelische und körperliche Vorgänge/Zustände einbezogen werden.

NLP versucht, insbesondere einen Effekt auf zwei Ebenen hervorzurufen, nämlich

a) auf der der *Persönlichkeit*[17] und

b) in bezug auf unmittelbar personenbetroffene Problemstellungen.

Allgemein beschrieben ist NLP eine Methode, die mittels schulspezifischer Methoden versucht, diejenigen Bereiche einer Behandlung zu unterziehen, welche das homöostatische Gleich-

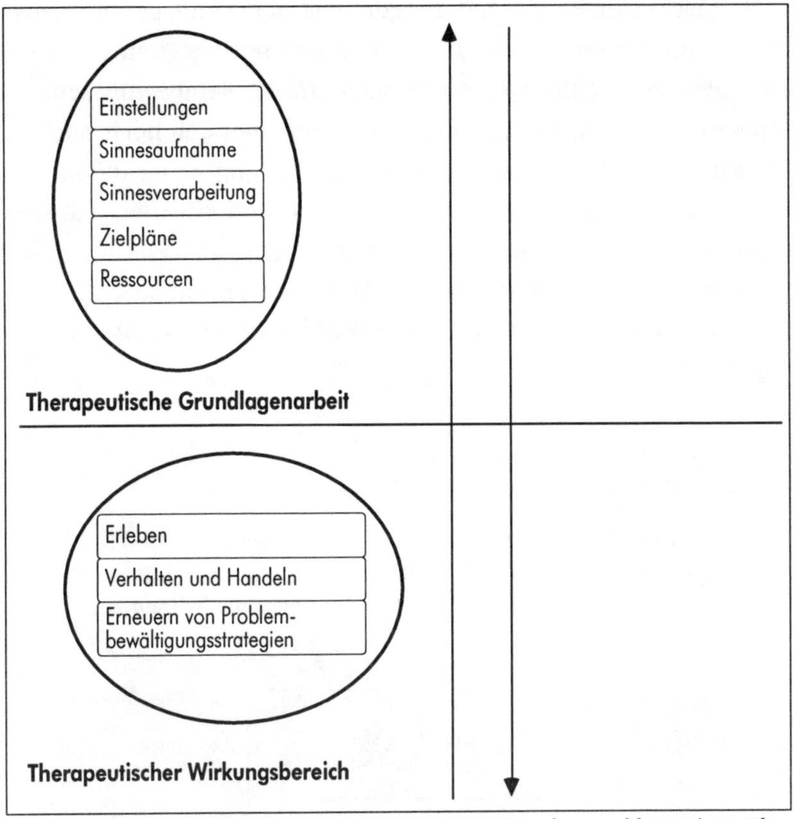

Abb. 2: Wechselbeziehung von kognitiven, emotionalen und konativen Elementen und deren Nutzbarkeit für Effizienz in der NLP-Therapie

gewicht einer Person gefährden oder blockieren. Das generelle Ziel der Therapie ist demnach die Wiederherstellung des inneren psychischen und physischen Gleichgewichts. Dieses gilt als erreicht, wenn
a) eine *Persönlichkeitsstabilisierung* gegeben ist,
b) eine persönliche *Problemlösungskapazität* vorhanden ist,
und damit das Individuum in der Lage ist, auftretende Probleme und Risikosituationen im Sinne von Gefahrenminimierung des Verlustes des inneren Gleichgewichts erfolgreich zu bewältigen.

NLP ist verallgemeinernd als erlebnisorientiertes psychotherapeutisches Verfahren zu verstehen, welches versucht, mittels Zuhilfenahme bestimmter Techniken ein Problembewußtsein zu schaffen. Durch die neue Sichtweise gegenüber den persönlichen Schwierigkeiten einerseits und der Erarbeitung neuer möglicher Muster und Verhaltensweisen andererseits, wird erwartet, daß sich das neue Lernen im Sinne von Persönlichkeitsstabilisierung oder Problemlösungskompetenz oder in beiden Bereichen auswirkt. Die Elemente der beiden Bearbeitungsfelder werden in Abbildung 3 angeführt.

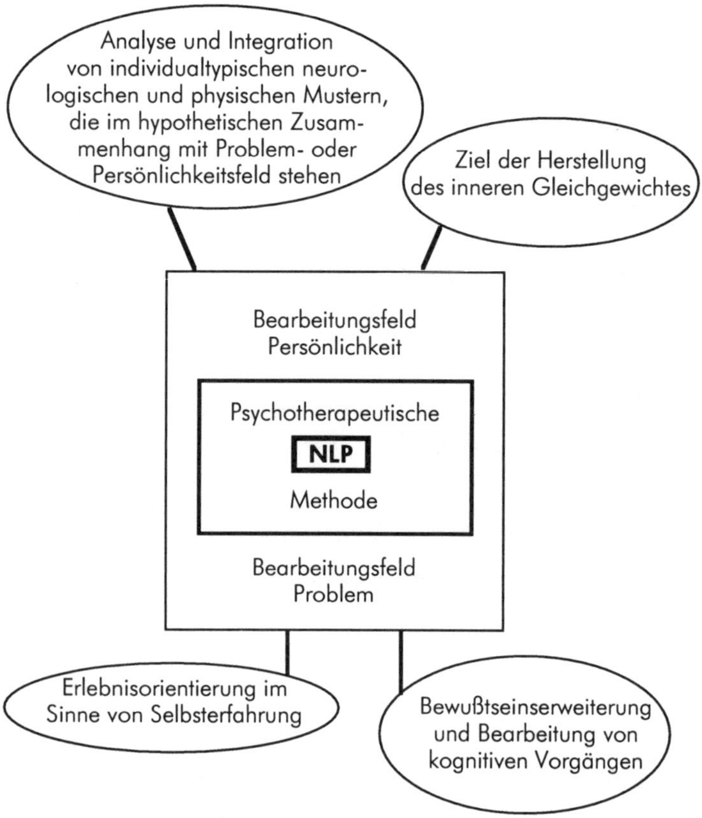

Abb. 3: Behandlungsbereiche des NLP

B
Reformulierung des NLP als System der Psychotherapie

I. Allgemeine Betrachtungsweise zur Definition eines Systems der Psychotherapie

Bevor eine umfassende Beschreibung der Therapieform NLP durchgeführt wird, stellt sich die Frage, was unter einem System der Psychotherapie zu verstehen sei, und welche Kriterien und Theorien in einer Arbeit zu behandeln sind, um einem wissenschaftlichen Anspruch gerecht zu werden.

HAGEHÜLSMANN (1984) schlägt unter Postulation einer Wechselbeziehung zwischen Menschenmodell und Psychotherapie, welche er anhand von Beispielen der Humanistischen Psychologie veranschaulicht, folgende Faktoren vor, die bei einer Beschreibung einer Psychotherapieform zu analysieren sind:

1. Grundzüge des Menschenbildes

- erkenntnisleitende Annahmen, psychologisch, philosophisch und ethisch festgelegte Grundaussagen des Menschenbildes,
- Verknüpfung von Menschenbild und persönlicher Biographie,
- Menschenbild und Weltbild,
- Menschenbild und gesellschaftliche Dimension.

2. Menschenbild und psychologische Theorien

- allgemeine psychologische Aussagen zur Persönlichkeit im Hinblick der zu untersuchenden Schule,
- Auffassung über Ontogenese,
- Persönlichkeit des gestörten Menschen und therapiespezifische Krankheitslehre.

3. Therapietheorie

- Ziele, Inhalte und Dimensionen der therapeutischen Behandlung,

- diagnostische Konzepte der Therapieströmung,
- Verknüpfungsausmaß der spezifischen Krankheitslehre: Nach HAGEHÜLSMANN werden theoretische und handlungsrelevante Aussagen zu Art, Funktion, Umfang, Ursachen und Behandlungsansatz spezifischer Störungen durch das jeweilige Menschenmodell, die Definition der Ziele und die Dimensionen therapeutischen Handelns beeinflußt,
- allgemeine Anwendungsmöglichkeiten.

4. Praxeologie

- Diskussionen über therapeutische Beziehung,
- Hinweise zum therapeutischen Setting,
- Beschreibung spezifischer Formen und Techniken.

5. Forschung und Praxisevaluation

- Überprüfung der therapiespezifischen Theorien und Annahmen,
- Evaluation der Wirkungsbreite von Techniken und der Therapie.

Diesen Beschreibungsmodus als Kriterien- und Faktorensammlung eines Systems der Psychotherapie finden wir auch beim Versuch REINECKERs (1983), bestimmte Bereiche für eine rationale Rekonstruktion der Verhaltenstherapie zu unterscheiden, nämlich Theorie, Technologie und Praxis.

In Anlehnung an die hier wiedergegebenen Formen einer Systembeschreibung psychotherapeutischer Schulen findet v.a. das System nach HAGEHÜLSMANN in dieser Arbeit Beachtung, da dies unter Berücksichtigung der Fragestellung als praktisch verwertbar betrachtet werden kann.

II. Menschen- und Weltbild

In diesem Teil werden vorerst theoretische Hintergründe beschrieben, die nach NLP-typischer Konzeption das schulspezifische Menschen- und Weltbild charakterisieren. Erstens wird auf zugrundeliegende erkenntnis- und wissenschaftstheoretische Konzepte eingegangen und daraufhin untersucht, welche wissenschaftstheoretischen Bezüge aus NLP-Publikationen hervorgehen. Zweitens findet sich eine Beantwortung der Frage, wie die menschliche Existenz zum Meso- und Makrosystem der Umwelt in Beziehung gebracht wird.

1. Erkenntnis- und wissenschaftstheoretische Grundlagen

Es läßt sich auf den ersten Blick keine eindeutige erkenntnis- und wissenschaftstheoretische Grundlage des NLP erkennen, dennoch sind in der NLP-Literatur Hinweise zu finden, welche Schlüsse auf eine derartige Basis zulassen, zumal BANDLER und GRINDER (1991a) unter Bezugnahme auf VAIHINGER (1911) Ansätze eines idealistischen Positivismus postulieren, und darüber hinaus mit NLP eine Umsetzung der Erkenntnistheorie des Radikalen Konstruktivismus praktiziert wird. Es besteht in diesem Punkt eine Annäherung an WATZLAWICKs (1985) wissenschaftstheoretisches Zugeständnis an selbigen erkenntnistheoretischen Zugang. Er diskutiert die Bedingungen der Interdependenz von subjektiver und objektiver Realität, vertritt die Ansicht einer erfahrungs- und perzeptionsgebundenen Wirklichkeit und verwirft in diesem Kontext die Annahme einer absoluten Wahrheit und Wirklichkeit.

Neben den radikal konstruktivistischen und idealistisch positivistischen Ansätzen ist eine Anlehnung des NLP an systemtheoretische[18] und diejenigen wissenschaftstheoretischen Schulen vorhanden, welche durch die Entwicklung einer humanistischen Psychologie an Bedeutung gewonnen haben. Es würde den Rahmen dieser

Arbeit sprengen, wenn weitere wissenschaftstheoretische Hintergründe gesucht würden, zumal eine derartige Analyse bisher in der NLP-Literatur nicht zu finden ist und eine grundlegende wissenschaftstheoretische Diskussion noch fehlt. Dennoch sei darauf hingewiesen, daß Einflüsse von Existenzphilosophie und Phänomenologie (z.B. CAMUS, HEIDEGGER, JASPERS, MERLÉAU-PONTY, SARTRE) wie auch Ansätze der Gestaltpsychologie, vertreten von den Kontrahenten der atomistischen Psychologie WERTHEIMER, KOFFKA, KÖHLER, GOLDSTEIN und LEWIN, und Ansätze der Hermeneutik DILTHEYs auf die Fragestellung hin zu untersuchen wären, wieweit sie für eine wissenschaftstheoretische Untermauerung des NLP-Konzeptes in Betracht kommen.

Unter Beachtung der von BANDLER und GRINDER (1991b) angenommenen Leib-Seele-Wechselwirkung[19] und der gleichzeitigen partiell vorhandenen theoretischen und ideologischen Bezugnahme auf PERLS, scheint ein Rückgriff auf HUSSERL und dem später folgenden Grundsatz des »In-der-Welt-Seins«[20] von HEIDEGGER und MERLÉAU-PONTY richtig: HUSSERL als Vertreter der Phänomenologie kritisierte den cartesianischen Dualismus. Für QUITMANN (1985) liegt dabei die zentrale Bedeutung für die Psychologie in der Überwindung der mechanistischen Wissenschaftskonzeption sowie in der Postulation, Mensch und Welt, Subjekt und Objekt, Sein und Bewußtsein, Innen und Außen als untrennbare Einheit aufzufassen. Dies integriert die Auffassung, daß mit Körpererfahrungen auch Seelenerfahrung einhergeht.

Der Ansatz von MERLÉAU-PONTY, der als Vertreter der Phänomenologie darauf verweist, daß Phänomenologie eine Transzendentalphilosophie ist, scheint sich genau in diesem Punkt für eine philosophische Fundierung des NLP zu eignen: QUITMANN (1985) beschreibt als Hauptkritikbereiche von MERLÉAU-PONTY den Empirismus und Intellektualismus: den Empirismus wegen seiner Betrachtung des Seins als objektives Sein, den Intellektualismus wegen der entgegengesetzten Definition vom Sein in der objektiven Welt und dem Sein des Subjekts. MERLÉAU-PONTYs Postulation dafür, daß die Welt das sei, was wir wahrnehmen und nicht zu fragen sei, ob der Mensch eine Welt auch wirklich wahrnehme, kommt ebenfalls dem Subjektivismus des NLP nahe.

Schließlich sei noch auf die Grundidee vom ganzheitlichen Konzept des Organismus nach GOLDSTEIN eingegangen, der stark von der Gestaltpsychologie der Berliner Schule beeinflußt wurde. Neben der Betrachtung von Geist und Leben als Einheit, sind es vor allem die Ausführungen über Spannungszustände im Organismus, die hier von Bedeutung sind: Die als »Katastrophe« benannten Spannungszustände zwischen dem »Sein in Ordnung« und dem »Sein in Unordnung« entstehen immer dann, wenn eine produktive Auseinandersetzung mit der Welt stattfindet. In Zuge dessen, daß GOLDSTEIN für den Organismus nicht nur eine Lust an der Entspannung, sondern auch an der Spannung annimmt, findet eine Kritik an FREUDs Festhalten am Begriff der Verdrängung statt, denn nicht Verdrängung sondern Neugestaltung sei des Wesens Bestreben. Im Weg zur Selbstverwirklichung hat der Mensch aktiv Einfluß auf die Auseinandersetzung mit seinen Spannungszuständen, deren Existenz die Vorbedingung für die Erlangung der Selbstverwirklichung ist.

Weiterhin übernimmt GOLDSTEIN die Theorie des »Gesamtzusammenhanges« der Gestaltpsychologie. Dies betrifft einerseits die Theorie, daß einzelne Objekte ein Teil des Umwelt-Ganzen sind, und andererseits das Figur-Grund Phänomen, welches besagt, daß ein bestimmtes Verhältnis zwischen Figur und Hintergrund besteht; ein Teil tritt in den Vordergrund, die anderen Teile bilden den Grund.

Als dritter Punkt der GOLDSTEIN-Philosophie läßt sich seine Annahme anführen, daß Wahl und Entscheidung Existenzmerkmale des Menschen sind. Wie HEIDEGGER behauptet er, daß durch die

Eingebundenheit des Individuums in die Welt und die Tendenz zur Selbstverwirklichung die Notwendigkeit gegeben ist, ständig neu zu wählen und zu entscheiden.

In diesen Punkten scheint eine Analogie zum Menschenverständnis des NLP offensichtlich: Wie in den kommenden Ausführungen der vorliegenden Arbeit noch zu lesen sein wird, geht auch NLP davon aus, daß der Mensch als ein Wesen zu begreifen ist, welches als Teil im gesamten Umwelt- oder Universumsgefüge und als Element im Ganzen steht. Die drei genannten Positionen von GOLDSTEIN sind in der NLP-Literatur häufig wiederzufinden, ohne daß expressis verbis auf die Gestaltpsychologie eingegangen wird.

2. Die Auffassung zu menschlicher Existenz und die Beziehungsachse Mensch-Umwelt; erste Überlegungen zu einer Störungstheorie

Als zugrundeliegende Theorien werden in NLP-Werken VAIHINGERs Philosophie des Als Ob, KORZYBSKIs Theorie zur Allgemeinen Semantik, BATESONs Systemtheorie als auch der kybernetische Ansatz nach MILLER, GALANTER und PRIBRAM benutzt. Auch sind Bezüge zu diversen Selbstorganisationstheorien hergestellt: So beruft sich WEERTH (1992) auf die Erkenntnistheorie des Radikalen Konstruktivismus.

Insgesamt läßt sich aus der bestehenden Literatur ableiten, daß der Mensch als handlungsaktives und ein die Umwelt aktiv steuerndes, wie von selbiger beeinflußtes Wesen begriffen wird. Im weiteren wird davon ausgegangen, daß das Individuum mit zwei Beziehungsdeterminanten zu erfassen ist, zum einen durch die Beziehung zur Umwelt und zu sozialen wie gesellschaftlichen Anforderungen, zum anderen durch personenbezogene Potentiale. Die Prämisse einer Triade Selbst – Umweltanforderungen – intrapsychische Potentiale bildet nach KUTSCHERA (1994) gleichzeitig den Ausgangspunkt für weitere Forschungsrichtlinien des NLP.

Im weiteren läßt sich eine intra- wie interpersonelle Konfliktorientierung allgemeiner Form daraus ableiten, wenn deutlich wird, daß der Terminus »Selbst« Motivationen, Emotionen wie genetische Determinationsfaktoren und Trieberregungsmechanismen (vgl. WEERTH 1992) beschreibt und sich diese – je nach eigenen Ansprüchen – mehr oder weniger mit Ansprüchen von außen decken. Die Bewertung der Ansprüche hängt von tatsächlichen wie rational vorhandenen persönlichen Potentialen ab. Eine Konfliktbereitschaft ist umso höher, je unvereinbarer Anforderungen des Ichs, Ansprüche der sozialen Umwelt und tatsächlich vorhandene Potentiale sind. Die Auswirkung der Beziehungsform der Triade auf die Konfliktbereitschaft wird in Abbildung 4 dargestellt.

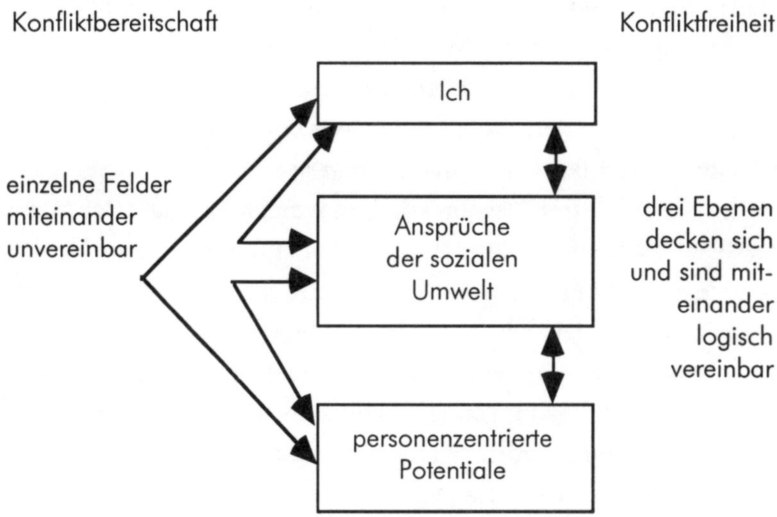

Abb. 4: Konflikttheoretische Überlegungen ausgehend von der Triade: Ich – soziale Umwelt – Potentiale

Wie aus den bisherigen Ausführungen bereits ersichtlich wird, ist nach Auffassung des NLP der Mensch nicht nur ein handlungssteuerndes Wesen; im Mittelpunkt dieser These steht auch die Annahme eines kognitiven Systems, welches der Person zu einer für Menschen charakteristischen Handlungsweise verhilft.

Wie später noch detaillierter beschrieben wird, geht nach WEERTH (1992) das NLP von einem Menschen aus, der sich mit Einsatz seiner sensorischen Möglichkeiten und unter Beeinflussung durch neurologische, soziale und individuelle Determinanten sein subjektives Bild von der Welt gestaltet. Nach dieser These spiegelt sich die objektive Realität in unterschiedlichen emotionalen und kognitiven Repräsentationsvariationen wieder; die Bezeichnung dieser subjektiven perzeptiven und rationalen Festlegungen wird im NLP-Jargon *Modelle* oder in Anlehnung an KORZYBSKI (1933) *Landkarten* bzw. *mind map* genannt. Das heißt mit anderen Worten, daß sich jedes Individuum eine eigene Wirklichkeit aufbaut und diese nach individuellen Gegebenheiten formt. Jener Annahme gemäß liegt das Interesse des NLP nicht im Auffinden einer objektiv nachvollziehbaren Wirklichkeit, da diese letztlich nicht gefunden werden kann, sondern in der Frage, wie ein Mensch innerhalb seiner eigenen Landkarte zurechtkommt. Die Modelle ihrerseits unterliegen keinen starren Regeln, sondern werden im Laufe der individuellen Entwicklung verändert und je nach Nutzen unterschiedlich eingesetzt. So können z.B. in Extremsituationen bestimmte kognitive Einstellungen lebenserhaltende Funktion haben, diese jedoch zu einer anderen Zeit keine Relevanz besitzen und für die konkrete Person hinderlich sein. Die subjektive Einstellung: »Ich muß mich Fremden gegenüber zurückhaltend verhalten und vorsichtig sein« vermag z.B. in einer Kriegssituation an der Front eine andere Bedeutung zu haben als in einer friedensgesicherten Zeit.

Es besteht eine Wechselbeziehung zwischen Flexibilität bezüglich der Veränderung und Verwerfung bestehender Modelle zugunsten neuer, brauchbarerer einerseits und der Lebensqualität andererseits: Ist Flexibilität vorhanden, dürfte im Falle von Veränderungsmechanismen und -prozessen, die durch die Umwelt hervorgerufen sind, erwartet werden, daß sich eine Person an neue Situationen unter Zuhilfenahme der eigenen Potentiale adaptiert bzw. mit Modifikationen der sozialen Umweltbedingungen in individuell befriedigender Form umzugehen weiß.

Es läßt sich mit dieser Prämisse auf sekundärem Weg ein zweiter Ansatz für störungstheoretische Überlegungen im obigen Sinn ableiten: Verharrt eine Person auf entwickelten kognitiven Repräsentationen der Wirklichkeit und manifestiert sich eine Starre von bestimmten Einstellungen gegenüber der Welt und dem Leben, dann ist eine defizitäre Disposition im Verhaltensrepertoire für unterschiedliche Situationen der Lebensumwelt vorhanden, wodurch bei bestimmten Ereignissen die Gefahr des Auftretens von intrapersonalen Konfliktstellungen besteht.

Wie in Abbildung 5 gezeigt, wird angenommen, daß mit Ereignissen bestimmte Erfahrungen gekoppelt sind. Die Erlebnisse werden subjektiv bewertet und dementsprechend gespeichert. Tritt zu einem Zeitpunkt ein derartiges Ereignis ein, auf welches nur in einer früher bereits erprobten Weise reagiert werden kann, besteht das Risiko, daß sich die Person den neuen Situationsbedingungen nicht in adäquater Form anpaßt und sich somit Handlungsmißerfolg einstellt.

Zusammenfassend läßt sich sagen, daß sich NLP eines multidimensionalen Ansatzes eines Menschen- und Weltbildes bedient, wobei der Mensch als in ein komplexes System eingebettetes Wesen betrachtet wird und aktive Veränderungs- wie Handlungsmöglichkeiten unter Berücksichtigung kognitiv-emotionaler Faktoren gegeben sind.

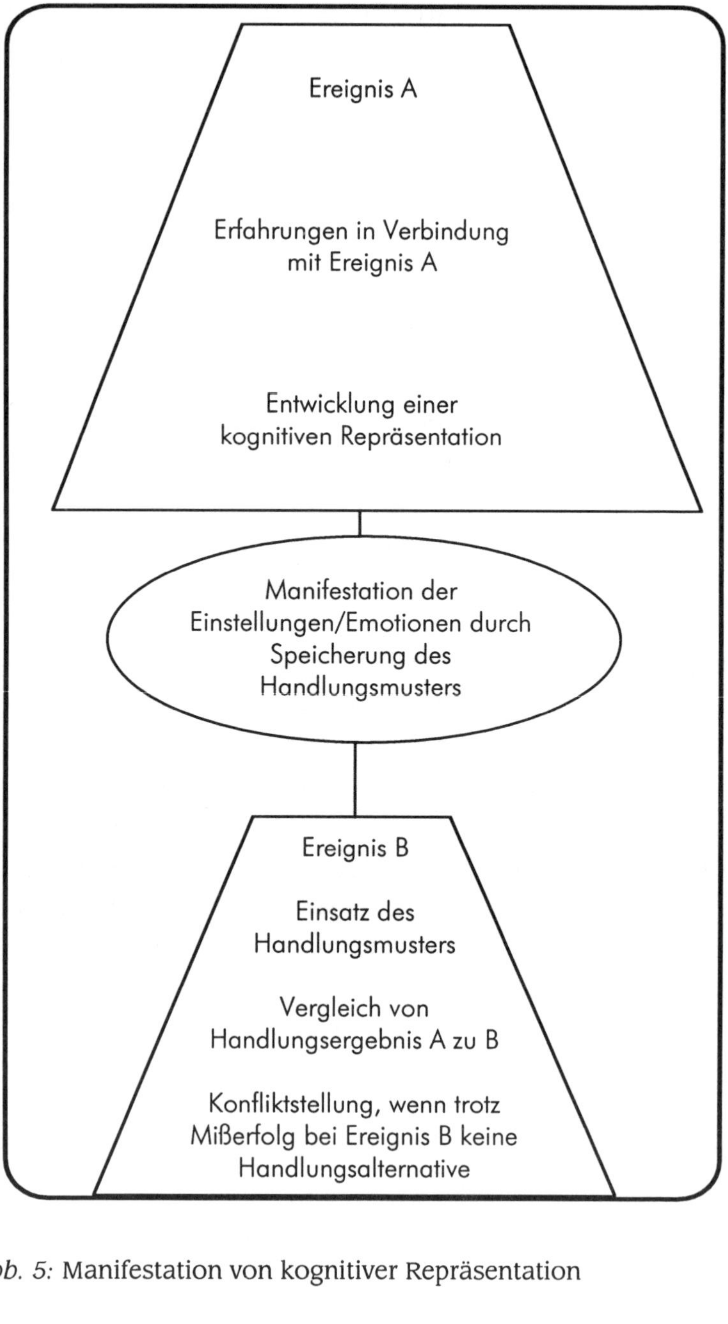

Abb. 5: Manifestation von kognitiver Repräsentation

3. Bezugnahme auf die Fragestellung

Da NLP in seinen Anfängen der Modellentwicklung kein Interesse an wissenschaftlicher Untermauerung der Theorien besaß, und dies bei BANDLER und GRINDER an vielen Stellen ihrer Publikationen zu finden ist, fällt es vorerst nicht leicht, ein fundiertes Konzept für ein Menschen- und Weltbild des NLP zu erkennen. Es wird zwar von mehreren NLP-Autoren auf bestimmte Menschenbilder und anthropologische Hintergründe eingegangen, diese sind jedoch zumeist in einer oberflächlichen Form behandelt und bedürften einer eingehenderen Analyse, weshalb gerade dieser und jener Bezug hergestellt wird und was die konkreten Aussagen der angeführten Autoren sind. Wie bereits ausgeführt, besteht in der Auffassung des Menschen- und Weltbildes eine Affinität zu WATZLAWICK, so daß prinzipiell bei einer Analyse der verwendeten anthropologischen und erkenntnistheoretischen Grundlagen auf ihn hingewiesen werden kann. Diese Arbeit kann eine eingehende Analyse des Menschenbildes nicht leisten, im Sinne der Fragestellungen liegt der Schwerpunkt in der Untersuchung, ob und wie das Menschen- und Weltbild in den psychologischen Theorien und der therapeutischen Praxis Anwendung findet.

Außerdem ist bei den besprochenen Defiziten zu beachten, daß im Vergleich zu anderen Formen der Psychotherapie bezüglich der Konkretisierung des Menschenbildes eine Parallelität besteht: Außer den traditionellen Verfahren Psychoanalyse und Verhaltenstherapie fehlt es meist an eindeutigen Positionierungen zu einem bestimmten Menschen- und Weltbild, zumeist wird generalisierend auf humanistische Orientierung oder in simplifizierter Form auf eine Betonung menschlicher Fähigkeiten zurückgegriffen sowie auf die Möglichkeit der Herstellung subjektiver Kontrollpotentiale hingewiesen. BASTINE (1990) behauptet, daß die Entwicklung einer Wissenschaft auf bestimmten übergreifenden Perspektiven – den Paradigmen – beruht. Derartige Leitbilder, die metatheoretische

Aspekte wiedergeben, sind für Humanwissenschaften anthropologische und methodologische Ansätze. Theorien sollten also auf diesen Paradigmen aufbauen. Für die Psychologie als sehr junge Wissenschaft sei eher von Quasiparadigmen zu sprechen, wobei darunter diejenigen psychologischen Forschungsprogramme zu verstehen sind, die einer gemeinsamen theoretisch-methodologischen Ausrichtung verpflichtet sind. Dies trifft in ähnlicher Form auch auf Annahmen zu, die das Menschenbild thematisieren. Es handelt sich in diesem Bereich um keine rationale Diskussion im Sinne von psychologischen Theorien, vielmehr ist hierbei eher von Vortheorien zu sprechen. Dies bedeutet für NLP wie für andere Therapieströmungen, daß es sich um eine metaphysische Betrachtung handelt, in der primär humanistische Postulate zur Geltung gelangen. Im NLP drückt sich eine humanistische Verwurzelung durch die explizite Bezugnahme auf den positiven Idealismus und die Philosophie des »als ob« und die o.a. Verwurzelungsmöglichkeiten mit Existentialphilosophie, Phänomenologie wie Gestaltpsychologie aus.

Zusammenfassend ist festzustellen, daß für NLP durchaus wissenschaftstheoretische und philosophische Querverbindungen bestehen, diese allerdings nicht als Leitfaden für die Modellentwicklung des NLP dienten. Es drängt sich der Verdacht auf, daß sie sich aus den Bezügen zu den Schulen ergeben, welche bei der Modellentwicklung eine Rolle spielen, also eine wissenschaftstheoretische Untermauerung im Nachhinein geschah.

Letztlich stellt sich die Frage, ob NLP in eine der drei Grundströmungen, nämlich der tiefenpsychologischen Richtungen, des Behaviorismus oder der Humanistischen Psychologie integrierbar ist. Da nach den bisherigen Ausführungen eine Querverbindung zur Humanistischen Psychologie naheliegend erscheint, sei kurz darauf verwiesen, welche Merkmale für diese Strömung charakteristisch sind: QUITMANN (1985) bezieht sich bei einer diesbezüglichen

Prinzipienauflistung auf BUGENTAL, der erstmals eine derartige Auflistung vornahm.

Die Kernaussagen der fünf Prinzipien sind:

1. Die Einzigartigkeit und das Person-Sein des Menschen ist zu betonen.
2. Die Einzigartigkeit drückt sich in menschlichen Zusammenhängen aus, wie z.B. in interpersonalen Beziehungen.
3. Die verfügbare Bewußtheit ist ein Wesensmerkmal des Menschen und Grundlage für Verstehen menschlicher Erfahrung.
4. Der Mensch kann durch aktives Ändern und Entscheiden seine Lebenssituation verändern.
5. Der Mensch orientiert sich an Zielen und Werten, die Grundlage seiner Identität sind.

Wissenschaftstheoretisch bedeutet dies, daß:

- sich die Humanistische Psychologie gegen den wissenschaftlichen Anspruch von Objektivität wehrt,
- sich ihre Aufmerksamkeit auf Erforschung der Bedeutungszusammenhänge menschlichen Seins richtet,
- statistische Methoden oder Tests dem Kriterium menschlicher Erfahrung untergeordnet sind,
- Erkenntnisse lediglich relative Bedeutung besitzen.

Interessant ist in diesem Zusammenhang, daß BACHMANN (1991) dafür plädiert, NLP behavioristischen Konzepten zuzuordnen, umso mehr, wenn man seine Argumentation verfolgt: Der Autor ist der Ansicht, daß gegen das humanistische Leitbild manche direktiven Interventionsmaßnahmen des NLP sprechen. Gleichzeitig stehe für die Einordnung in ein verhaltenstherapeutisches Konzept das übergreifende behavioristische Prinzip, daß sich die therapeutische Richtung um die Erforschung von Art und Weise der Bewertung und Organisation von Informationen, der Informationsverarbeitung zur Problemlösung, der Prognose und Bewertung zukünftiger Ereignisse bemühe. Nach der Definition von HAGEHÜLSMANN (1984) scheint allerdings eine Einordnung in die Humanistische Psychologie eher angebracht, denn die Ideen, welche auf behavioristische Wurzeln hinweisen, geben noch keinen Anlaß, NLP in diese Theorien zu integrieren. Eine Rechtfertigung für die Einordnung in die Humanistische Psychologie ist um so mehr gegeben, wenn erstens HAGEHÜLSMANN (1984) wie auch QUITMANN (1985) darauf hinweisen, daß in die Theorien der Humanistischen Psychologie auch behavioristische Annahmen einfließen und zweitens die in diesem Kapitel wiedergegebenen Annahmen zum Menschenbild des NLP bedacht werden, die eindeutig für diese Zuordnung sprechen.

Schließlich läßt sich die Frage formulieren, weshalb eine grundlegende erkenntnis- und wissenschaftstheoretische Diskussion bis zum jetzigen Zeitpunkt noch fehlt. Eine Begründung liegt in den o.a. Intentionen der NLP-«Gründung«, auf die auch BACHMANN (1991) eingeht: Die NLP-Väter BANDLER und GRINDER hatten am Anfang der Methodenentwicklung kein Interesse an einer wissenschaftlichen Fundierung und folglich der Betrachtung des NLP als wissenschaftliches Modell. Ein derartiges Streben ist erst in den letzten Jahren zu beobachten. An dieser Stelle sind vor allem BACHMANN (1991) und WEERTH (1992) hervorzuheben, die sich um eine wissenschaftliche Betrachtungsweise des NLP bemühen.

III. Psychologische Theorien des NLP unter Bezugnahme auf das Menschenbild

Ziel dieses Kapitels ist, die theoretischen Bausteine des NLP zu untersuchen, um sie im Anschluß im Sinne der Fragestellung darauf zu überprüfen, ob eine Verbindung zu anerkannten psychologischen Theorien besteht. Dies bezieht sich einerseits auf theoretische Grundlagen, welche die Basis für das Modellkonzept des NLP bilden. Danach wird eine Beschreibung der Persönlichkeitsmodelle nach NLP vorgenommen. In einer anschließenden Diskussion wird hinterfragt, ob eine Affinität zu Modellen der Persönlichkeitspsychologie besteht.

Um eine Übersichtlichkeit zu bewahren, folgt unmittelbar nach der Reformulierung der einzelnen NLP-Theorien die Bezugnahme auf die Fragestellung. Dabei geht es um die Überprüfung, inwieweit ein Zusammenhang zu allgemeingültigen psychologischen Theorien vorhanden ist und in welcher Form NLP diese in das eigene Modell integriert. Hauptsächlich sind davon die beiden Fragen betroffen, ob der jeweilige theoretische Baustein des NLP eine Affinität zu anerkannten Erkenntnissen der Psychologie besitzt, und inwieweit nomopragmatische Aussagen des NLP eine folgerichtige Ableitung aus psychologischen Gesetzen sind.

1. Meta-Modell der Sprache

Das Meta-Modell der Sprache basiert auf der Annahme, daß eine unmittelbare Wechselwirkung zwischen Sprache und kognitiven Prozessen besteht. Eine verbale Aussage ist die Abbildung gedanklicher Abläufe, in denen die Ausgangsinformation in irgendeiner Form verändert wurde. Dabei ist von Interesse, daß die Verarbeitung sensorischer Informationen in einer individualtypischen Form erfolgt. Die Ausgangsinformation wird der eigenen kognitiven Landkarte angepaßt, d.h., sie wird in einen Bezug zu persönlichen

Erfahrungen gestellt. Die Sprache präsentiert, welches Ergebnis der sinnesspezifischen Verarbeitung vorliegt. Für das NLP ist diese Erkenntnis in zweierlei Hinsicht von Bedeutung: Erstens liefert sie diagnostisches Material, sie gibt Aufschluß über gedankliche Prozesse, ob und wie Ausgangsinformation verzerrt wurde. Durch bestimmte Fragetechniken ist es dem NLP-Anwender möglich, genaue Informationen über kognitive Strategien zu erhalten. Zweitens ergibt sich aus der Annahme der Wechselwirkung zwischen Sprache und gedanklichen Schritten die Erwartung, daß durch sprachliche Modifikation eine Veränderung des kognitiven Systems erreicht wird. Konkret versucht der NLP-Therapeut, mittels Einsatz bestimmter Worte Einfluß auf kognitive Verläufe des Klienten auszuüben.

Die Vertreter des NLP beziehen sich in dieser Thematik in hohem Maße auf CHOMSKYs psycholinguistische Erkenntnisse, es wird zwischen Tiefen- und Oberflächenstruktur unterschieden. Psycholinguistisch ist in diesem Kontext hervorzuheben, daß die Tiefenstruktur nach BROWN und HERRNSTEIN (1984) das enthält, was für eine semantische Interpretation notwendig ist, während die Oberflächenstruktur dafür Verantwortung trägt, daß ein Satz in einer bestimmten Fassung oder Form zu hören ist. Analog geht NLP von einem Prozeß der Informationsaufnahme bis zum Verarbeitungsergebnis aus: Die Tiefenstruktur wird verändert durch Verallgemeinerung, Tilgung und Verzerrung der Informationen, bis sie eine Oberflächenstruktur erreicht, und so Sätze ans Tageslicht kommen. Es ist dieser Theorie zufolge zu erwarten, daß durch gezielte sprachliche Interventionen eine Bewußtseinsveränderung und in Konsequenz eine Einstellungs- und Verhaltensänderung herbeigeführt wird. Diese Annahme berechtigt nach LANKTON (1980) zur Vermutung, daß bereits rein sprachliche Interventionsmuster einen therapeutischen Effekt hervorrufen.

Durch Tilgung, Verzerrung und Generalisierung kommt es zu einer »Lenkung« der Gedanken in eine bestimmte Richtung. O'CON-

NOR und SEYMOUR (1992) wie andere NLP-Autoren vertreten die These, daß sich in Sätzen gedankliche Inhalte und zentrale Einstellungen der Person widerspiegeln. Durch bestimmte Fragetechniken läßt sich dieses Modell im therapeutischen Prozeß für die Informationssammlung nutzen, andererseits wird durch die Form der Fragen eine Neubildung der kognitiven Strukturen erwartet, da der Klient durch die Frageform aufgefordert wird, seine bisherige Sichtweise von einer ihm bisher unbekannten Perspektive aus zu betrachten.

O'CONNOR und SEYMOUR (1992) zählen die Elemente auf, die in einer Informationssammlung und Hinterfragung von Schilderungen zu konkretisieren sind: Unspezifische Substantive und Verben, Vergleiche, Bewertungen, Nominalisierungen, Modaloperatoren der Möglichkeit und Notwendigkeit (können und müssen), universelle Quantifizierungen, aber auch Annahmen, Ursache und Wirkung, Interpretationen und Bewertungen sind jeweils mit spezifischen Frageformen und Frageworten[21] in das Bewußtsein des Menschen zu heben, wobei die Fragen exakt auf die Art der Oberflächenstruktur abzustimmen sind. Also ist vor einer Frage-Intervention abzuklären, ob eine Tilgung, Verzerrung oder Generalisierung vorliegt.

1.1. Kritische Diskussionsbeiträge zur Theorie des Meta-Modells

Die Art und Weise der Methodenentwicklung und Präsentation, wie sie von DILTS et al. (1991) diskutiert wurde, gab zahlreichen Autoren Anlaß zu kritischen Auseinandersetzungen: z.B. weist REVENSTORF (1985) darauf hin, daß die Transformationsgrammatik CHOMSKYs nur unzuverlässig und unvollständig übernommen wurde. Dem wird entgegengehalten, daß NLP-Vertreter keinen Anspruch auf Vollständigkeit stellen, sondern es sich nach BACHMANN (1991) und WEERTH (1992) vielmehr um die Übernahme von

Grundbausteinen einer psycholinguistischen Theorie handelt. Aus dieser Übernahme der Theorien schließen JOJART und REVENSTORF (1986), daß es sich bei NLP um kein eigenständig entwickeltes Verfahren handle. Neben der lückenhaften Verwendung der Transformationsgrammatik sei das Meta-Modell seinerseits eine Übernahme der Fragetechniken von der kognitiven Therapie BECKs und der Rational Emotiven Therapie ELLIS'.

In diesem Kontext muß einmal mehr die geschichtliche Entwicklung der Methode NLP in Erinnerung gerufen werden: BANDLER und GRINDER legten keinen Wert darauf, eine neue Therapieform zu entwickeln, sondern ihre Intention bestand vielmehr darin, bestehende Richtungen miteinander zu verbinden, um Therapeuten Hilfestellungen in ihrer Arbeit zu geben. Bei einer derartigen Diskussion ist darauf zu achten, daß NLP in den vergangenen 15 Jahren eine massive Theorien- und Methodenexpansion erfuhr, wodurch der Anspruch, NLP als eigenständiges therapeutisches Verfahren zu betrachten, als ein Resultat dieser Entwicklung anzusehen ist. Daraus ergibt sich in Konsequenz die Frage, was das Neue an NLP sei, das für die Eigenständigkeit im Sinne eines Psychotherapieverfahrens spräche: Ein Argument hierfür liegt in der Verbindung verschiedener Methoden, also der Realisierung eines integrativen Ansatzes in der Form, wie es in der »Szene« der Psychotherapie einzigartig ist. Durch diese Tatsachen besteht freilich noch kein Anlaß, die o.g. Kritiken, die in die Bedenken münden, NLP als Psychotherapie zu sehen, abzuschwächen. Es ist bezugnehmend auf die Fragestellung und zur Beantwortung dieser Frage zu überprüfen, ob NLP den Grundsätzen anderer psychologischer Theorien widerspricht.

Die eindeutige Anlehnung an CHOMSKY kann auf dem ersten Blick wissenschaftlichen Anforderungen nicht standhalten. Dies erscheint nicht nur wegen der bereits angeführten lückenhaften Transparenz, sondern auch aufgrund der Stellungnahmen von NLP-

Autoren offensichtlich: Wenn BACHMANN (1991) wie WEERTH (1992) darauf verweisen, daß lediglich eine partielle Theorienübernahme vorliegt, so ist dies eher als Eingeständnis auszulegen, daß NLP eine unvollständige und somit fehlerhafte Verwendung der Psycholinguistik vornimmt. Auch scheint es problematisch, daß zwar die Transformationsgrammatik von NLP-Autoren für die Rechtfertigung der Theorie gebraucht wird, aber erstens wenig darüber zu finden ist, in welcher Weise sich NLP darauf bezieht, und zweitens eben eingestanden wird, daß sie lediglich in Bruchstücken für das NLP relevant sei. Deshalb bedarf es einer Überprüfung der Kernaussagen der Transformationsgrammatik und dessen, ob die überlieferten Stellen CHOMSKYs inhaltlich korrekt angewandt werden[22].

Wenn im folgenden die Transformationsgrammatik von CHOMSKY wiedergegeben wird, so ist im Zusammenhang mit der Theorienbildung des NLP primär der Zusammenhang von Oberflächen- und Tiefenstruktur von Interesse. Es scheint auf den ersten Blick überraschend, daß sprachwissenschaftliche Theorien Einzug in eine psychotherapeutische Theorienbildung halten, zumal sich nach PELZ (1987) CHOMSKYs Theorie an der Analyse von Syntax und der Vergleichbarkeit von Sätzen orientiert. Diese Frage nach der Verwertbarkeit der Sprachforschungsergebnisse ist jedoch keine, die sich nur im Zusammenhang mit NLP stellt. Interessant ist dabei die Verbindung von Semantik und Syntax, wie sie nach GREWENDORF, HAMM und STERNEFELD (1990) in der Tiefenstruktur gegeben ist, da zur syntaktischen Tiefenstruktur die semantische Komponente des Satzes hinzutritt. PELZ beschreibt Substitution, Permutation, Tilgung und Addition als mögliche Veränderungsoperationen auf dem Weg von der Tiefen- zur Oberflächenstruktur.

Diese genannten Aussagen können vorerst für keine psycholinguistischen Theorien herangezogen werden, es läßt sich lediglich ein Zusammenhang zwischen Sprache und psychologischen Phänomenen vermuten. Derartige Konsequenzen aus der Transformationsgrammatik wurden von mehreren Psycholinguisten untersucht, es seien einige von ihnen hier repräsentiert, ausführlichere Beschreibungen der Experimente finden sich bei BROWN und HERRNSTEIN (1984).

MILLER und Mc KEAN (1964) untersuchten die unterschiedliche Transformationszeit, sie erwarteten, daß sie in folgender Reihenfolge länger würde: Kernsätze, Verneinungssätze, Passivsätze, verneinte Passivsätze. Ihre Hypothese wurde in den Experimenten bestätigt, Mc MAHON (1963) kam in einem ähnlichen Versuch zum selben Ergebnis. Weiterhin wurden Untersuchungen von MEHLER (1963) unternommen, in denen festgestellt wurde, daß in Abhängigkeit von der Komplexität eines Satzes jeweils mehr oder weniger vom Satz im Gedächtnis behalten werden kann.

Verallgemeinernd sind diejenigen Sätze im Vergleich komplexer, welche mit einer Negation versehen und somit mit geringerem Erinnerungsvermögen verbunden sind. Es besteht in dieser Hinsicht ein Zusammenhang zur Theorie des Meta-Modells, da NLP postuliert, daß mittels bestimmter syntaktischer und grammatikalischer Elemente semantische Reaktionen in dem beschriebenen Grad provoziert werden. Es wäre jedoch bei dieser Hypothese noch genauer zu hinterfragen, welche Auswirkungen diejenigen Theorien besitzen, die CHOMSKYs Transformationsgrammatik an manchen Stellen falsifizierten, so daß davon auch psycholinguistische Erkenntnisse betroffen sind. Es scheint also an diesem Punkt ein idealerer Angriffspunkt für eine wissenschaftsmethodische Kritik an NLP möglich, als sie von REVENSTORF (1985) vorgetragen wurde.

Resümierend läßt sich festhalten, daß der Bezug zu CHOMSKY nur partiell zu rechtfertigen ist, da erfolgreiche Falsifizierungsversuche in der jüngsten Zeit die Haltbarkeit von CHOMSKYs Theorie relativierten. Darüber hinaus ist die psychotherapeutische

Verwendungsmöglichkeit der Theorie der Transformationsgrammatik generell als kritisch zu hinterfragen. Dennoch vermag NLP einen wichtigen Beitrag dazu zu leisten, wie durch gezielte sprachliche Interventionen ein therapeutischer Effekt hervorgerufen werden kann. Bei einer diesbezüglichen Ursache-Wirkung-Analyse läßt sich zwar auf CHOMSKYs Theorie der Tiefen-/Oberflächenstruktur zurückgreifen, jedoch ist zu bezweifeln, ob diese das gesamte Phänomen des Meta-Modells der Sprache abdeckt.

Die Fragetechniken, welche im Zuge des therapeutischen Vorgehens verwendet werden, sind in der kognitiven Therapie bei BECK (1979) und in der rational-emotiven Therapie von ELLIS (1977) in ähnlicher Form zu finden. Wie sich jedoch in den weiteren Ausführungen der vorliegenden Arbeit zeigen wird, besteht der Unterschied zu BECK und ELLIS darin, daß die Fragen in einem Kontext zu den Theorien des NLP stehen und somit eine andere Intention der Frageform vorliegt, sofern die theoretischen Bausteine des NLP von denen nach BECK und ELLIS abweichen.

2. Repräsentationssysteme und Wahrnehmungskanäle

Die Theorie der Repräsentationssysteme ist ein Baustein des NLP, welcher sich mit kognitiven Abläufen und Informationskodierung befaßt und sich mit der Problematik auseinandersetzt, wie Wahrnehmung gespeichert wird und deren Kodierungsweise für den Experten äußerlich erkennbar ist. Damit bietet sie eine Hilfestellung für Therapeuten an, unter Verwendung bestimmter diagnostischer Verfahrenstechniken Informationen über typische kognitive Strategien einer Person zu erhalten.

Die Repräsentationssysteme geben das »Wie« gedanklicher Abläufe wieder. O'CONNOR und SEYMOUR (1992) definieren Repräsentationssysteme als die Modalitäten, wie Information aufgenommen, abgespeichert und im Gehirn kodiert wird, die Repräsentationssysteme betreffen das Sehen, Hören, Fühlen, Schmecken und Riechen.

WEERTH (1992) legt in der Gruppe Repräsentationssysteme zwei Kategorien fest und beschreibt sie als analoge und digitale Systeme. Das analoge Repräsentationssystem bezieht sich auf nonverbale Reaktion und sensorische Abläufe bzw. Repräsentationen gedanklicher Strukturen. Unter digitaler Produktion ist die rein sprachliche Präsentation zu verstehen.

NLP nimmt eine weitere Differenzierung zwischen der allgemeinen Anwendung der zur Verfügung stehenden Wahrnehmungsebenen und den innerhalb jeder Ebene vorzufindenden detaillierten Qualitäten vor[23], wobei jedes Repräsentationssystem über individuell unterschiedliche qualitative Reproduktionsmöglichkeiten verfügt[24]. Außerdem beschäftigt sich NLP mit der Frage, ob eine Person einen bestimmten Wahrnehmungskanal für Informationsreproduktion bevorzugt verwendet, oder dafür mehrere Repräsentationssysteme einsetzt.

NLP geht davon aus, daß Informationen in einer individualtypischen Form aufgenommen werden: Einerseits werden Situationen mittels perzeptiver Vorgänge internalisiert, andererseits beeinflußt die Kodierungsweise Formen der Rekognition, Rekonstruktion und Repräsentation von Situationen der Vergangenheit.

Im Sprachgebrauch des NLP werden die Repräsentationssysteme in analoger Form abgekürzt folgendermaßen beschrieben:

V = visuell; sehen

A = auditiv; hören, akustische Elemente

K = kinästhetisch; taktiler Bereich, Gefühl

O = olfaktorisch;

G = gustatorisch.

Es wird davon ausgegangen, daß die beiden letztgenannten sensorischen Elemente in unserem Kulturkreis eine untergeordnete

Rolle spielen[25] und bei ihrem Auftreten häufig in Assoziation mit Bildern, Geräuschen und Gefühlen stehen.

BANDLER und GRINDER (1991a) weisen auf eine weitere Differenzierung hin, die auf jeder dieser Ebene in unterschiedlicher Form auftritt: VAKOG haben zwei Möglichkeiten des Auftretens, es handelt sich um externale (Ve, Ae, Ke, Oe) und interne Informationsproduktion (Vi, Ai, Ki, Oi). Weiterhin sind nach WEERTH (1992) interne Repräsentationen darauf zu überprüfen, ob sie erinnerter oder konstruierter Form sind. In Anlehnung an DILTS et al. (1991) sowie BANDLER und GRINDER (1991a) besteht damit folgende Chronologie: Reizaufnahme – Reizverarbeitung – Reizverwertung, die sich durch das konkrete Verhalten äußerlich sichtbar macht.

2.1. Primäres Repräsentationssystem

Die Annahme ist, daß einer der Kanäle bevorzugt verwendet wird. Es werden Informationen vorwiegend auf einem Kanal aufgenommen, kodiert und im Bedarfsfall reproduziert, was nicht heißt, daß die anderen Systeme keine Anwendung finden; sie unterliegen allerdings einer partiellen bzw. relativen Vernachlässigung. Diese Theorie der Bevorzugung bezieht sich auf Vorgänge des Denkens und nicht auf eindeutig sinnesbezogene »Aufträge«, wie das Besuchen einer Galerie oder eines Konzertes. In solchen Fällen ist die momentane Präferenz der Visualität bzw. Audition zumeist klar. Es besteht in diesem Zusammenhang eine Art Prototypologie im NLP, wobei von visuellen, kinästhetischen, olfaktorischen und auditiven Typen gesprochen wird. Die These lautet, daß in einem System während des Informationsaufnahme- und -verarbeitungsprozesses eine differenziertere und intensivere Behandlung des Wahrnehmungsgegenstandes als in den anderen erfolgt. In der Terminologie des NLP wird für diese fünf Bereiche auch gerne die Abkürzung »VAKOG«[26] benutzt – damit sind diese vier Ebenen angesprochen.

Die therapeutische Nutzbarkeit dieser Theorie liegt darin, daß Personen durch den sinnesbezogenen Zugang über das primäre System ein besseres Erinnerungsvermögen entwickeln, und somit die Aufarbeitung vergangener Erlebnisse genauer vollzogen werden kann.

Ergänzend ist hinzuzufügen, daß alltagspsychologisch bedeutungsvoll ist, daß in verschiedenen Situationen unterschiedliche Sinne intern wie extern benötigt werden: So ist z.B. schwer vorstellbar, daß ausschließlich mit Einsatz auditiver Mittel ein Text richtig niedergeschrieben werden kann. Es ist zumindest bis zu einem bestimmten Teil notwendig, auf visuelle Erinnerungen zurückzugreifen. Daraus läßt sich folgern, daß eine Wechselbeziehung zwischen Lebensqualität und der Fähigkeit der Nutzung aller Repräsentationssysteme besteht.

2.2. Synästhesien

Es ist unter o.g. Umständen möglich, daß ein Reiz von einem Sinneskanal aufgenommen wird, der nicht zugleich das primäre Repräsentationssystem darstellt. In diesem Fall wird eine Verbindung zum primären Sinneskanal eingeleitet, die dazu führen soll, den Wahrnehmungskanal, auf welchem die Information aufgenommen wurde, mit dem bevorzugten System zu verknüpfen. Die derartige Verbindung zweier oder mehrerer Kanäle wird als Synästhesie bezeichnet.[27]

Damit ist die Möglichkeit eines sekundären Faktors miteingeschlossen, der die Form der Reproduktion betrifft: Eine Person, deren primäres System »A« ist und die im »V« Schwierigkeiten hat, Informationen aufzunehmen und zu verarbeiten, kann über »A« einen Zugang zu »V« finden. Dies wird therapeutisch in einem umfassenderen Umfang nutzbar, wenn man daran denkt, daß durch den Einsatz des primären Systems erwartet wird, gespeicherte Inhalte möglichst erfahrungsgetreu ins Bewußtsein holen zu können.[28] Die therapeutisch indizierte Auflösung einer Synästhesie wird dann verfolgt, wenn sich eine Person in einem schlechten inneren Zustand befindet, der aufgrund der Vermischung verschiedener Repräsentationssysteme und einer daraus resultierenden chaotischen emotionalen und/oder kognitiven Situation entsteht.

2.3. Submodalitäten

BACHMANN (1991) beschreibt Submodalitäten als untergeordnete Einheiten innerhalb jedes Sinnessystems, die zu einer Differenzierung von subjektiven Wahrnehmungen und Erfahrungen dienen. V.a. die drei Hauptformen der Repräsentationssysteme – visuell, akustisch, kinästhetisch[29] – werden formal-qualitativ differenziert. Nach O'CONNOR und SEYMOUR (1992) ist es möglich, aus submodalen Einheiten weitere Information über die Qualität von Visualisierungen, akustischen und kinästhetischen Vorgängen zu erhalten, z.B. ob ein Bild heller oder dunkler oder akustische Repräsentationen lauter oder leiser sind.[30]

GORDON (1986) beschreibt, daß die ursprüngliche Wahrnehmung in einer bestimmten Weise visuell, akustisch, kinästhetisch, olfaktorisch, gustatorisch gespeichert wird. Aktuelle Ereignisse werden wahrgenommen, interpretiert und auf einer Erinnerungsschicht kodiert. Erinnert wird, indem die vier Repräsentationskanäle unterschiedlich zur Geltung kommen, innerhalb jedes Systems bestimmen vorhandene submodale Einheiten über die Qualität der Reproduktionsform. Der Autor geht auf die Möglichkeit ein, die Erinnerungsweise von außen zu beeinflussen, wenn eine Modifikation der submodalen Erinnerungsanteile gelingt[31]. Nach GORDON läßt sich daraus folgern, daß durch therapeutische Interventionen, welche sich auf Submodalitäten beziehen, Effekte hervorgerufen werden, die zu einer Veränderung von den ursprünglichen subjektiven Empfindungen beitragen, die mit einem vergangenen Ereignis gekoppelt sind.

2.4. Analoges Repräsentationssystem

Die Frage, die sich für eine therapeutische Verwertbarkeit der eben geschilderten Erkenntnisse stellt, ist, wie es dem Therapeuten zu erkennen möglich wird, in welchem System sich ein Klient befindet, bzw. was das primäre Repräsentationssystem einer Person ist.

Hierfür bietet NLP ein Modell an, in welchem durch physische Signale derartige Fragen beantwortbar sind. Am gängigsten sind hierbei die Augenbewegungsmuster, mit Hilfe derer eine Standortbestimmung getroffen werden soll. Aufgrund der bisherigen ausführlichen Behandlung in der Fachliteratur des NLP[32] gehe ich an dieser Stelle nicht auf die Entwicklung dieser Theorie ein, sondern halte mich äußerst knapp, indem ich stichwortartig das Prinzip der »eye accessing cues« erkläre: BANDLER und GRINDER konnten bei ihren Beobachtungen entdecken, daß Menschen für einen kurzen Moment ihre Blicke in eine bestimmte Richtung lenken, und zwar unterschiedlich und jeweils charakteristisch nach den momentanen sensorischen internen Vorgängen im Sinne von Vi – Ai – Ki – Oi und in Abhängigkeit davon, ob es sich um konstruierte (Vk – Ak – Ok) oder erinnerte (Ve – Ae – Oe) Vorstellungen handelt. BANDLER und GRINDER postulieren, daß diese Erkenntnis und das in Folge beschriebene System unabhängig von kultureller Herkunft funktioniert, jedoch eine Seitenverkehrung bei Linkshändern zu berücksichtigen ist. Aussagen über die Analogie von sensorischen Vorgängen richten sich also nach der Augenbewegung und zwar:

- Blick nach oben: links: Vk; rechts: Ve;
- Blick in Augenhöhe: links: Ak; rechts: Ae;
- Blick nach unten: links: auditiv digital, innerer Dialog;
  nach rechts: kinästhetisch, inneres Gefühl, K.

Als weitere Zugangsmöglichkeiten diskutieren O'CONNOR und SEYMOUR (1992) Atemmuster, Gestik – jemand zeigt auf das Sinnesorgan, welches er intern benutzt – Tonlage – hoch oder tief – und Körperhaltung.

2.5. Digitales Repräsentationssystem

Als weiteres Kriterium, interne und externe Prozesse deutlich zu machen, wird die Sprache angeführt: Dem geschulten NLP-Therapeuten sollte es durch die Wortwahl des Klienten möglich sein, die überwiegend und aktuell verwendeten Systeme herauszufinden. Als Vorteil der digitalen Form zählt für WEERTH (1992) die Eindeutigkeit in der Bestimmung des soeben verwendeten Repräsentationssystems, als Nachteil führt er an, daß die digital erhaltenen Informationen an sich wieder der Problematik der Tilgung, Verzerrung und Generalisierung unterliegen.

Die verbale Äußerung analoger Repräsentationssysteme kann anhand eindeutiger Worte nachempfunden werden und wird teilweise wegen der einfachen Handhabung auch von Therapeuten anderer Methoden genutzt, wie von GRÄFF (1989) bei der praxeologischen Beschreibung der Konzentrativen Bewegungstherapie.

2.6. Kritische Untersuchungen und Bezug zur Fragestellung

Vor allem die Theorie des Schemas der Augenbewegungsmuster gab Anlaß zu Diskussionen und wurde von einigen Autoren theoretisch wie empirisch in Untersuchungen hinterfragt. SCHIERMANN (1987), BLIEMEISTER (1988) und SCHUHBAUER (1988) versuchten die Hypothese BANDLERs und GRINDERs zu überprüfen und kamen übereinstimmend zu den Ergebnissen, daß sie nicht eindeutig nachgewiesen werden kann. Nach Auffassung von BACHMANN (1991) haben o.a. Autoren in einigen Aspekten die Bedingungen nicht erfüllen können, um eine tatsächliche Überprüfung der Hypothese zu gewährleisten. Er wirft den Experimentatoren methodische Fehler und zu wenig Linearität im experimentellen Setting vor.

Das Prinzip der Repräsentationssysteme ist auf der Grundlage der Wahrnehmungspsychologie zu überprüfen. Wie bereits gezeigt wurde, beziehen sich Kritiken in erster Linie auf die Theorie der

Augenbewegungsmuster. Da Abhandlungen darüber nur einen Teil zum Thema Repräsentationssystem ausmachen, können diese nicht als prinzipielle Auseinandersetzung mit der Theorie betrachtet werden. Damit ergibt sich die Notwendigkeit, eine vergleichende Diskussion mit Grundlagen der Wahrnehmungspsychologie durchzuführen, um die Haltbarkeit der Theorie der Repräsentationssysteme zu überprüfen.

Wenn SCHÖNPFLUG und SCHÖNPFLUG (1983) auf die Repräsentationstechniken eingehen und zwischen analoger und symbolisch-sprachlicher Form unterscheiden, so ist hier eine Parallelität zu der Differenzierung nach NLP gegeben. Darüber hinaus könnte es NLP gelingen, im Forschungsbereich der analogen Kodierung von Wahrnehmungen einen bedeutenden Beitrag zu leisten: Ein Problem im Forschungsvorgehen der Wahrnehmungspsychologie ist darin zu sehen[33], daß sich Untersuchungen über analoge Repräsentationen bisher lediglich auf visuelle Kanäle bezogen. Durch die Thematisierung der analogen Repräsentationen auf allen Sinneskanälen leistet NLP einen Forschungsbeitrag für die Frage, wie Kodierung im nichtvisuellen Bereich vor sich gehen kann.

Zur Überlegung, ob Kodierungen analog in einem der Repräsentationskanäle oder sprachlich-symbolisch oder in doppelter Form geschehen, ist aus den Beschreibungen in der NLP-Literatur zu schließen, daß sie vor allem in letztgenannter Variation verlaufen und diesbezüglich eher eine Bestätigung von PAIVIO (1971) vorliegt, der von einer dualen Kodierung ausgeht. Vor allem das Feld der Repräsentationssysteme wurde vom NLP einer Weiterentwicklung unterzogen, indem zu spezifizieren versucht wurde, wie sich sowohl sprachlich-symbolische Ausdrücke als auch differente Muster der sensorisch-repräsentativen Perzeptionsverarbeitung[34] im Aspekt der Speicherung auswirken.

Mit der Theorie, daß Submodalitäten im Wahrnehmungs- und Speicherungsprozeß eine entscheidende Rolle für formal-qualitative Aspekte spielen, wird einer Forderung entsprochen, die bereits von HAJOS (1972) formuliert wird: Er ist der Ansicht, daß es in der Wahrnehmungsforschung vermehrt um strukturelle und funktionelle Analyse vom Wahrnehmungsprozeß gehen sollte und insbesondere um die Überprüfung der Vorgänge innerhalb eines Sinnesgebietes, z.B. Helligkeits-, Bewegungs-, Form-, Farbsehen, usw. Da die Besonderheit der NLP-Theorie über Submodalitäten darin begründet liegt, sich mit den einzelnen möglichen qualitativen Elementen innerhalb eines Sinnesbereiches auseinanderzusetzen, wird somit der Kontext zu den Ausführungen von HAJOS hergestellt.

Zusammenfassend ist zu erwähnen, daß NLP mit der Thematik der Repräsentationssysteme deutlich Felder der Wahrnehmungspsychologie streift. Ohne daß NLP darauf bedacht sein dürfte, einen Forschungsbeitrag für Wahrnehmungspsychologie zu leisten, bleibt dennoch ein Vergleich mit Erkenntnissen der Wahrnehmungspsychologie unausweichlich. In erster Linie sind es v.a. Beiträge für die Kodierungsweise und Überlegungen zum Wahrnehmungs- wie Reproduktionsprozeß, die eine Verbindung von NLP zu wahrnehmungspsychologischen Erkenntnissen zulassen. Durch das Phänomen, daß sich NLP kaum auf Theorien der Wahrnehmungspsychologie stützt, stellt sich die Frage, in welcher Form eine Affinität zwischen beiden besteht. Nach GUSKI (1989) thematisiert die vergangene und derzeitige Diskussion über Wahrnehmung v.a. zwei Zugänge: Während die Gestaltpsychologie und der ökologische Ansatz mehr Aufmerksamkeit der Informationsaufnahme widmen, scheinen Kognitionspsychologen und Vertreter der Wahrnehmungspsychologie nach NEISSER mehr am Prozeß der Informationsverarbeitung interessiert. Die zweite Strömung postuliert die Zusammengehörigkeit von kognitiven Tätigkeiten und Wahrnehmung; die Wahrnehmung ist einerseits kontextgebunden zu betrachten, andererseits beeinflussen bestimmte Erwartungen des Individuums die Form der Perzeption. Bei diesem Kategorisierungsvorschlag ist eine Einordnung der NLP-Beiträge in die Gruppe möglich, die sich mit Informationsverarbeitung auseinandersetzt.

Dennoch ist abschließend zu diesem Thema zu bemerken, daß die Berührungsflächen von NLP und der traditionellen Wahrnehmungspsychologie geringer Natur sind, da Unterschiede im Forschungsschwerpunkt bestehen: Während sich die Wahrnehmungspsychologie nach Ansicht von LINDSAY und NORMAN (1981) mit der Frage beschäftigt, welche Faktoren die Informationsaufnahme und -verarbeitung an sich bestimmen, befaßt sich NLP mit dem Problem, welche qualitativen Einflußgrößen für die Informationsreproduktion existieren, bzw. welcher Zusammenhang zwischen der Form der differenzierten Erinnerung und dem psychischen Befinden besteht. Insofern ist zu resümieren, daß NLP diesbezüglich einen wichtigen Beitrag für die Brücke der Wahrnehmungspsychologie zur Klinischen Psychologie liefert. Dieser Aspekt wird durch das Argument gestützt, daß nach NLP psychische Störungen von einem symptomatischen Submodalitätenprozeß begleitet werden, der die Störung bedingt und/oder aufrechterhält. In Folge bedeutet dies, daß eine Aufmerksamkeitsverschiebung im Wahrnehmungsprozeß zu einer Modifikation der psychischen Verfassung führt.

3. Ressourcen

Es wird im NLP davon ausgegangen, daß jeder Mensch über bestimmte persönliche Mittel verfügt, um zu einem Ziel zu gelangen. Weiterhin wird allerdings angenommen, daß dem Individuum nicht in allen Situationen bewußt ist, über welche Ressourcen es verfügt. Ein Konflikt ist dann zu erwarten, wenn eine Person ein Ziel anstrebt und sich nicht im klaren ist, welche individuellen Kompetenzen vorliegen, um das Erwünschte zu erreichen. BANDLER und GRINDER (1990b) nehmen von dieser Perspektive ausgehend an, daß eine Person ihre Potentiale ins Bewußtsein holen muß, um zu einem erwünschten Zustand zu gelangen.

BACHMANN (1991) bezeichnet als Ressourcen alles, was in einer Person an Eigenschaften, Stärken, Fähigkeiten, Neigungen und Talenten vorhanden ist. Diese Form wird als personeninterne Ressource beschrieben und steht in Abgrenzung zu einer personenexternen Ressource, die das Beobachten und Erkennen von Fähigkeiten wie Stärken anderer Personen meint. Die Thematisierung externer Ressourcen ist vor allem dann von Bedeutung, wenn es einer Person nicht gelingt, interne Ressourcen zu erkennen. Die dahinterliegende Annahme ist, daß eine Person über bestimmte Fähigkeiten Bescheid wissen muß, wenn sie diese an anderen Personen erkennen kann.

In der therapeutischen Arbeit wird analysiert, welche Rahmenbedingungen[35] erfüllt werden müssen, um die Wahrscheinlichkeit der Realisierung eines Soll-Wertes zu erhöhen. In diesem Sinn wird thematisiert, welche Fähigkeiten Voraussetzung sind, um ein bestimmtes Ziel zu erreichen. Der weitere Schritt befaßt sich damit, ob eine Person die gesuchten Ressourcen besitzt, und wann diese bereits in der Vergangenheit erfolgreich angewandt wurden. In Anlehnung an die obige Beschreibung betrifft diese Vorgangsweise das Behandlungsfeld personeninterner Ressourcen.

3.1. Modellierungsverfahren des NLP

Mit bestimmten Techniken wird versucht, das bestehende Modell eines Menschen, welches die Sichtweise zu sich selbst und gegenüber der Welt beinhaltet, zu bearbeiten, um bedarfsweise neue Verhaltensvariationen ins Bewußtsein zu heben: Nach BANDLER und GRINDER (1991b) sind Modelle kognitive Abbildungen der Wirklichkeit, wobei sich innerhalb des NLP-Fachbegriffs der Terminus »Landkarte« unter Anlehnung an KORZYBSKI (1933) und TOLMAN (1948) durchgesetzt hat. Der metaphorische Gebrauch dieses

Begriffes dient zur Verdeutlichung der prioren subjektiven Realitätsakzentuierung gegenüber einer objektiven Weltsicht. DILTS, HALLBOM und SMITH (1991) weisen auf die Einzigartigkeit jeder Person hin. Jedes Individuum verwendet seine eigene kognitive Landkarte, wobei diese Landkarte erweiter-, veränder- und korrigierbar ist. Die Modifikationen des individuellen kognitiven Modells können einerseits durch eigene Erfahrungen verursacht werden, andererseits ist es unter bestimmten Bedingungen möglich, Teile eines kognitiven Modells einer anderen Person zu übernehmen. Dadurch besteht im therapeutischen Kontext die Möglichkeit, sowohl auf eigene Muster und interne Ressourcen zurückzugreifen, als auch Modelleinheiten von anderen Menschen aufzugreifen und deren Ressourcen für den eigenen Gebrauch zu verwenden.

3.1.1. Self-Modeling - Verwertung personeninterner Ressourcen

Nachdem durch eine Analyse geklärt ist, welche Ressourcen der Annäherung an den Soll-Wert dienen, versucht der NLP-Therapeut, die Person in der eigenen Geschichte zurückzuführen, um auf Situationen zu stoßen, in denen sie bereits jene Anteile aktiv lebte, die zur Zielerreichung nötig sind. Gelingt es, mehrere derartige Ereignisse in Erinnerung zu rufen und zu aktualisieren, ist die Möglichkeit gegeben, den Klienten zur Verinnerlichung der Aussage zu bringen: »Wenn ich das schon mehrmals gelebt habe, dann muß ich die Fähigkeit, „x" zu sein, wohl besitzen.« Dies ist gleichzeitig eine Basis dafür, daß die Person sich selbst als Vorbild oder Modell nimmt.

3.1.2. Modellieren anderer Personen - Verwertung personenexterner Ressourcen

Unter bestimmten Umständen mag die soeben genannte Methode nicht ausreichen, um ein Bewußtsein für eigene Kräfte aufzubauen, soweit es für die Zielerreichung eine Vorbedingung darstellt[36]. In diesem Fall raten NLP-Autoren dazu überzugehen, sich an anderen Personen zu orientieren. Der Klient soll also nach Menschen suchen, die seiner Ansicht nach bereits das leben, was er leben möchte. Die Intention dieser Strategie ist, den Klienten darauf aufmerksam zu machen, daß das Erreichen nicht unmöglich ist, sondern andere Menschen existieren, die ihm als Vorbild dienen können und denen er diesbezüglich etwas »abschauen« kann. Es findet eine Überprüfung dessen statt, was der Klient vermutet, was die Modellperson in sich hat und macht, um dorthin zu gelangen, wohin er selbst möchte.

Es sei nochmals die grundlegende Funktion dieser Vorstellung von Modellpersonen erwähnt: Der Aufbau eigener Imaginationen und Vermutungen über ein Modell wäre nicht möglich, wenn der Klient nicht selbst die Anlage solcher Eigenschaften, wie sie das Modell hat, besäße. Deren Einsatzmöglichkeit wurde jedoch bisher übersehen, da sich der Klient nicht im klaren war, über sie verfügen zu können. Insofern ist es nach DILTS et al. (1991), CAMERON-BANDLER, GORDON und LEBEAU (1985) unerheblich, ob der Klient reale Personen, ihm Bekannte oder Protagonisten aus Film, Roman oder eigenen Phantasiereisen nimmt.

3.2. Bezug zur Fragestellung

In erster Linie ist bei einer Suche nach psychologischen Theorien, die für einen Vergleich zur Theorie der Ressourcen herangezogen werden können, der Bezug auf CSIKSZENTMIHALYI (1992) naheliegend, zumal sich NLP-Autoren in diesem Kontext häufig auf ihn berufen. Der an der University of Chicago dozierende Psychologe CSIKSZENTMIHALYI bezeichnet in seiner personentypologischen Auflistung das autotelische Selbst als ein Selbst, das sich die Ziele eigenständig setzt, ein von ihm als »Flow«-Zustand[37] beschriebener psychischer Status wird umso eher unerreichbar, je mehr der

Großteil individueller Ziele außerhalb des Individuums gesetzt wird, und diese sich nach Erwartungen wie Bedürfnissen der sozialen Umwelt richten. In den Extrempositionen liegt entweder eine intrinsisch orientierte Zielproduktion vor – was eine rein autotelische Handlung bewirkt –, oder es werden Ziele gesetzt, die sich nach Kriterien festlegen, welche von außen stammen und exotelische Handlungen zur Folge haben. Diese Art von Zielorientierung ist nach CSIKSZENTMIHALYI vor allem dann zu erwarten, wenn eine Person ungenügendes Selbstbewußtsein bzw. fehlendes Bewußtsein über vorhandene Fähigkeiten hat. Die an dieser Stelle interessante Aussage bezieht sich auf den Aufbau von Strategien der Zielentwicklung. Seiner Theorie nach ist es notwendig, daß eine Person Ziele mit Hilfe der zur Verfügung stehenden individuellen Fähigkeiten anstrebt. Um eine Vorbedingung für psychische Zufriedenheit oder Glück, also für das Erlangen des Flow-Erlebnisses, zu erfüllen, ist es notwendig, persönliche Fähigkeiten, Ressourcen und Ziele ins Bewußtsein zu rücken. Darauf aufbauend ist Lernmaterial zum Erlangen eines Zieles einsetzbar. CSIKSZENTMIHALYI postuliert demnach, daß Handlungen und Ziele für eine Person vor allem dann mit Zufriedenheit oder Glück versehen sind, wenn sie auf extrem intrinsischer Motivation beruhen. Die autotelische Fokussion ermöglicht der Person, für Handlungen ihre persönlichen Fähigkeiten und Stärken einzusetzen. Für den Psychologen sind also zusammenfassend »Flow« getragene Aktivitäten dann vorhanden, wenn sie mit internen Ressourcen abgestimmt sind.

Die Annahme, daß eine Person bereits bestimmte Eigenschaften und Fähigkeiten besitzt, um zu einem individuellen Ziel zu gelangen, und daß es lediglich darum gehe, die Existenz der Ressourcen ins Bewußtsein zu rücken, weist auf Verbindungen zur Humanistischen Psychologie hin. Die Theorie der Ressourcen wird in der NLP-Literatur häufig durch Hinweise auf WATZLAWICK gestützt. So beschreibt BACHMANN (1991), daß laut WATZLAWICK und seinem individualistischen Ansatz die subjektive Wirklichkeit in Verbindung mit dem Bewußtsein über eigene Ressourcenanteile stehe. Somit kann einer Person eine Problembewältigung, die früher als unmöglich betrachtet wurde, dann als real erscheinen, wenn eine bestimmte Fokussierung darauf erfolgte, daß diese oder jene Fähigkeiten vorhanden sind, um zu einem positiven Bearbeitungsresultat zu gelangen.

Weiterhin ist zu bemerken, daß NLP eine Kombination von der Theorie der Ressourcen mit Modellierungsverfahren vorgibt. Um ein Bild darüber zu erlangen, ob hier eine korrekte Theorienübernahme vorhanden ist, bzw. eine Affinität zu psychologischen Theorien vorliegt, wird vorerst auf die kritischen Anmerkungen zur Ressourcentheorie eingegangen, und anschließend überprüft, ob sich Modellierungsansätze und das »modeling« des NLP decken oder beide im Vergleich differieren.

Kritische Argumente finden sich vor allem in zweierlei Hinsicht: Erstens wird darauf aufmerksam gemacht, daß die therapeutische Umsetzung der Modellierungsmethode eine »gestohlene« Methode ist. Zweitens wird der Anspruch der therapeutischen Umsetzbarkeit hinterfragt. REVENSTORF (1985) ist der Ansicht, daß NLP eine Transformation kognitiver Theorien und therapeutischer Techniken vornimmt. Er behauptet in diesem Zusammenhang auch, daß dies allerdings lückenhaft und teils verfälschend geschieht. Es ließe sich nach dieser Argumentationsrichtung das Interventionsmuster des Modellierens nicht mit dem Modellernen vergleichen. Zur Überprüfung dieser Argumentationsweise ist ein Exkurs zu der dahinterliegenden Theorie notwendig: REINECKER (1991) wie SCHÖNPFLUG und SCHÖNPFLUG (1983) gehen auf die Kernannahmen ein, die BANDURA dazu veranlaßten, das Modellernen als ein Bindeglied zwischen orthodoxen und kognitivistischen verhaltenstherapeutischen Verfahren einzuführen. Es wird als kognitiv-soziale Lerntheorie angesehen. REINECKER (1991, 135) weist darauf hin, daß

Modellernen auf der Tatsache beruht, »daß sich Menschen aufgrund der Beobachtung des Verhaltens anderer Personen (und der daraus folgenden Konsequenzen) dieses Verhalten aneignen bzw. eigene Verhaltensmuster in Richtung des Modellverhaltens ändern.« Wenn O'CONNOR und SEYMOUR (1992) behaupten, daß durch das Modellieren einer anderen Person eine Übernahme von deren Strukturen möglich ist, und in Folge daraus eine Veränderung des Verhaltens erwartet werden kann, besteht eine hochgradige Verwandtschaft zu BANDURAs Vorgehensweise. Dennoch liegen klare Unterschiede zwischen dem Ansatz der kognitiv-sozialen Lerntheorie und dem NLP in diesem Punkt vor: ROSENTHAL und BANDURA (1978) erklären in Interventionsbeschreibungen, daß sie z.B. bei Phobien Desensibilisierungen durch ein geplantes Modelllernen vor allem mittels Demonstration und in Kombination mit unterweisenden Instruktionen seitens des Therapeuten erwarten, BANDLER und GRINDER (1991a) weisen hingegen darauf hin, daß sich der Klient selbst das Objekt des »modeling« aussuchen soll, um auf diesem Wege bereits vorhandene Fähigkeiten in die Intervention zu integrieren[38]. Deutlich wird in diesem Zusammenhang, daß die Ausgangslage und Zielsetzung zwischen den beiden Schulen eine jeweils unterschiedliche ist. NLP erhofft sich, daß sich der Klient primär *mehr seiner eigenen Kompetenzen bewußt* wird, mit deren Hilfe sekundär Probleme eigenständig zu bewältigen sind, die Vertreter der Lerntheorie verwenden das Modellieren zur *unmittelbaren Behandlung des Problems.*

Es wird in diesem Schritt die methodische Entwicklung des NLP leicht nachvollziehbar: Einerseits werden bestimmte Inhalte anderer Therapieformen übernommen, diese allerdings in Folge in die NLP-Sprache übersetzt, verändert und ergänzt.

Zusammenfassend findet demnach die oben formulierte Kritik von REVENSTORF eine teilweise Berechtigung, die Theorie des Modeling steht zwar im Bezug zu psychologischen Theorien, es besteht allerdings eine Abweichung von den ursprünglichen Erkenntnissen: Gleichzeitig ist zu berücksichtigen, daß die eigenständige Weiterentwicklung oder Adaption anderer Theorien in das eigene Modell eine methodenkonzeptive Vorgangsweise ist, wie sie in Entwicklungen anderer psychotherapeutischer Strömungen ebenfalls zu beobachten ist[39]. Außerdem bleibt zu überlegen, ob derartige Vorstöße hinsichtlich einer Verbindung verschiedener Theorien nicht in dem Sinne produktiv wirken, als ein Grundbedürfnis nach Reduktion des Theorienpluralismus besteht.

4. Beliefs

DILTS et al. (1991b) beschreiben in einer umfangreichen Publikation, in der sie sich in umfassender Form der Thematik der Glaubenssätze (dem deutschen Synonym für den Begriff »Beliefs«) widmen, ätiologische, pathologische und therapeutische Aspekte von kognitiven Systemen und Mustern, die sich in Form von Beliefs manifestieren.

Eine Person entwickelt im Laufe des Lebens Glaubenssätze, die auch von manchen NLP-Autoren, wie etwa O'CONNOR und SEYMOUR (1992), als Einstellung bezeichnet werden. Diese Glaubenssätze geben innere Haltungen, Meinungen, Gefühle wieder, die in Beziehung zu sich, anderen Menschen, Situationen und der Umwelt stehen. Den Beliefs wird die Funktion zugesprochen, daß sie dafür verantwortlich sind, Stabilität und Kontinuität im gesamten Lebenssystem und Lebensmuster aufrechtzuhalten. Sie sind die Steuermechanismen in einer Person, da durch sie entschieden wird, welche Informationen in welcher Form aufgenommen werden. Das heißt, daß eine Person unbewußt untersucht, inwieweit neue Inputs in das bestehende Schema hineinpassen, und welche konträr zum gesamten Beliefsystem stehen und somit in einer veränderten Form aufgenommen werden. Ein Signal wird durch die externen Repräsentationssysteme aufgenommen, es wird verinnerlicht und subjektiv »gefärbt«, die Bedeutung personenbezogen erweitert. Damit ist ein Bezug zu der oben besprochenen Tiefenstruktur der Wahrnehmung und der Oberflächenstruktur hergestellt, da Beliefsysteme bewirken, nur derartige Informationen in einem bestimmten Bedeutungszusammenhang zuzulassen, die in ein System integriert werden können, also bestehende Einstellungen unterstützen. Nach dieser Theorie ist ein Belief auch Nährboden für inter- und intrapersonale Vorannahmen und verantwortlich für die Stabilisierung von Einstellungen, die das Alltagsleben betreffen. Ebenso werden Stimmungslagen auf das Wirken eines Glaubenssatzes oder -systems zurückgeführt, sofern Stimmungen wie Gefühle durch einen subjektiven Bedeutungszusammenhang zu Ereignissen und Erlebnissen gebildet werden. Glaubt z.B. eine Mutter von sich, daß sie eine schlechte sei, wird es keine Probleme bereiten, immer wieder auf Vorfälle zu treffen, durch die ihr eine Interpretation in diese Richtung ermöglicht wird. Glaubt sie von sich, eine gute Mutter zu sein, wird sie die Informationen verarbeiten, welche diesen Glauben verstärken.

Häufig äußert sich in einer bestimmten Formulierung nach dem Prinzip des Meta-Modells der Sprache durch Generalisierung, Tilgung, Verzerrung ein manifestierter Glaubenssatz. Es finden sich in der Literatur viele Hinweise, wie Beliefs als solche erkennbar sind. Allgemein läßt sich aus diesen zusammenfassen, daß ein Glaubenssatz dann verbal präsentiert wird, wenn eine Einstellung, ein Gefühl oder eine festgelegte Meinung aus verbalen Äußerungen ausfindig gemacht werden kann. Beispiele hierfür sind Sätze, die die eigene Person betreffen, wie: »Niemand mag mich«, oder: »Ich kann das sowieso nicht«, oder: »Es gibt niemanden, der mich zu verletzen vermag« usw., als auch Aussagen, die sich auf die Umwelt beziehen, z.B.: »Die Afrikaner wollen nicht arbeiten, sondern nur in der Sonne faul herumliegen«, oder: »Wenn Hubert dieses Problem lösen muß, kann das nur schiefgehen«.

Beliefsysteme, also die Kooperation mehrerer Glaubenssätze miteinander, können nach DILTS (1990) in bezug auf das Erreichen eines Zieles in zweierlei Richtungen wirken: einerseits als hemmende und zielverhindernde, andererseits als lenkende, antriebssteigernde und motivierende Kraft. In diesem Zusammenhang ist von Bedeutung, welche Beziehung von einem Beliefsystem zu bestimmten Zielrichtungen besteht, welche Einstellungen dem Erreichen hinderlich oder förderlich sind, ob eine Erfolgs- oder Mißerfolgsmotivation vorliegt.

4.1. Ätiologie

Die Herkunft der Beliefs ist zeitlich und ontogenetisch betrachtet ein Vorgang der Vergangenheit, sie werden durch Einflüsse von Institutionen, Erziehung, Glaubenssysteme der Eltern, der gesamten Kultur sowie den sozialen Kreisen inhaltlich gebildet und installiert. Es finden permanent Beeinflussungen durch diese Felder der sozialen Umwelt statt, die die Grundlage für die Entwicklung eines komplexen Beliefsystems darstellen.

O'CONNOR und SEYMOUR (1992, 138) geben eine klare Beschreibung das Beliefbildung: »Glaubenssätze und Einstellungen entspringen aus vielen Quellen – aus Erziehung, Modellieren von bedeutsamen anderen Menschen (significant others), Vergangenheitstraumen und wiederholten Erfahrungen. Wir entwickeln Glaubenssätze dadurch, daß wir unsere Erfahrungen mit der Welt und mit unseren Mitmenschen generalisieren, das heißt, Verallgemeinerungen ableiten. Woher wissen wir, aus welchen Erfahrungen wir generalisieren sollen? Einige Einstellungen kommen fertig aus der Kultur und der Umgebung, in die wir hineingeboren werden. Die Erwartungen der bedeutsamen Menschen, die in unserer Kindheit um uns sind, prägen uns Glaubenseinstellungen ein. Hohe Erwartungen (vorausgesetzt, sie sind realistisch) bilden Kompetenz. Niedrige Erwartungen flößen Inkompetenz ein. Wenn wir noch jung sind, glauben wir, was uns gesagt wird, denn wir haben keine Möglichkeit, es zu überprüfen. Diese Glaubenssätze können überdauern, ohne durch unsere späteren Leistungen modifiziert zu werden.«

Demnach ist in der Persönlichkeitsentwicklung nach dem Modell des NLP darauf zu achten, daß individuelle Einstellungen von biographischen Ereignissen abhängen, also persönliche Prägungen als Summe von Ereignissen der Vergangenheit zu verstehen sind. Diese erlebten Ereignisse sind Bausteine für spätere Dispositionen in Einstellungen, individuell charakteristischen behavioralen Normen und den Aufbau von Partizipation am gesellschaftlichen Leben durch Annahme bestimmter sozialer Rollen. Die Bildung von Beliefs ist nicht an eine bestimmte Lebensphase gebunden, dieser Vorgang ist von frühkindlichen Ereignissen bis zu Momenten in der Gegenwart möglich. Die primäre Annahme eines Systems wird allerdings auf frühkindliche Ereignisse zurückgeführt, in dieser Periode der ersten Lebensjahre wird eine bestimmte Richtung festgelegt, nach der sich die folgenden Inputs richten.

Inhalt und Richtung der manifestierten Glaubenssätze ist als Resultat der Beeinflussung erstens durch Personen, die bestimmte Einstellungen, also eigene Beliefs weitergeben, und zweitens durch auferlegte sozio-kulturelle Normen zu betrachten. Eine Mutter gibt eigene Dispositionen auf dem Weg der Erziehung dem Kind weiter, die gleiche Zirkularität gilt für Elemente von Mikro-, Meso- und Makrosystemen wie der Gesamtgesellschaft[40]. Es ist aus dieser Entwicklung der Glaubenssysteme, die sich im Unbewußten einer Person verankern, auch eine Verbindung zu C.G. JUNGs Auffassung vorhanden, der in seiner Theorie der Persönlichkeitsentwicklung auf eine Übertragung von Phylogenese in Ontogenese hinweist. Wenn sich nach KUTSCHERA (persönliche Mitteilung, 1992) NLP darauf festlegt, daß in soziokultureller Hinsicht die Beliefentwicklung ein Produkt der gesamten Welt- und Kulturgeschichte ist, dann ist darauf hingewiesen, daß in gewissen Bereichen innerhalb einer bestimmten Gruppe von Menschen eine Analogie in der Gedanken- und Gefühlswelt besteht. Diese Annahme der partiellen Übereinstimmung veranlaßt WEERTH wie andere NLP-Autoren zu der Behauptung, daß in diesem Punkt eine Konformität zu C.G. JUNGs Ausführungen über das kollektive Unbewußte besteht.[41]

In ontogenetischer Hinsicht ist gleichfalls von Interesse, daß in der Annahme einer frühkindlichen Prägung eine Verbindung zur neueren psychoanalytischen Entwicklungspsychologie vorhanden ist: EAGLE (1988) geht in einer Untersuchung neuerer psychoanalytischer Strömungen darauf ein, wie Ich-Psychologen in ihrer Diskussion betonen, daß sie zwar grundlegend FREUDs Theorie der Persönlichkeitsprägung in den frühen Zeiten der Kindheit aufrechterhalten, allerdings eine Entwicklung mit der ödipalen Periode nicht den Abschluß findet, sondern eine Prägung in den folgenden Lebensabschnitten weiterhin fortgesetzt wird. In diesem Kontext der entwicklungspsychologischen Auffassung von Persönlichkeitsentfaltung ist eine Übereinstimmung zur Entwicklungstheorie des NLP gegeben.

4.2. Wirkung

Nach der Theorie des NLP liegt eine enge Wechselbeziehung zwischen Beliefs und Beliefsystem sowie dem individuellen Erleben und Verhalten vor. Der Grad des Antriebs für bestimmte Handlungen richtet sich nach dem inhaltlichen Bestand der Glaubenssätze bzw. des gesamten Beliefgebildes – es bestehen also unmittelbare Auswirkungen für den motivationalen Bereich.

Wie bereits oben geschildert, werden neue Erfahrungen und Wahrnehmungen in ein kognitives Konzept so aufgenommen, daß sie in das komplexe innere System einer Person passen. Es wird in der fachspezifischen Terminologie in diesem Zusammenhang von Filtern gesprochen, die ihrerseits eine thematische Verbindung zu den Prozessen von der Tiefen- zur Oberflächenstruktur besitzen. Interpretationen von Handlungen, Perzeptionen und Begegnungen werden in dem angeführten Sinn interpretiert und bestimmen laut TAYLOR (1988) in Abhängigkeit davon das eigene Verhalten. Es ist jedoch nicht zulässig, Beliefsystemen eine Unikausalität zuzuschreiben, vielmehr nimmt WEERTH (1992) Wechselbeziehungen zwischen den einzelnen Persönlichkeitsvariablen an, durch Veränderung eines Bereiches geschieht eine Veränderung der anderen: Einerseits ist es möglich, daß aus Modifikation von Beliefs ein Wandel der eigenen »kognitiven Landkarte«, des Erlebens und Verhaltens folgt, andererseits kann umgekehrt die Veränderung auf der behavioralen Ebene eine inhaltliche Umformung der Glaubenssätze bewirken.

Weiterhin sei darauf hingewiesen, daß in der therapeutischen Situation bestehende einzelne Beliefs wertfrei behandelt werden[42]. Das Thema, welches inhaltlich von Belang ist, ist vielmehr eine Analyse dessen, welche Glaubenssätze dem Erreichen erwünschter Zustände hinderlich sind, und welche eben im Sinne der Zielerreichung produktiv wirken. Danach steht es dem Therapeuten nicht zu, Glaubenssysteme einer Person inhaltlich zu thematisieren und zu bewerten.

Damit wird das Postulat des NLP plausibel, daß Glaubenssätze eine entscheidende Funktion für künftiges Verhalten, für Einstellungen etc. haben. DILTS et al. (1991) sind der Ansicht, daß je nach der Beschaffenheit eines Beliefsatzes bestimmte Wünsche in Erfüllung gehen oder verhindert werden.

Der Wirkungsbereich der Glaubenssysteme umfaßt also den gesamten Kontext eines Lebens; nach DILTS, HALLBOM und SMITH (1991) besteht eine Interdependenz zwischen den Kategorien Identität, Glauben und persönliche Werte, individuelle nach außen gebrachte sowie innen schlummernde Fähigkeiten, Verhalten und soziale Umwelt. Dieses Schema ist auch bei anderen Autoren in

Anlehnung an DILTS Ausführungen zu finden, so z.B. bei WEERTH (1992) und bei O'CONNOR und SEYMOUR (1992). Grundlegend ist hier zusammenfassend festzustellen, daß die Beschaffenheit von Glaubenssystemen als ein Parameter für behaviorale Ausprägungsgrade gesehen wird und in ein komplexes Feld eines NLP-Persönlichkeitsbildes integrierbar ist.[43]

Vorausgreifend zu den Ausführungen, die sich mit dem Bezug zur Fragestellung auseinandersetzen werden, sei an dieser Stelle auf die Ähnlichkeit zu den Annahmen nach ELLIS und GRIEGER (1979) hingewiesen: In der Rational Emotiven Therapie wird ebenso von Beliefs gesprochen, die Einfluß auf kognitive und handlungsorientierte Vorgänge haben, wobei in therapeutischer Hinsicht in der RET die Rationalisierung irrationaler Beliefs im Vordergrund steht, da sich auf diesem Weg eine Verhaltensänderung einstellen soll. Darin ist ein Unterschied zu das Belieftheorie des NLP zu sehen, da in der einen Schule die Rationalisierung, in der anderen die o.a. Kriterien thematisiert werden, welche sich primär nicht mit der Frage irrationaler Beliefs auseinandersetzen.

4.3. Therapeutische Relevanz des Beliefmodells

Wie aus den Ausführungen hervorgeht, besteht im therapeutischen Kontext eine direkte Verwertbarkeit der Belieftheorie, da durch Erneuerung von Glaubenssätzen erwünschte Veränderungen und Zielannäherung eingeleitet werden können, bzw. im umgekehrten Sinn die Möglichkeit besteht, behindernde Beliefs zu eruieren und zu bearbeiten.

Weiterhin ist aus der Annahme, daß sich Beliefs im Laufe der eigenen Lebensgeschichte entwickeln, ableitbar, daß in der Therapie die Analyse von Beliefs eine regressive therapeutische Vorgangsweise benötigt. Die konkreten therapeutischen Umsetzungsformen in bezug auf ein Glaubenssystem werden an entsprechender Stelle im Kapitel der Praxeologie besprochen.

4.4. Bezug zur Fragestellung

Bei der Suche danach, ob eine Vergleichsmöglichkeit zur Grundlagenforschung psychologischer Theorien besteht, ist in erster Linie eine dahingehende Untersuchung naheliegend, inwieweit sich die Theorie der Glaubenssätze mit kognitiven Ansätzen in Einklang bringen läßt[44].

Um an der unter 4.2. bereits angeschnittenen Ähnlichkeit zur RET anzuschließen, sei hier die ABC-Theorie psychischer Störungen von ELLIS und GRIEGER (1979) kurz umrissen: Nach BASTINE (1990) löst eine Activing Experience – A – bei der Person bestimmte Beliefs – B – aus; diese beinhalten Einstellung und Interpretation gegenüber dem Ereignis, die Art der Beliefs sind für bestimmte Reaktionsweisen (= Consequence) – C – verantwortlich. Dies bedeutet, daß emotionale Konsequenzen ein Resultat der Beliefs darstellen. Grundsätzlich läßt sich eine hohe Übereinstimmung mit der NLP-spezifischen Theorie über Glaubenssätze und -systeme finden, dies betrifft auch ätiologische Aspekte. Ähnlich wie BANDLER und GRINDER ist ELLIS (1977) der Ansicht, daß sich ein Überzeugungssystem durch diverse Erfahrungen in Verbindung mit Ereignissen entwickelt. Für sozialisationsbezogene Beliefs macht ELLIS z.B. elterliche Erziehung partiell verantwortlich. Differenzen beziehen sich, wie bereits geschildert, auf klinische Faktoren. Während bei der ABC-Theorie davon die Rede ist, daß irrationale Überzeugungen psychische Störungen bedingen, ist für NLP nicht das Irrationale Untersuchungsgegenstand, sondern die Frage, ob durch bestimmte Beliefs oder ein gesamtes System eine Handlungshemmung bzw. Hindernisse im Sinne einer sozial- oder individualorientierten Zielerreichung bewirkt werden. Damit wird die Aufmerksamkeit im Gegensatz zur RET nicht auf rationale Faktoren gelegt, sondern auf den Umstand, ob Glaubenssätze – egal ob rational oder irrational – die gewollte Persönlichkeitsentfaltung bremsen oder einen bestimmten, im gewissen Sinn problematischen Ist-Zustand provozieren.

Als zweiter kognitiver Ansatz läßt sich die Störungstheorie der Depression nach BECK (1979) für Vergleichszwecke heranziehen, auch wenn der Vertreter einer kognitiven Störungstheorie und des Ansatzes einer kognitiven Psychotherapie bei emotionalen Störungen nicht explizit den Terminus Belief in seiner Modellbeschreibung verwendet. Die kognitive Trias als depressives Schema, welches sich bereits in der Kindheit entwickelt, setzt sich aus der negativen Sichtweise von sich, einer negativen Interpretation der Lebenserfahrungen in der Umwelt und einer nihilistischen Sicht der Zukunft zusammen. Informationen aus der Umwelt werden dabei so verarbeitet, daß die negative Konzeption aufrechterhalten bleiben kann. Es kommt dabei zu Informationsverzerrungen und kognitiven Fehlern, diese können nach BECK sechs unterschiedliche Formen besitzen:

- *willkürliche Schlußfolgerungen* als reaktives Muster, wenn keine Beweise für eigene Folgerungen oder gar dazu widersprüchliche Fakten vorhanden sind;
- *selektive Abstraktion* als willkürliches Herausgreifen eines Details, wodurch der Kontext zur Gesamtsituation verlorengeht;
- *Übergeneralisierung* durch ungerechtfertigte Verallgemeinerung auf der Basis eines einzigen Vorfalls;
- *Maximierung bzw. Minimierung* von Größe oder Bedeutung eines Ereignisses;
- *inadäquat hoher Selbstbezug* in der Form, indem äußere Ereignisse stark in den Zusammenhang einer persönlichen Bedeutung gebracht werden;
- bei *dichotomem oder polarisiertem Denken* werden die Grundprämissen der Person in absoluten Begriffen wie »immer« oder »niemals« erklärt.

Diese kognitiven Fehlerarten besitzen eine Verwandtschaft zu der Vorstellung des NLP, wie sich sprachliche Beliefs präsentieren[45]. Als Gemeinsamkeit, welche die Störungstheorie der Depression und das Prinzip des Glaubenssatzes verbinden, ist festzuhalten: Beide Modelle nehmen an, daß eine bestimmte Einstellung zu sich oder der Umwelt durch Informationsverzerrung der genannten Art bestätigt wird und somit z.B. im Falle einer Störung wie Depression Ereignisse in der Form aufgenommen werden, daß die depressive Struktur bestätigt wird und weiterhin bestehen bleibt. Parallele Auffassungen zwischen BECK (1979) und NLP bestehen auch in der Frage, wie es zu bestimmten Einstellungen und Dispositionen kommt. Bestimmte traumatische Erfahrungen führen später zu einer unterwürfigen Reaktion, wenn analoge Umstände auftreten. Weitet sich die traumatische Wiederholungssituation in Form einer Kettenreaktion aus, dann ist eine Entwicklung von Selbstzweifeln, negativen Bewertungen gegenüber der Umwelt und Zukunft im Sinne der kognitiven Trias (s.o.) zu erwarten.

Es läßt sich zusammenfassend für die Theorie der Glaubenssätze festhalten, daß ein hoher Grad an Affinität zu psychologischen Modellen vorliegt, insbesondere zu kognitiven Theorien, wobei die stärkste Verbindung zu BECKs Theorie besteht, wie dies oben diskutiert wurde.

5. Prinzip der Wahlmöglichkeiten

DILTS et al. (1991) geben ein Modell vor, welches den Prozeß einer Handlungsentscheidung charakterisiert. Sie gehen auf die Verbindung zweier Faktoren ein, die sich unterschiedlich auf Handlungen auswirken: Zum einen sind es umweltbedingte Einflüsse, die von einer Person nicht unmittelbar kontrollierbar sind und in einer Situation eine bestimmte Rolle spielen, wodurch eine Person sich veranlaßt sieht, Aktionen nach diesen Bedingungen vorzunehmen. Das zweite Merkmal dieses Modells betrifft Instanzen, welche eine

Person aus sich heraus in aktiver Form im Entscheidungsprozeß zur Handlungsumsetzung benutzen kann. Dies bezieht sich auf verschiedene Gedanken und Mittel zur Entscheidung, welche in keinem bestimmten, umweltbedingt vorgegebenen Kontext stehen. Das bedeutende Kriterium ist hierbei, daß die beiden Faktoren antagonistische Kräfte besitzen, je nachdem, welcher der beiden in einer Situation mit Handlungsentscheidung vorherrschend ist, wird Aktivität mehr oder weniger fremd- oder selbstbestimmt durchgeführt. In Extremform verlaufen Aktionen davon abhängig, je nachdem: stereotyp und/oder angepaßt oder individuell gestaltet.

Inhaltlich handelt es sich im zweiten Fall bei vorhandener Optimierung des Selbstbewußtseins um Wahlmöglichkeiten, das heißt, daß eine Wechselwirkung zwischen individuellem Qualitätsgrad der Lebensgestaltung und der Anzahl von Wahlmöglichkeiten im Handlungs- und Verhaltensrepertoire angenommen wird.

Allgemein formuliert beschreibt BACHMANN (1991) als eine Kernannahme des NLP, daß mehrere Wahlmöglichkeiten bessere Ausgangsvoraussetzungen für situative Bewältigungskompetenz schaffen als keine Wahlmöglichkeit. Diese Wahlmöglichkeiten sorgen dafür, daß eine Entscheidung für eine bestimmte Handlungsweise ein grundlegendes Fundament hat und im Vergleich zu anderen Handlungsalternativen in diesem bestimmten zeitlichen Ereignis am geeignetsten erscheint. Ist nur eine Entscheidungsmöglichkeit vorhanden, besteht keine Vergleichsmöglichkeit, womit die Handlungsdurchführung von einem höheren Risiko begleitet ist, daß die Aktionsergebnisse zu keiner Zufriedenheit führen. Nach ROBBINS (1992) ist deshalb für die Beibehaltung innerer Gesundheit exakt dies eine Voraussetzung: Wahlmöglichkeiten zur Verfügung zu haben.

BACHMANN (1991) geht konkret auf Folgen fehlender Wahlmöglichkeiten ein. Er macht darauf aufmerksam, daß als grundlegendes Problem die Entwicklung angepaßten Verhaltens besteht, nämlich die Schaffung von Verhaltensstereotypien. Der Vorteil dieser Stereotypien selbst liegt zwar in der Realisierung natureller Notwendigkeit, einer Reduktion objektiver Wirklichkeit, nachteilig ist jedoch, daß mit der Zeit die Fertigkeit der individuellen Verhaltensüberprüfung schwindet und damit eine Blockierung für ein breites Verhaltensrepertoire provoziert wird. Parallel wird davon ausgegangen, daß die Lebensqualität und die Individualität eines menschlichen Lebens darunter leidet, wenn sich Handlungen zu einem überwiegenden Teil nach sozialen Bedürfnissen richten und parallel persönliche Begierden zu kurz geraten.

5.1. Therapeutische Umsetzbarkeit

Durch den Anspruch, daß eine Person gewissermaßen als Garant für ein gesundes Leben Wahlmöglichkeiten besitzen soll, ergibt sich selbstverständlich für den NLP-Therapeuten die Notwendigkeit, einem Klienten in der Therapie neue Wahlmöglichkeiten für verschiedene Problem- und Alltagsfelder zugänglich zu machen. Zur Erreichung des therapeutischen Zieles, dem Erwerb von Handlungskompetenz, wird eine Erweiterung der individuellen Wahlmöglichkeiten angestrebt. Nach WEERTH (1992) ist dieser Faktor auf die Lösung von Schwierigkeiten und im weiteren auf die Bereicherung einer Person mit neuen Problembewältigungsstrategien abgestimmt, die für das Umsetzen neuer Handlungsalternativen notwendig zu sein scheinen.

Es ist in diesem Kontext eine Verbindung zu den Ausführungen über Ressourcen hergestellt, indem eine Wechselbeziehung zwischen dem Bewußtseinsgrad der eigenen Ressourcen und dem Nutzen von Wahlmöglichkeiten angenommen wird: Ist eine Person nicht in der Lage, die eigenen Kompetenzen zu erkennen und zu gebrauchen, wird es ihr nach Auffassung von DILTS, HALLBOM und SMITH (1991) folglich schwer fallen, zu glauben, daß ihr Wahlmöglichkeiten zur Verfügung stehen.

5.2. Vergleich zu psychologischen Theorien

Bei der Diskussion der Funktion von Wahlmöglichkeiten in handlungsentscheidenden Situationen wird eine Verwandtschaft zu motivationspsychologischen Ausführungen deutlich. Es wird deshalb zunächst darauf eingegangen, und anschließend werden die diesbezüglichen NLP-Hypothesen einem Vergleich dazu unterzogen.

PEKRUN (1990) teilt Prozesse der Motivation in fünf chronologisch folgende Phasen: die Anregung handlungsbezogener Kognitionen, die Bildung von Handlungswünschen, die Entscheidung zwischen Handlungswünschen und Absichtsbildung (Volition), die Absichtsdifferenzierung mit Handlungsbeginn und Handlungsdurchführung und schließlich die nachfolgenden Handlungs- und Folgebewertungen.

■ *Anregungsphase:* Darunter fallen Vorstellungen zu Handlungen und deren Ziele sowie entstehende Nebenwirkungen. Es sind hierunter vor allem Gedanken über subjektive Wahrscheinlichkeiten und Wichtigkeiten – Valenz – von Ereignissen zu verstehen. Die Stärke der Anregung steht in Abhängigkeit zu sich wiederholenden Wahrnehmungen situativer Reize, gedanklicher Elaboration der Handlung und Imaginationen.

In dieser Phase treten Störungen auf, wenn unrealistische oder keine Absichten vorhanden sind. Dies führt dazu, daß keine klaren Ziel-, Erwartungs-, Valenzvorstellungen entwickelt werden. Darüber hinaus bewirken Valenzdefizite und -exzesse[46] eine Verarmung der Vorstellung von Zielen.

■ *Bildung von Handlungswünschen:* Je nach Erwartungs- und Valenzinformation ist die Intensität eines Handlungswunsches unterschiedlich gegeben. Es wird davon ausgegangen, daß Handlungen umso mehr angestrebt werden, je höher Erwartungen und Valenzen sind.

Störungen auf dieser Ebene beruhen auf Defiziten und Exzessen von Wünschen sowie unrealistischen bzw. irrationalen Wunschbildungen.

- *Entscheiden zwischen Handlungswünschen:* Es stehen häufig mehrere Handlungswünsche zueinander in Konkurrenz. Wenn diese nicht zugleich realisierbar sind, ist die Situation eines Wunschkonfliktes vorhanden. Es wird in derartigen Konflikten damit gerechnet, daß sich der Wunsch mit der höchsten Erwartungs-Wert-Kombination durchsetzt.
- *Absichtsausführung:* Absichten werden in Handlungen umgesetzt, wenn sie in konkrete Handlungspläne umgesetzt werden können und nachdrängende Absichten keine Veränderung des Handlungswunsches ermöglichen. Dies ist dann der Fall, wenn entweder eine absolute Konzentration auf die Absicht erfolgt, oder deren positive Valenz gesteigert wird.
- *Handlungsbewertung:* Bei wichtigen oder neuartigen Handlungen und deren Resultaten wird eine Bewertung der Folgen vorgenommen.

Betrachtet man die beschriebenen motivationalen Teilprozesse und Möglichkeiten, die zu einer Störung führen, so ist hier eine Ähnlichkeit zu der vom NLP postulierten Annahme auffällig: In beiden Fällen werden Folgen von Handlungsalternativen und deren Beziehung zueinander diskutiert. Werden die motivationspsychologischen Ausführungen von PEKRUN (1990) auf die Annahmen des NLP transferiert, läßt sich festhalten, daß eine motivationale Sicherheit von Handlungen gegeben ist, wenn eindeutige Ziel- und Handlungsvorstellungen bestehen, positive Valenzen zu einer Handlungsentscheidung führen, die Festlegung auf eine von mehreren Wahlmöglichkeiten für Handlungen im Zusammenhang mit der höchsten Erwartungs-Wert-Kombination geschieht.

Neben motivationspsychologischen Aspekten ist im Zusammenhang mit dem Prinzip der Wahlmöglichkeit auf eine psychologische

Theorie hinzuweisen, die ebenfalls eine Affinität zu den NLP-Aussagen besitzen könnte: den Problemlösungsansatz. LAUTH (1990) beschreibt den Problemlösungsprozeß in fünf Phasen:

- Vorerst geschieht eine *allgemeine Orientierung*, in der eine mehr oder weniger förderliche kognitiv-emotionale Haltung zum Problem eingenommen wird;
- in der *Problemdefinition* werden diejenigen Momente bestimmt, die für die Entstehung des Problems verantwortlich sind;
- bei der *Generierung von Handlungsalternativen* kommt es zur Entwicklung von möglichst vielen Lösungsalternativen;
- danach erfolgt die *Formulierung von Entscheidungen* mittels Auswahl der günstigsten Lösungsalternativen durch Abwägen ihrer Konsequenzen; schließlich dient die Handlungsausführung der Verwirklichung der Lösungshandlung.

LAUTH (1991) geht auch auf D'ZURILLA und GOLDFRIED (1971) ein, die basierend auf dem Problemlösungsansatz ein therapeutisches Modell konzipierten; die einzelnen Phasen richten sich nach den o.g. fünf Schritten. So ist eine *allgemein förderliche Haltung* dann vorhanden, wenn der Patient erstens akzeptiert, daß Probleme im menschlichen Leben normal und förderlich sind, zweitens Problemsituationen wahrnimmt, drittens keine vorschnellen Handlungen setzt oder nichts tut. Dann wird versucht, eine möglichst *exakte Definition des Problems* vorzunehmen, aus einem schlecht definierten Problem soll hierbei ein gut definiertes entstehen. Danach werden möglichst *viele wertfreie Lösungsmöglichkeiten* entwickelt. Anschließend ist die Entscheidung möglich, *welche der Lösungsalternativen die am besten geeignete* zu sein scheint, um darauf aufbauend die *Lösungshandlung im Sinne der Entscheidung* durchzuführen.

Die motivationspsychologischen Abhandlungen nach PEKRUN (1990) sowie der Problemlösungsansatz und dessen therapeutische Nutzbarkeit nach D'ZURILLA und GOLDFRIED (1971) machen deutlich, daß das Prinzip mehrerer Wahlmöglichkeiten, wie es NLP postuliert, keine neue Theorie darstellt. Natürlich sind es vor allem die Schritte drei und vier des letztgenannten Modells, die auf eine Verbindung hindeuten, in denen die Strategien der Problemlösung das Erstellen der Wahlmöglichkeiten ist, um daraus die beste auswählen.

Insofern kann an dieser Stelle bezugnehmend auf die Fragestellung festgehalten werden, daß eine Affinität des NLP-Prinzips der Wahlmöglichkeiten zu psychologischen Theorien gegeben ist, diese betreffen motivationspsychologische Erkenntnisse und Ansätze – wie den letztgenannten – in dem Rahmen, wie eine Wirkung der persönlichen Auseinandersetzung mit Handlungsalternativen untersucht wird.

6. Die Funktion des Unbewußten

Es läßt sich aus den bisherigen Beschreibungen ableiten, daß in einer Person zwei Instanzen wirken: das Unbewußte auf der einen Seite und das Bewußte auf der anderen. Interessant ist in diesem Zusammenhang, welche Funktion dem jeweiligen System zugeteilt wird.

Dem Unbewußten wird in grober Umschreibung die Aufgabe einer Speicherung von Lerninhalten auferlegt, es wird also diese Instanz mit Informationen gefüllt, die während des ganzen Lebens auf eine Person einströmen. Ein Individuum hat nur eine bestimmte quantitative Kapazität frei, um Informationen im Bewußtsein zu halten, es ist daher auf Rationalisierungstechniken angewiesen. In diesem Sinn kann auch das unter dem Metamodell erklärte Prinzip der Oberflächen- und Tiefenstruktur verstanden werden. Im Unbewußten werden also Informationen, Erlebnisse und Erfahrungen und zwar sowohl der Person hinderliche Ereignisse und traumatische Situationen, als auch der gesunden Entwicklung dienliche Elemente gespeichert und auf Abruf mehr oder weniger bereitgehalten. In Anlehnung an ANDREAS und ANDREAS (1989) läßt sich beispielhaft die Grundannahme von NLP anführen, daß jedes Verhalten eine positive Absicht[47] habe, um die Individualität zu sichern und zu schützen. Die Aufgabe des Unbewußten ist demnach die Kontrolle darüber, ob bestimmte Informationen in eine Gesamtpersönlichkeit integriert werden können, welche inneren Bedürfnisse zu befriedigen sind und wie dies erreicht werden kann, sofern die Befriedigung gefährdet scheint. Als Beispiel kann folgender fiktiver Fall angeführt werden: Eine beruflich vielbeschäftigte Person, die kaum Zeit hat, für sich selbst etwas zu tun, erkrankt. Durch die Krankheit ist sie an das Bett gebunden und somit gezwungen, sich mit sich selbst auseinandersetzen. Nach der o.g. Annahme ist die positive Absicht des Verhaltens offensichtlich. Die »Tat« des Unbewußten ist dabei erstens die »Anmeldung«, daß ein persönliches Defizit besteht, zweitens die Produktion von Krankheit, um aktiv das Defizit zu korrigieren.

O'CONNOR und SEYMOUR (1992) erklären die Bedeutung des Unbewußten, wie unbewußte Mechanismen äußerlich bemerkbar sind, bzw. das Phänomen, in welchen Arten und Weisen Wirkungen des Unbewußten möglich sind: Sie beziehen sich einmal auf die unterschiedliche Aufmerksamkeit gegenüber verbalen Äußerungen eines Gesprächspartners je nach tonalen oder gestikulierenden Betonungen, im weiteren machen sie auf die Wirkung von negativen Formulierungen aufmerksam. Die Autoren weisen darauf hin, daß das Wort, welches die Negation ausdrückt, zwar bewußt wahrgenommen wird, aber im Speichervorgang des Unbewußten wird der Fokus auf die Substantive, Verben und Adjektive gerichtet, so daß die Negation erst in einem sekundären Vorgang aufgenommen und verarbeitet wird. Wenn jemand die Aufforderung »Fall nicht hin!« ausspricht, nimmt das Unbewußte des Empfängers die Negation nicht auf, so daß in der Speicherung die Aufforderung hinzufallen übrig bleibt.

Außerdem verweisen O'CONNOR und SEYMOUR auf den kommunikativen Aspekt des Unbewußten, indem sie die Behauptung aufstellen, daß mit Träumen und Metaphern Inhalte auf das Unbewußte derart wirken, daß sie eine Funktion als Einleitung für Veränderungen bekommen. Dies läßt sich vor allem auf einer kontrollierten Ebene im therapeutischen Kontext nutzen, indem der Therapeut mit bestimmten Metaphern »Aufträge« ans Unbewußte sendet. Daraus läßt sich schließen, daß es eine weitere Aufgabe des Unbewußten ist, bestimmte Informationen, die durch Aussagen oder andere Inputs geliefert werden, in einer individualtypischen Form zu verwerten, um einen Nutzen aus den Informationen zu ziehen, auch wenn diese auf der bewußten Schicht keine Verwendung finden. Es wird betont, daß selbst bei einer »Beauftragung« an die unbewußte Instanz Veränderungen auf der Ebene des Verhaltens und Erlebens möglich sind. Dies spricht für die Behauptung, daß effektives Lernen auch dann gegeben sein kann, wenn der »Lernstoff« nicht ins Bewußtsein vordringt.[48]

Ein weiterer Zugang aus den bisher geschilderten Phänomenen der Zwei-Instanzentheorie des NLP scheint darin zu liegen, daß im Handlungsprozeß eines Menschen gewisse Automatisierungstechniken zu wirken beginnen. In dem Moment, wo dies eintritt, wird das Unbewußte hinsichtlich der Handlungsverantwortung in den Vordergrund geschoben, Aktivitäten sind dann auf der automatisierten Ebene organisiert. WEERTH (1992) geht davon aus, daß eine Strategie um so wirkungsvoller Richtung Ziel agierend bestehen kann, je unbewußter und automatisierter sie abläuft. In dem Moment, wo eine Verkrampfung eintritt, können Handlungen nicht mehr in der gewohnt erfolgreichen Art durchgeführt werden. In diesem Falle wäre es notwendig, durch gezielte Strategien neue Handlungsmuster einzulernen, um in einem weiteren Schritt eine durch den Übungseffekt hervorgerufene Automatisierung zu erreichen, also das Handlungsmuster neuerlich ins Unbewußte zu übertragen.

Es ist an dieser Stelle allerdings anzumerken, daß derartige theoretische Formulierungen zwar auf bestimmte Zustandsbilder zutreffen mögen, jedoch blieb es bis jetzt bei dieser allgemeinen Formulierung. Es wäre eine Untersuchung darüber nötig, für welche Ereignisse der positive Effekt der Automatisierung zu erwarten wäre, und bei welchen Handlungsabläufen die Präsenz des Bewußtseins positiv zu bewerten ist.

Zusammenfassend ist Funktion und Inhalt des Unbewußten

- erstens *Speicherung* von Informationen auf direkten Weg,
- zweitens *Kontrollorgan* zur Aufrechterhaltung der psychophysischen Homöostase,
- drittens *Initiator von emotionalen und konativen Vorgängen*, wenn durch bestimmte Ereignisse unmittelbar Inhalte des Unbewußten angesprochen sind.

6.1. Kritik an der Theorie des Unbewußten und Bezug zur Fragestellung

Die Theorienbildung des NLP steht in starker Verbindung mit zwei Personen, nämlich WATZLAWICK und BATESON. WATZLAWICK (1969, 1988) verwendet in seiner Auffassung von kommunikationstheoretischen Prozessen als einen wichtigen Kommunikationsträger das Unbewußte, indem er pragmatische Regeln der Kommunikation festlegt und die Wichtigkeit von Faktoren erwähnt, die nicht aus dem Bereich des Bewußtseins stammen, wie das Prinzip der analogen Kommunikation. Dieses Axiom der digitalen und analogen Kommunikation nach WATZLAWICK besitzt für das NLP Bedeutung, wenn berücksichtigt wird, daß sich das NLP in der Geschichte der Methodenentwicklung mit der Frage auseinandersetzte, wie körperliche Reaktion auf sprachliche Formulierungen (und umgekehrt) inter- und intrakommunikativ wirkt.

Vorgreifend ist in diesem Zusammenhang festzuhalten, daß NLP kongruentes Verhalten als ein Symptom von psychischer Gesundheit ansieht. Unter Kongruenz wird verstanden, daß ein Einklang zwischen dem digitalen Ausdruck und der analogen Vermittlung besteht. KUTSCHERA (1994) betont, daß unbewußte Mechanismen zumindest im Zusammenspiel verbaler Aussagen mit physischem Ausdruck zutage treten und somit die Beziehung zwischen dem Bewußten und Unbewußten für das geschulte Auge erkennbar ist.[49]

Weiterhin machte sich NLP um das Forschungsgebiet BATESONs und seiner erzielten Ergebnisse verdient, da auch hier eine Untermauerung unbewußter Kräfte im Sinne der NLP-Theorie vorherrschen: Laut BATESON, JACKSON, HALEY, WEAKLAND (1956) gibt ihre »double bind theory« Aufklärung über das Entstehen von Schizophrenie. Als schizophrenogene Kommunikation bezeichnen die Autoren Ambivalenzen von Informationen auf der inhaltlichen zu solchen auf der Beziehungsebene. Eine Verbindung zu der Theorie BATESONs ist für das NLP in zweierlei Hinsicht gegeben. Erstens in allgemeiner Form insofern, als sich auch NLP eines stark systemisch orientierten Ansatzes bedient. Zweitens ist eine spezifische Achse zu der o.g. Zwei-Instanzentheorie dadurch hergestellt, indem BATESON, JACKSON, HALEY, WEAKLAND darauf hinweisen, daß es vor allem unbewußt installierte Prozesse innerhalb eines sozialen Systems sind, die im Falle einer Konfliktstellung ins Bewußtsein zu heben sind, um sie korrigieren zu können, und NLP versucht analog dazu, jene Elemente ins Bewußtsein zu heben, die als Ursache für eine Beziehungsstörung angesehen werden können.

Grundlegend ist allerdings im Einklang für alle Schulen, die sich des Phänomens des Unbewußten bedienen, festzuhalten, daß es schwerfällt, Ansätze für eine Überprüfung zu finden, um die Hypothese der Existenz des Unbewußten zu verifizieren oder falsifizieren. Innerhalb des NLP fehlt eine eindeutige Definition dessen, was unter dem Terminus »unbewußt« zu verstehen ist. Auch wenn die Wirkung des Unbewußten, bzw. die Wirkung einer Verlegung unbewußter Inhalte auf das Bewußtsein für die Vertreter der

Methode »bewiesen« ist, bleibt dennoch eine Beschreibung dessen offen, was das Unbewußte ist. Gleichzeitig ist an dieser Stelle hervorzuheben, daß es sich bei der Verwendung unbewußter Phänomene und dem damit verbundenen Dilemma einer mangelnden Überprüfbarkeit nicht um ein alleiniges Problem des NLP handelt, sondern in dieser Frage durchaus ein Vergleich zu anderen Theorien zulässig scheint.[50] Auseinandersetzungen und Kritiken sind also in übergeordneter Form zu führen und betreffen all diejenigen Strömungen, welche das Unbewußte in die schulspezifische Theorie integrieren.

Es stellt sich auch die Frage, in welcher Form das Unbewußte in die Theorie des NLP Einzug findet. Eine diesbezügliche Antwort scheint möglich, obwohl eindeutige definitorische Hinweise fehlen. Vorerst wird allerdings untersucht, in welcher Form bei anderen Strömungen der Psychologie das Unbewußte diskutiert wird.

Grundlegend ist in psychoanalytischen Auffassungen zu beachten, daß in der traditionellen Strömung, gegenüber weiterführenden tiefenpsychologischen Theorien, dem Unbewußten eine etwas andere Bedeutung zukommt, die sich ihrerseits von der humanistischen Auffassung über Unbewußtes unterscheidet. Während bekanntlich die Psychoanalyse FREUDs das Ziel verfolgt, vom Es zum Ich zu gelangen, und damit triebtheoretische Konzeptionen verbunden sind, verfolgen Vertreter der Neopsychoanalyse und Ich-Psychologie eine davon etwas abweichende Bedeutung des Unbewußten. Für KERNBERG (1988) sind unbewußte intrapsychische Konflikte mehr als einfache Konflikte zwischen Impuls und Abwehr, Triebabfuhr wird durch eine bestimmte primitive Objektbeziehung geleistet. Abwehrmechanismen spiegeln sich in adäquaten verinnerlichten Objektbeziehungen. KERNBERG gibt als Beispiel einen unterwürfigen Mann, dessen Handlungen von einem Selbstbild geleitet werden, welches sich dem mächtigen und schützenden elterlichen Objekt-Imago unterwirft. Diese Repräsentanz ist allerdings als Verdrängungsergebnis eines Selbstbildes vorhanden, das voller Zorn gegen das sadistische und elterliche Elternimago rebelliert. Der Vertreter der Objektbeziehungstheorie fährt fort, daß ein Konflikt ein intersystemischer zwischen Ich, Über-Ich, Es und Abwehrmechanismen im Sinne widersprüchlicher verinnerlichter Objektbeziehungen ist.

Der Schweregrad der Charakterpathologie und Psychoneurosen steigt mit der Stärke des Bewußtseins über bestehende Konflikte. Anders ausgedrückt, wird erwartet, daß eine Störung dann geringer ist, wenn die intrapsychischen Konflikte ins Unbewußte verdrängt sind.

Gemeinsam ist diesen bisher genannten Strömungen die triebtheoretische Ausrichtung, die mehr oder weniger starke Integration der Instanzen Ich, Es, Über-Ich in die tiefenpsychologische Theorie und die theoriebezogene Konzentration auf Entwicklung des Unbewußten in der frühen Kindheit in Zusammenhang mit einem konfliktorientierten Ansatz.

Verallgemeinernd kann ELHARDTs (1986) Beschreibung herangezogen werden, daß nach Auffassung der Tiefenpsychologie Triebe und Triebrepräsentanzen Inhalt des Unbewußten sind. Auch werden emotional bedeutsame Erlebnisse der Vergangenheit gespeichert, insbesondere die der frühen Kindheit.

Für ROGERS, der stellvertretend für humanistische Ansätze erwähnt sei, wird ein Großteil des Erlebens ins Unbewußte geführt, weil entweder das Bewußtsein soeben auf andere Inhalte zentriert ist, oder die Bewußtwerdung eines Vorganges einer Bedrohung des Selbstkonzeptes gleichkommt und somit eine Verdrängung von Vorgängen notwendig erscheint. Selbstbedrohende Wahrnehmungen und Gefühle werden abgewehrt, indem sie entweder verleugnet oder verzerrt werden. Kongruenz ist vorhanden, wenn eine vollständige und genaue Übereinstimmung zwischen Erleben und Repräsentation im Bewußtsein gegeben ist, im Gegensatz dazu wird bei geringer Übereinstimmung durch Verzerrung oder Verdrängung von Inkongruenz gesprochen.[51]

Unterzieht man NLP-Aussagen einem Vergleich zu den beiden letztgenannten, so ist die Affinität zu ROGERS Theorie über das Unbewußte naheliegend. Der Bezug auf das tiefenpsychologische Modell scheint nicht zulässig, da das strukturelle und genetische Modell untrennbar mit dem topographischen Aspekt der Psychoanalyse verbunden ist, und NLP diese Theorie nicht übernimmt. Neben der genannten Verbindung ist eine Übereinstimmung mit WATZLAWICK und BATESON gegeben, diesbezügliche Argumente sind oben angeführt.

7. Inter- und intrakommunikative Aspekte unter Berücksichtigung von bisher geschilderten phänomenologischen Betrachtungen des NLP

Eine Person zeigt sich anderen Menschen in einem äußerlich sichtbaren Verhalten, das ein Ergebnis von Prozessen ist, die ihrerseits äußerlich nicht feststellbar sind: Zwei Themen stehen damit in Verbindung: Wie kommt es zu bestimmten Verhaltensweisen? Wieso nimmt der Empfänger ein Verhalten in einer bestimmten Form wahr? Zur Klärung dieser Fragen werden im NLP Ansätze verwendet, die der Kommunikationspsychologie entstammen und im Verlaufe der Methodenentwicklung in den theoretischen Rahmen integriert wurden. Es sollen unten die Ergebnisse der Integrationsversuche für eine Theorie des NLP beschrieben werden. Auf ein neuerliches Bezugnehmen auf »Ideenväter« anderer Schulen wird verzichtet, da dies an anderer Stelle bereits geschehen ist.

7.1. Innerer Zustand

Es wird davon ausgegangen, daß eine Person stets in einem bestimmten inneren Zustand ist, der seinerseits von der Situation abhängt, in welcher sich ein Mensch soeben befindet. Innere

Zustände (IZ) haben unterschiedliche qualitative Formen und stehen in Abhängigkeit zu Bereichen, mit denen sich eine Person aktuell auseinandersetzt. Geht jemand ungern zur Arbeit, wird der IZ ein negativer sein, fühlt sich selbiger Mensch beim Tennisspiel wohl, ist bei einer derartigen Aktivität ein guter IZ zu erwarten[52]. Dieses Phänomen der verschiedenen Erlebnisweisen ein und derselben Person wurde von CSIKSZENTMIHALYI (1992) ausführlich untersucht.

Die in der vorliegenden Arbeit festgehaltenen Behauptungen decken sich mit seinen Forschungsergebnissen: Er faßt zusammen, daß situations- und gegebenheitsbezogene individuelle Umstände Zufriedenheit bzw. Unzufriedenheit auslösen können. In diesem Fall ist eine bestimmte Auswirkung auf situationsadäquates Verhalten und Handeln zu erwarten.

Während ein geordnetes Bewußtsein durch bestimmte positiv bewertete Ergebnisse erreicht wird, und angenehme Zustände eine Voraussetzung für zielorientiertes Handeln sind, beschreibt CSIKSZENTMIHALYI (1992) als Wurzeln der Unzufriedenheit inneres Chaos, unrealistische Ziele und Erwartungshaltungen sowie Unvermögen, eigene Steuerungsprozesse zur Bewältigung von Ereignissen einzusetzen.

Wie weiter unten noch diskutiert werden wird, besteht ein direkter Zusammenhang zwischen inneren Prozessen, Physiologie und innerem Zustand, die sich im Verhalten niederschlagen.[53] Es werden im NLP zwei unterschiedliche Zustandsformen diskutiert, auf die im folgenden eingegangen wird, danach findet sich die Erklärung von möglichen Sichtweisen zu einer problematischen Situation, die jeweils unterschiedliche innere Zustände hervorrufen können.

7.1.1. Assoziation

BANDLER (1990) beschreibt die assoziierte Wahrnehmungsform als eine Art der Perzeption, in welcher die Person voll **in** den Erlebnissen mitlebt. Dies bezieht sich sowohl auf Rekognition und Wiedererleben vergangener Ereignisse[54] als auch auf Erfahrungen in gegenwärtigen Situationen. Die Person durchlebt in einem assoziierten Zustand Ereignisse der Gegenwart wie der Erinnerung in realer Form »hautnah«.

WEERTH (1992, 118) geht auf C.G. JUNGs Unterscheidung zwischen Denk- und Fühltypus ein und setzt voraus, daß die zweite Form mit Assoziation verknüpft ist. Er beschreibt in einem individualtypischen Charakterisierungsversuch folgende Wirkungsbereiche auf dem inneren Zustandsniveau: »Der fühlende Typ ist assoziiert mit der Vergangenheit. Er gründet seine Urteile und Entscheidungen auf persönliche Erlebnisse und die daraus intern kinästhetisch (Ki) erwachsenen Werte. Er sieht sich eingebettet in die Zeit ... Die Vergangenheit ist für ihn oft realer als die Gegenwart; die Zukunft ist nicht real, da er sie bisher nicht erlebt hat.«

7.1.2. Dissoziation

Mit Dissoziation, der gegenteiligen Zustandsform zu Assoziation, beschreibt BANDLER einen Zustand der Distanz zu Geschehnissen. Die emotionale Verbindung zu diesen ist dabei gering. WEERTH (1992) bezeichnet dissoziierte Typen als denkende Personen, die auf Objektivität sehr bedacht sind. Ein dissoziierter Zustand ist demnach gegeben, wenn sich eine Person in einer real oder imaginär erlebten Situation als nicht unmittelbar beteiligt fühlt, obwohl sie an dem Ereignis aktiv beteiligt war. In der Erinnerung wird das Erlebnis »von außen« betrachtet, die Person sieht sich selbst als Handelnden in der Situation.

7.1.3. Wahrnehmungspositionen

KUTSCHERA (1994) beschreibt die Möglichkeit, daß mit der Betrachtung aus verschiedenen Wahrnehmungsperspektiven eine Veränderung in der Sichtweise eines Problems einhergeht und auf diesem Weg ein Erlernen neuer Problembewältigungsstrategien erfolgt. Es wird zwischen einer ersten, zweiten und dritten Wahrnehmungsposition unterschieden.

Die erste Position ist die Bezeichnung für einen Wahrnehmungsprozeß, der ausschließlich in der betreffenden Person stattfindet – die Konzentration richtet sich auf die eigene Perspektive, der Mensch erlebt sich also in der problematischen Situation völlig assoziiert. Eine diesbezügliche Frage ist in diesem Kontext: »Wie wirkt etwas auf mich?«

Unter der zweiten Position wird eine andere Betrachtungsweise von Problemen als die aus der eigenen Blickrichtung verstanden, indem sich der Klient von sich selbst dissoziiert, in eine andere Person imaginär schlüpft und die problematische Situation aus assoziierter Sicht des Konfliktpartners analysiert. Voraussetzung hierfür ist eine empathische Fähigkeit. Diese zweite Position ist damit ein Wechsel vom dissoziierten Ich in das assoziierte Du.

In der dritten Position wird die Situation in rein dissoziierter Form erlebt, indem die konflikttragende Person die Situation als unbeteiligter Beobachter von außen betrachtet, als säße sie in einem Regiestuhl und sähe von dort aus dem stattfindenden Ereignis zu.

In jeder Wahrnehmungsposition wird in der therapeutischen Situation analysiert, mit welchem inneren Zustand der jeweilige Standpunkt verbunden ist, welche bedürfnisbezogenen Defizite bestehen und welche Einstellungen, Haltungen und Emotionen vorhanden sind. Weiterhin steht die Frage im Vordergrund, welche Elemente der Situation zu verändern sind, um eine Zufriedenheit für alle Beteiligten zu erreichen[55].

Liegt ein persönliches Übergewicht für eine der drei Positionen vor, führt dies zu jeweils unterschiedlichem Verhalten: Bleibt eine Person überwiegend in Position eins, ist zu erwarten, daß sie primär egozentrisch lebt; ein Schwerpunkt auf Position zwei gilt als

Disposition dafür, es allen recht machen zu wollen und die eigenen Bedürfnisse extrem in den Hintergrund zu rücken; das Verharren in Position drei hat ein Herabblicken von oben zur Folge. Die betroffene Person verhält sich selbst in Situationen als Beobachter, in denen sie unmittelbarer Teilnehmer ist. WEERTH (1992) schließt daraus, daß die Fähigkeit des flexiblen und situationsangepaßten Verhaltens im Sinne des Wechsels zwischen den drei Positionen als erstrebenswert anzusehen ist, da dies einer Erhöhung der Kompetenz von situationsadäquater Reaktion gleichkommt.

7.2. Innere Prozesse

Aus den bisherigen Aussagen ist eindeutig zu folgern, daß eine Vielzahl von inneren Prozessen stattfinden und die Prozesse emotional und kognitiv geleitet werden. Da nach BACHMANN (1991) NLP erstens von einem handlungsorientierten Menschen ausgeht und zweitens eine Zielgerichtetheit im Verhalten annimmt, liegt eine Berufung auf das TOTE – Modell nach MILLER, GALANTER und PRIBRAM (1960) nahe. Der innere Prozeß im NLP ist äquivalent zu den Phasen der Operation und der Tests des TOTE-Schemas. Es werden dabei individuelle Hypothesen überprüft und es wird getestet, wieweit sie dem Ziel nahekommen. Bei notwendigen Korrekturen wird die Hypothese modifiziert. DILTS et al. (1991) erläutern die theoretische Konformität zum kybernetischen Modell: Sie beschreiben den kognitiven Prozeß als eine Überprüfung von laufenden kognitiven Operationen im Vergleich zu früheren strategisch erfolgreichen Erfahrungen in einer Testphase. Ein negativer Testabschluß liegt dann vor, wenn die neu erprobten Strategien nicht im Einklang mit bisherigen Erfahrungen stehen und ältere Muster erfolgreicher zu sein scheinen. In diesem Falle wird eine Rückkoppelungsschleife aktiviert. Jener Prozeß wird solange durchgeführt, bis ein positives Vergleichsergebnis vorliegt und eine neue

Strategie installiert ist. Dieser Schritt wird der Phase „Exit" der kybernetischen Theorie von MILLER, GALANTER und PRIBRAM gleichgesetzt.

7.3. Physiologie

Mit Physiologie (s.o.) wird eine bestimmte Gestik, Mimik, Körperhaltung angesprochen, die innere Zustände und Prozesse präsentieren.

7.4. Filter

Eine Person nimmt Informationen in einer individuellen Form auf. Emotionale und kognitive Reaktionen auf Außenreize stehen im engen Zusammenhang mit der ontogenetischen Entwicklung. Konkret bilden eigene Werte und das entwickelte Beliefsystem eine individuelle »Einstellung«, welche für subjektive Interpretationen und Subzeptionen verantwortlich ist (s.o.).

Nach dem Muster von WATZLAWICK verursachen Filter auch Interpretationsvorgänge von Wahrnehmungen, indem in bestimmten Situationen sensorische Inputs durch gewisse kognitive Vorgänge verzerrt werden, den Sinneseindrücken ein kognitiv produzierter Bedeutungszusammenhang gegeben wird, welcher in der Folge einen dementsprechenden inneren Zustand auslöst. Als Beispiel läßt sich folgende Situation anführen: Zwei Bekannte treffen sich nach längerer Zeit, der Interaktionspartner A bekam allerdings vor diesem Treffen von einer dritten Person die Information, daß der Bekannte ihn gegenüber anderen Personen durch scharfe Kritik bloßstellte. Nimmt man an, daß diese Mitteilung nicht der Wahrheit entspricht, ist durch die Information eine unterschiedliche Ausgangsvoraussetzung geschaffen, die durch ungleiche Filter zustande kam. Der Filter der Person A könnte lauten: »Wenn der mich so hinstellt, will ich mit diesem Menschen nichts mehr zu tun haben«, der des Gesprächspartners: »Ich freue mich schon, ihn wiederzusehen.«

7.5. Interdependenzen

Die zuletzt genannten Faktoren beinhalten eine Wechselbeziehung: Veränderungen eines Bestandteiles ziehen Veränderungen anderer nach sich. Weiterhin ist eine entscheidende Konklusion aus der Schilderung zu ziehen, daß sich die Qualität von Interaktion nach dieser Annahme je nachdem unterscheiden kann, ob bestimmte Muster und Strategien einer Person mit dem System eines Kommunikationspartners äquivalent oder ambivalent sind. Es wird nach dem Landkartensystem (s.o.) davon ausgegangen, daß auf der Basis bestehender kognitiver Systeme intuitive Einstellungen zu Mitmenschen bestehen. In Abhängigkeit davon, welches kognitive Landkartensystem zur Verfügung steht, und welche Einstellungen beim Kommunikationspartner vorhanden sind, gelingt ein Diskurs mehr oder weniger.

7.6. Bezug zur Fragestellung

Es wird hier anschließend auf Querverbindungen von NLP zu anderen psychologischen Theorien unter dem Blickpunkt Assoziation/ Dissoziation eingegangen, da die anderen im Kapitel 7 behandelten Aspekte bereits im unmittelbaren Zusammenhang zur Deskription auf derartige Affinitäten besprochen wurden. Die Wurzeln des Prinzips von Assoziation/Dissoziation gehen auf die Hypnoseforschung zurück, in der eine ursprünglich von PIERRE JANET in den zwanziger Jahren entwickelte Dissoziationstheorie ihre Anwendung findet. Nach KOSSAK (1989) scheint vor allem HILGARD dafür verantwortlich, daß das Phänomen der Dissoziation in der Hypnose Einzug fand: Er griff die Ansätze von JANET rund 50 Jahre nach deren erstmaligen Bearbeitung neu auf und integrierte diese mit seinen Untersuchungsergebnissen in eine Neodissoziationstheorie. HILGARD konnte beobachten, daß eine deutliche Diskrepanz zwischen unter Hypnose erhobenen physiologischen Daten und dazugehörenden verbalen Beschreibungen oder Verhaltensweisen der Versuchspersonen besteht, wodurch er seine Dissoziationshypothese bestätigt sah. Er führte Experimente zur Frage der Analgesie durch und fand die Annahme verifiziert, daß Operationen unter Hypnose schmerzfrei verlaufen können. Weiterhin war festzustellen, daß Suggestionen der Schmerzfreiheit vor allem dann wirkungsvoll waren, wenn sie von bestimmten kognitiven Strategien begleitet wurden, also die Gedanken vom Schmerzgeschehen abgelenkt wurden. Damit kam HILGARD zu der Umschreibung des Phänomens Dissoziation als eines Systems, in welchem mehrere kognitive Systeme parallel zueinander arbeiten.

Unterschieden werden in der Hypnose drei verschiedene Formen der Dissoziation:

1. Spaltung und Trennung der eigenen Person in erlebendes und beobachtendes Ich;
2. Abspaltung von Körperteilen, um unbewußte Wünsche, Gedanken und Gefühle auszudrücken;
3. Dissoziation verschiedener Ich-Zustände, Prozesse oder Funktionen.

Die Theorie der Dissoziation findet im Modell des NLP eine Anwendung, die von der ursprünglichen Form abweicht und einer Ableitung von HILGARD gleichkommt. Es wird angenommen, daß dieses Phänomen nicht nur mittels Suggestionstechniken herstellbar ist und bei Imagination auftritt, sondern auch für eine typologische Betrachtung insofern relevant ist, als Personen in prototypischer Form entweder dissoziierte oder assoziierte Erlebnisweisen besitzen können.

Im Sinne der Fragestellung der Arbeit läßt sich festhalten, daß der Aspekt der Assoziation-Dissoziation keine Erfindung des NLP ist, sondern als Integration einer »schulfremden« Theorie in das Modell des NLP betrachtet werden kann. Wie an anderen Stellen dieser Arbeit, an welchen theoretische Elemente des NLP mit psychologischen Theorien verglichen wurden, läßt sich auch hier anführen, daß übernommene Theorien nicht als solche unbearbeitet beibehalten werden, sondern es findet eine Adaption an das NLP-Modell statt: Neben der genannten Abweichung im NLP hinsichtlich der Verwendung der Assoziation/Dissoziation gegenüber der Hypnoseforschung, werden die Erkenntnisse weiterführend entwickelt, wie an der Theorie der drei Wahrnehmungspositionen ersichtlich ist.

8. Vorläufige Zusammenfassung im Bezug zur Fragestellung

Unter Berücksichtigung des übergeordneten Themas der Arbeit ist festzustellen, daß im NLP die aus anderen Schulen übernommenen Theorien lediglich in ihren Ansätzen exakt transformiert werden, und sich durch die Integration in das eigene Modell Abweichungen von den ursprünglichen Fassungen ergeben. Dies ist gleichzeitig das Argument von Autoren, die sich den Kritikern am NLP entgegenstellen, welche als Hauptgrund „gegen" das NLP anführen, daß das Modell eine Methode sei, die sich aus „gestohlenen" Theorien ergebe. Mit dem genannten Adaptionsvorgang fremder Theorien in das NLP sei allerdings nach WEERTH (1993) die Eigenständigkeit des NLP gewährleistet und ein direkter Vergleich mit anderen Verfahren nicht möglich.[56]

Zusammenfassend läßt sich für die psychologische Theorienbildung des NLP behaupten, daß der bereits beschriebene interaktionistische Anspruch in verschiedener Hinsicht konsequent eingehalten wird.

Erstens werden Ansätze von psychologischer Grundlagenforschung wie auch unterschiedlicher Psychotherapieschulen zur eigenen Exploration herangezogen.

Zweitens folgt daraus, daß eine Übernahme komplexer Modelle nicht erfolgt.

Drittens ist zu beachten, daß NLP sich bestimmter Kernannahmen fremder Schulen bedient und diese nach eigener Analyse weiterentwickelt und im Sinne einer selbständigen Weiterentwicklung dem eigenen Modell anpaßt.

9. Persönlichkeitsmodell

Unter Einbeziehung der Kernannahmen ist die Beschreibung eines Persönlichkeitsmodells möglich, das in essentiellen Belangen die bisher behandelten Phänomene enthält und nur an manchen Stellen bisher nicht oder lediglich am Rande erwähnte Theorien miteinbezieht. Auf diese wird zu gegebenem Anlaß speziell eingegangen.

Es sind zwei Persönlichkeitsmodelle bekannt, die im folgenden getrennt voneinander vorgestellt werden. Auf eine Diskussion über Differenzen beider Modelle wird größtenteils verzichtet. Wie zu sehen sein wird, sind im Vergleich zueinander nur geringfügige Abweichungen vorhanden, da großenteils gleiche Variablen bzw. nur minimal unterschiedliche theoretische Rahmenbedingungen zur Persönlichkeitsumschreibung benutzt werden, wobei den Differenzen eher ein ergänzender als ein widersprüchlicher Charakter zukommt: Es handelt sich erstens bei DILTS (1990) um die Beschreibung von Bereichen und Elementen, die für eine Persönlichkeit Einflußfaktoren darstellen, zweitens bei KUTSCHERA (1994) um Ebenen, die jeweils in ein komplexes Lebens- und Umweltsystem eingebettet sind – wobei innerhalb dieser Ebenen DILTS Variablen berücksichtigt werden.

Es sei noch darauf hingewiesen, daß die Problematik bisheriger Ausführungen zum Persönlichkeitsmodell darin liegt, daß derzeit keine wissenschaftsmethodischen Betrachtungen vorliegen und theoretische Auseinandersetzungen bezüglich der Persönlichkeitstheorien des NLP hypothetischen Charakter besitzen, deren Überprüfung bislang nicht stattfand. Beiträge zum Thema finden sich zum derzeitigen Stand bei KUTSCHERA (1994), DILTS (1990) und WEERTH (1992).

9.1. Beschreibung des Persönlichkeitsmodells nach DILTS

DILTS (1990) beschreibt in seinem Buch, in welchem er sich in umfassender Form mit Beliefs und deren Systemen befaßt (wie o.a.), eine Art hierarchische Form von »different levels of thinking and being« und nimmt hierbei Bezug auf folgende fünf Ebenen, die zueinander im hierarchischen Zusammenhang stehen und deshalb in chronologischer Reihenfolge wiedergegeben sind:

- Mit *environment and external constraints* sind die jeweils eine Situation begleitenden Faktoren von außen gemeint, es geht dabei um die Frage, welche Umweltbedingungen auf eine Person einwirken.
- Die Ebene *behavior* bezieht sich auf von außen unmittelbar beobachtbare Reaktionen und Aktionen, die eine Antwort auf Bedingungen/Gegebenheiten der Ebene »environment und external constraints« sind.
- Die Kategorie *capability* bezieht sich auf kognitives Durchlaufen des Prozesses, um zu bestimmten Verhaltensabläufen zu gelangen, wobei sich die verhaltende Person über eigene zur Verfügung stehende Fähigkeiten klar sein muß, um zieldienliche Strategien aufbauen zu können. Daraus läßt sich ableiten, daß zielgerichtetes Handeln dann möglich ist, wenn sich die agierende Person darüber bewußt ist, welche Fähigkeiten und Ressourcen ihr zum erfolgreichen Handeln zur Verfügung stehen.
- DILTS gebraucht den Begriff *belief systems* in der bereits geschilderten Form, so daß an dieser Stelle nicht mehr weiter darauf einzugehen ist. In diesem Zusammenhang gilt das zentrale Interesse der Frage nach der Motivation, also der Suche nach der Ursache für ein bestimmtes Verhalten, sofern keine genetische Bedingung für Verhalten vorliegt.

Vollständigkeitshalber ist noch zu erwähnen, daß DILTS in ein »belief system« neben Glaubenssätzen auch »values« mit einbezieht; dies ist ein Terminus in der Sprache des NLP (auf deutsch wird meist die Übersetzung *Werte* gebraucht), der häufig Verwendung findet. In ätiologischer Hinsicht gilt für Werte dieselbe Regelung wie für Beliefs, sie werden durch Erfahrungen aufgebaut und werden auch als das motivationale Fundament dafür angesehen, wenn es für Menschen um Entscheidungen für bestimmte Lebensformen geht. Die diesbezügliche Frage für eine Person ist, welche Werte sie leben möchte und in welchen Situationen diese tatsächlich vorkommen oder verstärkt zu realisieren sind.

■ *Identity* ist der Level, auf welchem die Kombination von environment, behavior, capability und belief systems zum Tragen kommt. Die Zusammenfügung aller dieser Funktionen ergibt das Individuelle einer Person.

In graphischer Form unter Bezugnahme auf WEERTH (1992, 105) lassen sich die beschriebenen Bereiche so darstellen, wie auf der nächsten Seite zu sehen.

Die hierarchische Ordnung ist eine Ordnung von Wechselbeziehungen – es besteht eine zweiseitige Beziehungsform zwischen den einzelnen Bereichen: Einerseits sind die Faktoren von unten nach oben die Bedingungen, daß auf einer höheren Ebene bestimmte Eigenschaften individuell festgelegt werden und die Ebene der Identität in ihrer individualtypischen Form Gestalt bekommt. Auf der anderen Seite sind Modifikationen auf einer Ebene von Veränderungen auf den unteren Ebenen abhängig, da deren wirkungsvolle Bearbeitung eine Kettenreaktion auf die obere bewirkt. Wird eine Bearbeitung der Identität angestrebt, ist die Behandlung aller hierarchisch untergeordneten Bereiche notwendig. Die »Chance« einer erwünschten inhaltlichen und formalen Erneuerung hängt von der erfolgreichen Behandlung der vier Ebenen bis zur Identität ab. Ist z.B. ein unerwünschtes Verhalten

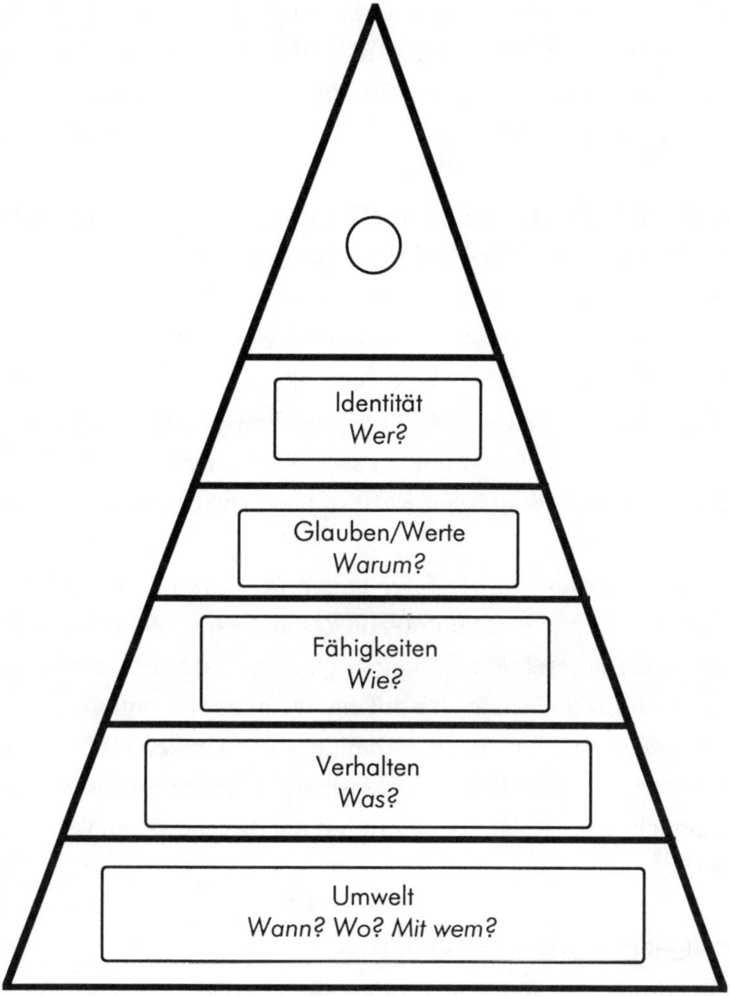

Abb. 6: Faktoren, die für eine Persönlichkeitsdynamik verantwortlich gemacht werden

vorhanden, so stellt sich vorerst die Frage, in welcher Situation dieses Verhalten auftritt, um eine erste Abklärung dessen zu erlangen, mit welchen Situationen oder – allgemein gesprochen – Umweltbedingungen das Verhalten in Verbindung steht (environment). Danach ist allerdings eine Bearbeitung von capabilities[57] und values[58] notwendig. Werden auf diesen Ebenen jeweils Veränderungen vorgenommen, kommt es zwangsweise zu einer Modifikation auf der Stufe identity.

9.2. Persönlichkeitsmodell nach KUTSCHERA und das dynamische Modell des Systemansatzes

Es sei ergänzend zu DILTS Modell eine zweite Ausführung über Persönlichkeitstheorie nach dem Muster des NLP beschrieben, in welchem ebenfalls verschiedene Persönlichkeitsmerkmale berücksichtigt sind und das Prinzip der logischen Ebenen beibehalten wird: KUTSCHERA (1994) teilt in zwei Kategorien ein, mit denen eine Person im Alltag konfrontiert ist: private und berufliche Aktionsbereiche.

Beiden Faktoren werden jeweils parallel Klassen zugeteilt, die keine hierarchische Formierung aufweisen. Es handelt sich um fünf Bereiche, die untereinander in einer gleichwertigen Beziehung stehen. Jeder für sich bezieht sich auf einen Teil des gesamten Lebenssystems. Gesundheit ist dann vorhanden, wenn in den fünf Punkten im Privaten und Beruflichen ein befriedigender Status vorherrscht, es also nicht der Fall ist, daß im Bezug auf das Ganze ein Defizit zu einer Lücke führt[59].

Die fünf Ebenen sind im einzelnen:

1. Individuum: bezieht sich auf das Einzigartige einer Person. Die Fragen, welche damit im Zusammenhang stehen, sind: »Wer bin ich?«, »Kann ich meine Bedürfnisse leben?«, »Nehme ich mich als eigenständige Person wahr und wichtig?«

2. Gleiche Ebene: bezieht sich auf Gleichwertigkeit mit anderen Personen, Freunden, Bekannten im privaten sowie mit KollegInnen im beruflichen Kontext. Auf dieser Ebene sind prototypische Fragen:

»Verbringe ich meine Freizeit mit Freunden?«, »Bin ich mit meinem Freundeskreis zufrieden?«, »Ist das Arbeitsklima mit meinen KollegInnen für mich in Ordnung?«, »Kann ich mir Unterstützung von FreundInnen/KollegInnen holen?«

3. Hierarchie: Auch dieses Kriterium läßt sich in den beiden Basiselementen (privat/beruflich) wiederfinden. Einerseits betrifft dies die Ebene Kind zu Eltern, andererseits die üblichen hierarchischen Tangentialen im Berufsleben. Die Thematik auf dieser Ebene ist, wie es dem Menschen gelingt, mit hierarchischen Strukturen zurechtzukommen, sowohl in der hierarchischen Position nach unten als auch nach oben.

4. Mann/Frau: Diese Ebene umfaßt die Bewußtseinserweiterung für spezifische geschlechtsdifferente Inhalte, auf diesem Niveau ist auch der Bereich der Partnerschaft angesprochen.

5. Umwelt: Mit dieser Kategorie wird versucht, alle Umstände zu erfassen, welche eine Person in seiner unmittelbaren wie mittelbaren Umwelt zu bewältigen hat.

Diese fünf Bereiche werden ihrerseits von jeweils sechs logischen Ebenen der Veränderung gefüllt, die in ihrer Interaktion Hinweise auf die qualitative Lage der einzelnen Lebensbereiche geben. In Anlehnung an DILTS und seine Auflistung läßt sich bei KUTSCHERA (1994) folgende Einteilung finden:[60]

- *Verhalten – Umfeld:* Da Verhalten stets in Umweltgeschehen integriert ist, werden beide auf einer Ebene zusammengeführt.
- *Fähigkeiten, Strategien*
- *Beliefs, innere Regeln*
- *Werte, Ideale:* Im Gegensatz zu DILTS nimmt KUTSCHERA (1994) eine kategoriale Trennung von Beliefs und Werten vor. Eine derartige Differenzierung scheint dann gerechtfertigt, wenn nach WEERTH (1992) zu berücksichtigen ist, daß Werte eine spezielle Form sind, da sie inhaltlich von der Gruppe der Beliefs abweichen und deshalb

einer eigenen Kategorie zuzuordnen sind. Insbesondere liegt die Funktion der Werte darin, daß eine Bewertung von lebensbegleitenden Umständen vorgenommen wird, also eine individuelle qualitative Besetzung von Dingen, Menschen und Ereignissen ermöglicht wird. Die Werte sind in motivationaler Hinsicht deshalb bedeutungsvoll, da Menschen mit ihrer Hilfe darüber befinden, was gut, schlecht, wichtig oder unwichtig ist.

Als Konsequenz kann daraus abgeleitet werden, weshalb sich eine Person für eine bestimmte Handlung »entscheidet«. Innerhalb einer Person besteht nach JAMES und WOODSMALL (1991) eine Art Wertehierarchie, die dann für bestimmte Verhaltensweisen Relevanz besitzt, wenn auf Grund möglicher Handlungsalternativen ein Entscheidungskonflikt gegeben ist: Die Autoren postulieren, daß sich die betreffende Person nach einer bestimmten Entscheidungsstrategie verhält und diejenige Handlungsalternative für sich wählt, durch welche der im Konflikt ranghöchste beteiligte Wert vertreten wird.

- *Quelle, Submodalitäten:* Der Terminus Quelle ist die Bezeichnung für die Existenz eines inneren Zustandsbildes, in welchem persönliche Ressourcen vollständig vorhanden sind, auf die das Individuum zurückgreifen kann. Das Bild wird von bestimmten Submodalitäten geprägt, d.h., daß jedes interne Repräsentationssystem in das Quellenbild integriert ist und bestimmte Details aufweist.
- *Spiritualität:* Spiritualität ist schließlich die Ebene, auf welcher metaphysische Betrachtungsweisen vorhanden sind, und die für Sinnfragen menschlicher und individueller Identität verantwortlich ist. Das Thema der Spiritualität wird bei SATIR (1990) einer eingehenden Behandlung unterzogen: Für die Autorin ist Spiritualität die Verbindung zum Universum und Grundlage jeder menschlichen Existenz. Sie weist darauf hin, daß eine Integration dieser Ebene in die therapeutische Arbeit unabdingbar sei. Dieser Punkt findet bei MASLOWs Motivationsmodell in ähnlicher Form Beachtung. Das

Bedürfnis nach Transzendenz meint die Intention, über sich selbst hinauszugelangen und in eine höhere Welt des Kosmischen oder Göttlichen einzutreten[61].

9.2.1. Diagnostische Bedeutungen der logischen Ebenen

Es wird davon ausgegangen, daß auf jeder Ebene bestimmte Eigenschaften und Inhalte vorhanden sind, welche in der Summe die Qualität des Lebens bestimmen. In diesem Punkt ist eine Vergleichsmöglichkeit zu DILTS Modellpräsentation gegeben, wenn man die einzelnen Faktoren auflistet[62].

Um ein statusdiagnostisches Bild über eine Person zu erlangen, wird eine Analyse in den Bereichen Individuum, Mann/Frau, Hierarchie, usw. durchgeführt, die jeweils in Konsequenz auf das Modell separat im privaten und beruflichen Kontext untersucht werden. Die Faktoren, auf die speziell eingegangen wird, sind:

- Quelle und Submodalitäten: Im Zusammenspiel von Quelle und Submodalitäten wird thematisiert, welche submodalen Feinheiten das innere Zustandsbild der Quelle prägen, um diese bei negativ besetzten Bildern, in denen diese Submodalitäten fehlen, »einzubauen«. Individualdiagnostisch ist dabei von Bedeutung, welche Submodalitäten individualtypisch mit einem ressourcevollen Zustand gekoppelt sind, und welche davon in einem Status der Störung fehlen.
- Werte, Beliefs: Es wird untersucht, welche Glaubenssysteme auf den einzelnen Ebenen dominieren, wie sie sich auf den Motivationsgrad, die Motivationsrichtung – also intrinsisch oder extrinsisch – und die Einstellung in den jeweiligen Ebenen auswirken.
- Innerer Zustand: Der diesbezügliche Gegenstand einer Analyse ist die Frage, mit welcher psychischen Verfassung das Leben in den jeweiligen Bereichen auf den fünf Ebenen in Verbindung steht.
- Strategien: Es wird hinterfragt, welche persönlichen Strategien in kognitiver und behavioraler Hinsicht auf der jeweiligen Ebene

charakteristisch auftreten, welche Strategien typisch für persönlichen Erfolg oder Mißerfolg sind.

- Verhalten: Die Konzentration dieses Kriteriums gilt der äußerlich sichtbaren physischen und motorischen Reaktion auf Ereignisse im Alltag.
- Submodalitäten: Verhalten, Strategien, innerer Zustand, Werte, Beliefs sind auf der jeweiligen Ebene unterschiedlich geformt. Daraus ergibt sich die Möglichkeit zu untersuchen, ob bzw. wie die submodale Qualität unterschiedlich mehr oder weniger vorhanden ist.

9.2.1.1. Das Gesundheitsbild

Die bestimmende Frage des Modells ist, unter welchen Umständen ein IST-Zustand Gesundheit bedeutet, bzw. umgekehrt, wie sich Krankheit definieren läßt.

Von einem pathologischen Fall wird nach diesem Modell dann gesprochen, wenn in einer der fünf Ebenen die o.g. Faktoren in hemmender oder negativer Form auftreten oder Defizite vorhanden sind. Sind zum Beispiel auf der privaten Ebene keine persönlichen Bedürfnisse (Individuum), keine partnerschaftlichen Ansprüche (Mann/Frau) und Beliefs vorhanden wie: »Es gibt keine Freunde, man muß alles selber machen« (gleiche Ebene), die fünf Ebenen im beruflichen Bereich allerdings ausgeglichen vorhanden, so ist folglich mit einem Übergewicht auf der beruflichen Ebene und einer Vernachlässigung von Privatem zu rechnen. Dieses Muster ist nach KUTSCHERA (pers. Mitteilung) vor allem bei Personen zu beobachten, die in privaten Bereichen stets auf große Schwierigkeiten stoßen und auch wenig Selbstvertrauen besitzen, aber beruflich die Karriereleiter stark nach oben steigen.

Die Abbildung 7 als Wiedergabe einer Graphik von KUTSCHERA (1994) veranschaulicht die Verschiebung des Gleichgewichtes im Falle einer Person, die als Workaholic eingestuft wird: Die fünf Ebenen sind im beruflichen Kontext ausgeglichen, eine Dishar-

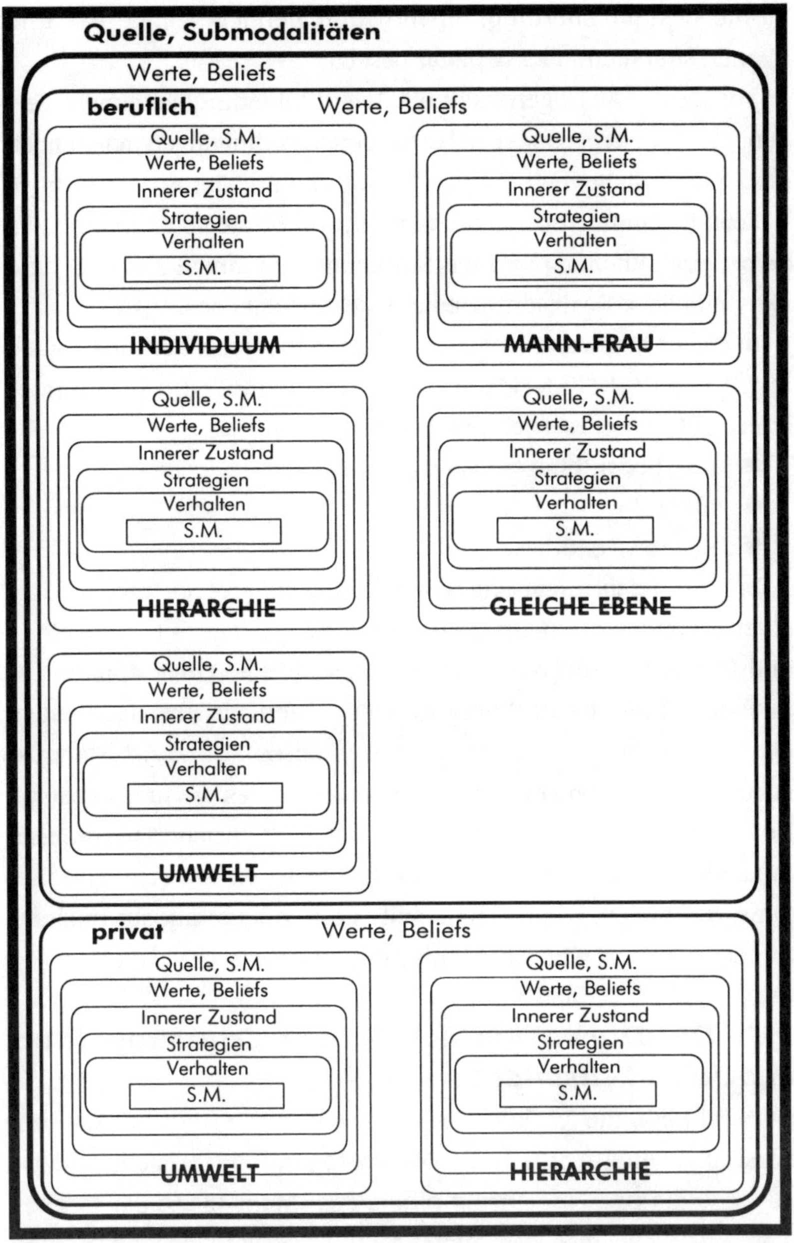

Abb. 7: Beispiel einer Persönlichkeitsstruktur »Workaholic«-Muster

monie besteht allerdings im privaten Bereich. Einige der fünf Ebenen sind nicht oder defizitär besetzt.

Aus diesen Aussagen kann als Schlußfolgerung behauptet werden, daß für ein gesundes Leben folgende Bedingungen maßgeblich sind: Ausgeglichenheit auf beruflicher und privater Ebene, positive Beliefs, bestimmte effektvolle Formen von Strategien im Sinne von Selbstverwirklichung und Ich-Stärkung, gute innere Zustände und aktiv mögliche Realisierung eines Quellenzustandes.

In dieses homöostatische Prinzip ist in theoretischer Hinsicht die Arbeit von CSIKSZENTMIHALYI (1992) und LEE GUN (1983) integriert. Letzterer beschreibt drei Dimensionen:

- self: body, thougts, feelings,
- others,
- environments.

Er gibt eine idealtypische Beschreibung mit drei Abstufungen von einer gesunden zur neurotischen Verfassung. »Playfull Interactions and Identity« ist für den Autor gegeben, wenn »Three domains of intended playful interactions« vorhanden sind. Als lebensqualitative Abstufung beschreibt er »Reduced Playfulness«. Dieser Ist-Stand ist gegeben, wenn »My interactions with others has produced anxiety. Now I enter into interaction with others with anxiety. This reduces my ability to be spontaneus.« Schließlich ist ein »Neurotic normal play« vorhanden, wenn »The result is a non-spontaneous anxiety-ridden individual who rarely „playfully" interacts.«

9.3. Die Dimension der Zeit in Erfassung eines Persönlichkeitsbildes

NLP schließt die Variable Zeit als weiteres Kriterium für eine Persönlichkeitstheorie in die Diskussion mit ein. Aus der Alltagspsychologie bzw. der Terminologie des »Mannes auf der Straße« sind Ausdrücke, wie: »Die lebt ja total in der Vergangenheit«, oder: »Der sieht nur seine Zukunft und vergißt dabei ganz, daß er doch jetzt lebt« bekannt. Mit diesen Phrasen wird bereits ein Grundprinzip einer weiteren These von NLP beschrieben, nämlich, daß zur Beschreibung einer Persönlichkeitstypologie zeitliche Kriterien zu berücksichtigen sind.

Es bestehen nach JAMES und WOODSMALL (1991) zwei Möglichkeiten, sich mit der Zeit zu erleben. Es wird zwischen "in der Zeit" und »durch die Zeit« differenziert, wobei WEERTH (1992) darauf hinweist, daß derzeit die ursprünglichen englischen Bezeichnungen beibehalten werden sollten – Through- bzw. In-time, – da die deutsche Bedeutung von der englischsprachigen abweiche.[63] Die Autoren geben in diesem Zusammenhang eine Typenbeschreibung und nehmen an, daß »In-Zeit-Menschen« jeweils sehr assoziiert wahrnehmen, erfahren und erinnern und sich eben ganz in der jeweiligen zeitlichen Dimension befinden, während »Durch-Zeit-Typen« dissoziierte Erlebnisweisen bevorzugen und gewissermaßen bipolar Vergangenheit und Zukunft vor sich sehen. Als Konsequenz daraus wird beschrieben, daß In-time-Menschen mehr emotionale Disposition aufweisen als dies bei Through-time-Personen der Fall ist. Im weiteren werden die letztgenannten eher als rationale Wesen beschrieben, die im insgesamt eher dem Charakteristikum des anglo-europäischen Breitengrades entsprechen, im Gegensatz dazu sind Menschen in südlicheren Ländern eher In-time. Typisch dafür seien Merkmale wie Unpünktlichkeit und Begeisterungsfähigkeit. Dieser Versuch, eine Korrelation zwischen Breitengraden und Zeit-Typologie zu finden, kann jedoch lediglich als eine Vermutung angesehen werden, da diesbezügliche empirische Untersuchungen nicht bekannt sind.

Die Abb. 8a nach WEERTH (1992, 112) zeigt, wie eine Personentypologie mit dem Erleben der eigenen Zeitlinie in Zusammenhang gebracht werden kann. Es bestehen zwei Möglichkeiten einer subjektiven Zeitempfindung: Der Unterschied besteht darin, daß sich

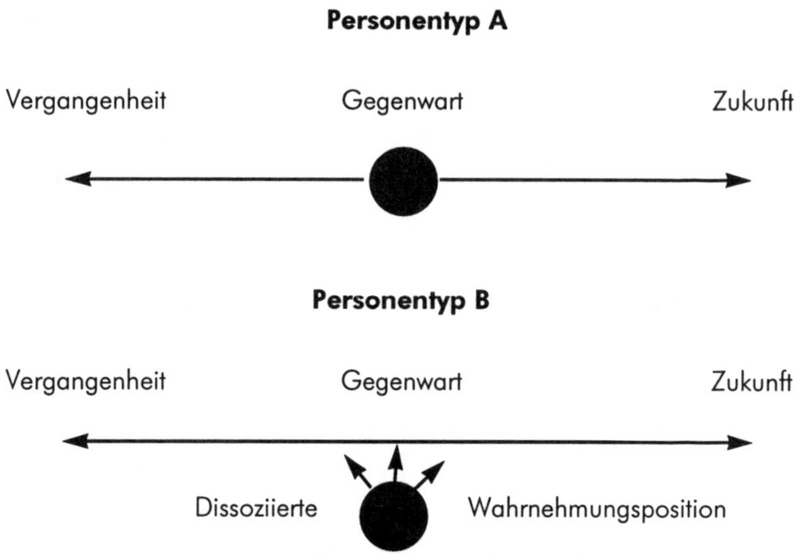

Abb. 8a: Zwei Varianten des Zeiterlebens

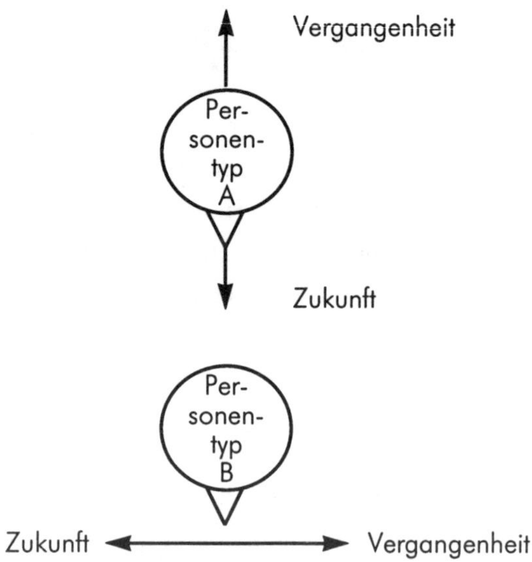

Abb. 8b: Die andere Möglichkeit der graphischen Präsentation des Zeiterlebens im Zusammenhang mit assoziiertem oder dissoziiertem Zustand

Personentyp A assoziiert im Zeiterlebnis befindet (obere Skizze) und Personentyp B (untere Zeichnung) sich quasi von außen auf der Zeitlinie betrachtet. Die Abb. 8b zeigt die Annahme, daß der assoziierte Personentyp A, identisch mit In-time, die Vergangenheit hinter sich und die Zukunft vor sich sieht, während er voll in der Gegenwart lebt. Im Gegensatz dazu sieht Personentyp B, also die Person, welche mit der Struktur des Through-time lebt, jede zeitliche Dimension in Distanz, sie ist also in keiner Weise unmittelbar in zeitliches Geschehen eingebunden. Ihre Zeitlinie liegt vor ihr, wobei es individuell unterschiedlich ist, ob sich die Zukunft/Vergangenheit in der Vorstellung links oder rechts befindet.

Diese Graphiken und die vorherigen Ausführungen veranschaulichen neben dem Prinzip der dissoziierten oder assoziierten Betrachtungsform ein weiteres Kriterium, welches innerhalb der NLP-Theorie eine große Bedeutung besitzt und deshalb an dieser Stelle kurz diskutiert werden soll. Es besteht eine räumlich-visuelle Kodierung der drei zeitlichen Dimensionen in Form einer Zeitlinie[64], welche interindividuell different sind. ANDREAS und ANDREAS (1990) beschreiben, daß jeder Mensch mittels eines einfachen Experimentes seine Zeitlinie erfassen und so bestimmen kann, wo in räumlicher Dimension die Vergangenheit bzw. die Zukunft liegt: Indem z.B. vorgestellt wird, wie man sich vor zehn Jahren die Zähne putzte, vor fünf Jahren, vor zwei Tagen, gestern, heute, jetzt, in einem Tag, übermorgen, in zwei Jahren usw. Ergänzend ist hinzuzufügen, daß KUTSCHERA (1994) als dritte Möglichkeit des Zeiterlebens die Variable »Zwischen-Zeit« oder »between-time« diskutiert. In diesem Fall ist die Zeitlinie V-förmig angelegt. Die Person lebt assoziiert in der Gegenwart und hat Vergangenheit und Zukunft jeweils auf einer Seite vor sich. DIe Autorin ist der Ansicht, daß diese Variante der Time line ideal zum Üben ist, da so Entwicklungen zwischen den einzelnen Zeitperspektiven leicht eruierbar sind.

Wie im Kapitel der Praxeologie noch zu lesen sein wird, baut auf dem theoretischen Konstrukt der Time line eine spezifische Interventionsform auf. ANDREAS und ANDREAS (1989) beschreiben den Nutzen der zeitlichen Erlebnisweisen, indem Personen gedanklich und symbolisch Lebensabschnitte der Vergangenheit, Gegenwart und Zukunft auf einer Zeitlinie festhalten.

9.4. NLP-System-Matrix als Zusammenfassung eines Persönlichkeitsmodells

DILTS (1990) beschreibt eine Systemmatrix, in welcher die Persönlichkeitsvariablen auf drei Ebenen repräsentiert sind und in ihrer Beziehung zueinander Niederschlag finden. Die Präsentation der drei Bereiche ist identisch mit vorher genannten Variablen der Persönlichkeitstheorie und beinhaltet:

- *logische Ebenen der Veränderung:* Umwelt, Verhalten, Fähigkeiten, Glauben/Werte, Identität;
- *Zeitebenen:* Vergangenheit, Gegenwart, Zukunft;
- *drei mentale Wahrnehmungspositionen:* assoziiert mit sich selbst (Position 1) oder mit einer anderen Person, die mit einer bestimmten Situation in Zusammenhang steht (Position 2) oder dissoziierte Betrachtung der Situation (Position 3).

Im wesentlichen beruht diese Matrix auf der von DILTS und EPSTEIN (1991) als *Unified Field Theory* bezeichneten NLP-Theorie. Es werden im Rahmen der Theorie diejenigen Elemente erfaßt, welche bisher im vorliegenden Kapitel beschrieben wurden. Weiterhin dient die Matrix als Problemorientierung und läßt sich als diagnostisches Werkzeug benutzen, indem die Frage untersucht wird, welche personalen Bedingungen ein Problem begleiten. So kann nach der Matrix, die in Abb. 9 graphisch dargestellt ist und auf DILTS (1990) beruht, z.B. eine Problemanalyse folgendermaßen erfolgen: es besteht ein Problem im Hier und Jetzt auf der Umweltebene, welches in assoziierter Form und in Wahrnehmungsposition 1 erlebt wird und deshalb von intensiv negativen Emotionen begleitet ist; die Ursache für die Schwierigkeit liegt in einer traumatischen Erfahrung der Vergangenheit, in welcher sich ein bestimmter Wert in Assoziation zu einer anderen Beziehungsperson (Position 2) entwickelte.

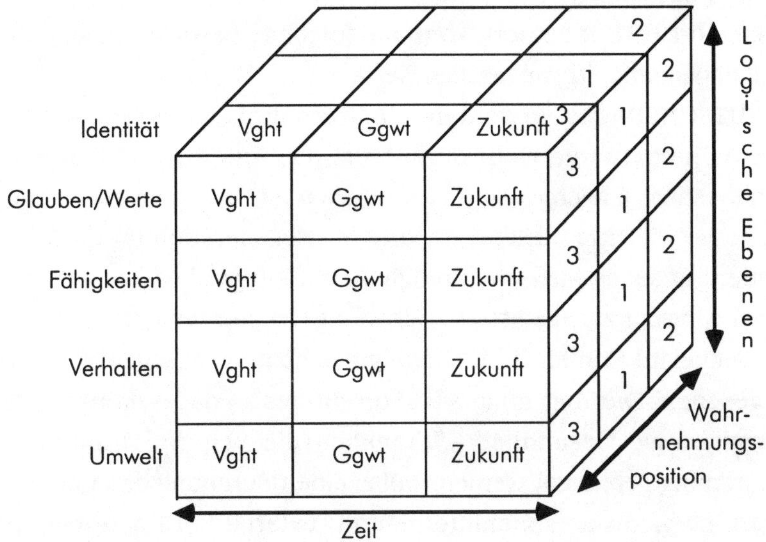

Abb. 9: NLP-System-Matrix auf Basis der Unified Field Theorie zur Beschreibung eines Persönlichkeitsmodelles auf Grundlage der logischen Ebenen, Zeitebenen und der Wahrnehmungspositionen

9.5. Zusammenfassung und Ansätze von Störungstheorien

Dieses Persönlichkeitskonzept umfaßt diagnostische Anhaltspunkte und Ansätze einer Störungstheorie, welche vorerst nur tangential behandelt wurden und später genauer untersucht werden. Verallgemeinernd kann hier behauptet werden, daß ein pathologisches Bild dann auftritt, wenn entweder eine der beschriebenen Determinanten der fünf Ebenen vernachlässigt wird, oder Variablen der logischen Ebenen durch bestimmte Ausprägungen zu einer Beeinträchtigung der Verwirklichung persönlicher Ziele führen. Da bei einem Vergleich der beiden Modelle von DILTS und KUTSCHERA in den einzelnen Kriterien eine Äquivalenz zum Großteil nachvollziehbar ist, und Unterschiede, wie der Faktor »Spiritualität« bei KUTSCHERA, lediglich ergänzenden Charakter besitzen, die Autorin in ihrer umfassenden Theorie der fünf Ebenen die Kategorien gleichfalls von DILTS integriert, kann die folgende Betrachtung als für NLP allgemeingültig angesehen werden.

KUTSCHERA (1994) geht auf das Verhältnis von Krankheit zu Gesundheit ein und weist darauf hin, daß unter Gesundheit ein dynamisches Gleichgewicht zu verstehen ist: Durch verschiedene Prozesse wie Homöostase, Anpassung, Regeneration und Selbststeuerung sei es Menschen möglich, in biologischer und psychischer Hinsicht zur »Selbstinstandhaltung« zu gelangen. In der Konsequenz wird Krankheit als Störung des homöostatischen Prinzips angesehen. Darüber hinaus ist von Interesse, daß synonym zur Terminologie Gesundheit – Krankheit die Begriffe Ordnung – Unordnung gebraucht werden, wobei eine Unordnung dann hergestellt ist, wenn personeninterne und -externe Informationen in Diskrepanzen zu Einstellungen und Handlungsabsichten stehen.

Die Konflikttheorie ist allerdings nicht nur im intrapersonalen Feld relevant, sondern auch dann, wenn interpersonale Problembereiche beschrieben werden. Hierbei handelt es sich um eine Beschaffenheit von Konflikten, die von Disharmonie zwischen Interaktionspartnern gekennzeichnet ist und deshalb Unordnung ins Beziehungsfeld bringt: Es handelt sich dann um eine Dissonanz zwischen einzelnen persönlichen Zielen und/oder fehlende interpersonale Übereinstimmung auf der Zielebene im Kontext zu der jeweiligen Kommunikationsthematik[65].

Aus den bisherigen Analysen läßt sich ableiten, daß nach Auffassung des NLP eine systemtheoretische Betrachtung zur Beschreibung von Gesundheit/Krankheit notwendig ist, indem die psychische Verfassung qualitativ stets unter dem Blickpunkt der Wechselwirkung der o.a. Variablen analysiert werden muß.

Die Beschreibung des Persönlichkeitsbildes erlaubt Überlegungen zu ätiologischen Aspekten von Störungen, in diesem Zusammenhang sprechen NLP-Autoren von *Prägung* als zentralen Begriff. Wie bereits in Abb. 5 gezeigt wurde, werden in bestimmten Ereignissen der Vergangenheit kognitive und emotionale Manifestationen entwickelt, die in ontogenetischer Form weiterwirken. Im Kapitel über Beliefs wurde bezüglich der ätiologischen Aspekte gezeigt, daß im Laufe der Erziehung und durch biographisch wertvolle Ereignisse die Installation eines Glaubenssystems erfolgt. Die individuelle Entfaltung der Persönlichkeit geschieht im Bezugsrahmen mit Lebenssystemen, in welchen sich eine Person befindet, also Institutionen, Eltern, Kultur, usw. Damit kann vorerst festgehalten werden, daß Persönlichkeitsdetermination durch zwei Faktoren bestimmt wird:

Die *systemischen Eigenheiten* der sozialen Umfelder und deren ideologischen Richtlinien bestimmen die Entfaltung kognitiver Strukturen. Es sind biographisch bedeutsame *Ereignisse*, die zur Entwicklung von Glaubenssätzen und Systemen beitragen. Dabei spielen vor allem jene Geschehnisse eine Rolle, die entweder eine traumatische Wirkung hervorrufen oder den Effekt beinhalten, daß ressourcenzentrierte Beliefs installiert werden.

Durch die beiden Determinanten beeinflußt, entwickeln sich personentypisch kurz-, mittel- und langfristige Zielbildungen mit mehr oder weniger detaillierten Vorstellungen, die sich jeweils in mehr oder weniger ausgereiften kognitiven Strukturen zeigen. Angestrebte Ziele ihrerseits werden in Beziehung zu Ansprüchen des sozialen Umfeldes gesetzt und sind außerdem in Verbindung zu intrapsychischen Dispositionen zu betrachten.

Daraus ergibt sich für störungstheoretische Konzeptionen ein multidimensionaler Ansatz – folgende Kriterien sind zu berücksichtigen:

- intrapersonale Ansprüche,
- interpersonale Ansprüche,
- Ziele der Person,
- Ziele der Umwelt,
- bestehende kognitive Strukturen der Person,
- bestehende kognitive Strukturen der Umwelt.

Es ist zwischen einzelnen Konfliktfeldern zu differenzieren, die im folgenden einzeln aufgelistet werden.

9.5.1. Interpersonale Konfliktfelder

Die systemtheoretische Betrachtungsweise des NLP impliziert eine Analyse von Störungen, welche bei Interaktionen auftreten können und einen engen Zusammenhang zu o.g. Persönlichkeitsdeterminanten besitzen. KUTSCHERA (1994) weist in ihren systemtheoretischen Ausführungen auf die Notwendigkeit hin, daß die Aufmerksamkeit nicht dem einzelnen Individuum, sondern der Art des Miteinanders zuzuwenden ist. Wie in Abb. 10 (nach KUTSCHERA) zu sehen ist, bestimmen mehrere Faktoren die Art und Weise der Interaktion. Die Höhe des Konfliktrisikos ist abhängig von der inhaltlichen Beschaffenheit dieser Faktoren und der Dynamik, die durch das Aufeinandertreffen von Faktoren zweier Personen zustandekommt.

Es ist aus diesem Modell ersichtlich, in welcher Form eine Verknüpfung von Bestandteilen des Persönlichkeitsmodells zur NLP-spezifischen Systemtheorie vorgenommen wird. Treten zwei Personen miteinander in Kontakt, so ist vorerst darauf zu achten, daß jeder der an Kommunikation teilnehmenden Menschen über einen Background von eigenen biographischen Ereignissen verfügt, die eine Grundlage für die Interaktion mit dem Gegenüber darstellen.

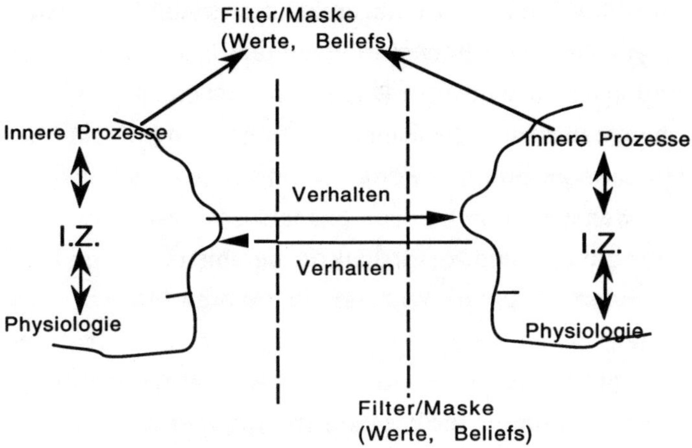

Zusammenwirken der Faktoren und Erlebnisbestandteile in menschlicher Interaktion

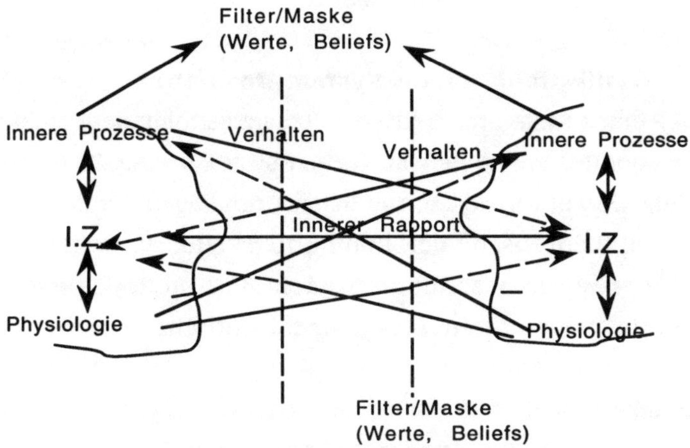

Komplexes Zusammenwirken der Faktoren und Erlebnisbestandteile in menschlicher Interaktion

Abb. 10: NLP weist auf seinen multidimensionalen Ansatz hin und macht darauf aufmerksam, daß die hier gezeigten Faktoren intra- wie interpersonale kommunikative Auswirkungen besitzen.

Grundlegend beinhaltet eine Interaktion das Aufeinandertreffen verschiedener Persönlichkeitsinstanzen und in Konsequenz einen Koordinationsversuch diverser Persönlichkeitsbereiche. Es läßt sich demnach postulieren, daß von einem pathologisch interaktionellem Verhalten dann gesprochen werden kann, wenn eine hohe Diskrepanz zwischen zwei Kommunikationspartnern besteht, wobei sich Differenzen auf einzelne Persönlichkeitsvariablen beziehen können. Konkret wirken der innere Zustand, die inneren Prozesse und die Physiologie in deren Wechselbeziehungen nach außen und werden vom Empfänger in einer bestimmten Form wahrgenommen. Der Empfänger übernimmt die Signale in personentypischer Form, indem durch Persönlichkeitsdeterminanten, Beliefs und Filter eine subjektive Interpretation vorgegeben wird. Ist eine der Komponenten des Interaktionspartizipienten dem Gegenüber in irgendeiner Form hemmend eingestellt, dann besteht eine hohe Wahrscheinlichkeit einer kognitiven wie konativen Beziehungsstörung.

9.5.2. Konfliktfeld Person-System-Umwelt

Da NLP einen systemtheoretischen Ansatz verfolgt, liegt eine Bearbeitung der Beziehung Person – Lebenssysteme nahe. Es sei an dieser Stelle darauf verwiesen, daß in der Grundlagenliteratur des NLP eine enge theoretische Verbindung zu SATIRs systemischen Betrachtungsweisen besteht, und zudem BANDLER, GRINDER und SATIR (1983) versuchten, familientherapeutische Theorien in eine NLP-Theorie zu integrieren. In Anlehnung an SATIR (1990) ist dabei zu berücksichtigen, daß erstens ein System dann gegeben ist, wenn drei oder mehrere Personen irgendeine Art von Beziehung aufnehmen oder ein bestimmtes Ziel miteinander verfolgen sowie in Systemen bestimmte Regeln für die Ordnung von Handlungen, Einstellungen und Leben im Miteinander verantwortlich sind. Außerdem wird durch diese Regeln der systemtypische Charakter – also die spezifischen Muster der »Organisation« – aufrechterhalten.

Als wichtigstes System im Sinne einer ätiologischen Betrachtungsweise der Störungstheorie ist die Familie zu sehen. Zu pathologischen Entwicklungen kann es dann kommen, wenn in einem System starre Regeln in Konkurrenz zu den Bedürfnissen und Meinungen des Individuums stehen: In der Beziehung Kleinkind – Eltern liegt die Problematik darin, daß von Mutter oder Vater, als Vertreter des Systems, dem Kind nicht nur Regeln und Muster indoktriniert werden, sondern parallel zur Vermittlung der im System gängigen Beliefs eine Manifestation von Einstellungen zu sich und der Umwelt geschieht. SATIR (1990) schreibt, daß mit der Vermittlung der Behauptung »Du bist noch zu jung« eine gleichzeitige Installation eines Minderwertigkeitsgefühles riskiert wird.

9.5.3. Intrapsychische Konfliktfelder

Nach einer Kategorisierung von KUTSCHERA (1994), in welcher eine Differenzierung zwischen endogen und exogen[66] vorgenommen wird, betrifft die endogene Gruppe den Bereich der personeninternen Konfliktfelder. Endogene Konfliktfelder beziehen sich also auf innerpsychische Spannungen einer Person. Nach den bisherigen Ausführungen ist deutlich geworden, daß ein solcher Zustand gegeben ist, wenn widersprüchliche Beliefs und Werte eine interne Unordnung auslösen[67]. Weiterhin ist bei störungstheoretischen Überlegungen in Betracht zu ziehen, daß nach NLP pathologische Verläufe dann vorliegen, wenn das Streben einer Person durch Defizite an zur Verfügung stehenden Strategien, Fähigkeiten, Ressourcen und Wissen blockiert wird. In Abb. 11 nach KUTSCHERA (1994) wird deutlich, daß das Erlangen eines Ziels davon abhängt, welche Ressourcen einer Person zur Verfügung stehen und ob bestimmte Einwände bestehen, die gegen das Erreichen des Zielzustandes sprechen[68].

Im Sinne des zielorientierten Modells NLP stellt sich die Frage, welches Ziel eine Person anzustreben versucht. In diesem Zusam-

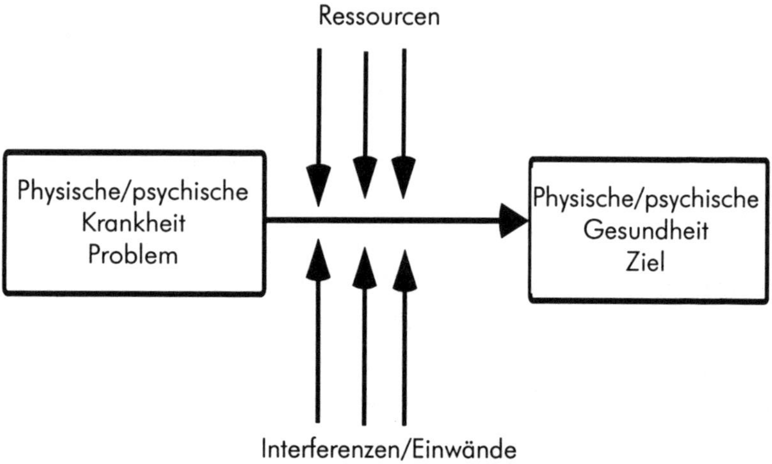

Abb. 11: Risiko einer pathologischen Entwicklung bei Disharmonie zwischen Soll-Wert, Ressourcen und Einwänden

menhang ist zu erheben, welche Informationen, personalen Dispositionen und kognitiven Verarbeitungsstrategien hemmende Funktionen für eine Zielerreichung ausüben und insofern für das betroffene Individuum ein pathologisches Risiko bedeuten. Im konkreten gibt das Verhältnis von zur Verfügung stehenden Ressourcen zum Anteil der Interferenzen und Einwände den Ausschlag dafür, mit welcher Wahrscheinlichkeit eine Person ein Ziel erreichen kann, oder hemmende Faktoren eine Realisierung des Soll-Wertes verhindern und somit Störungen zu erwarten sind.

9.6. Bezugnahme zur Fragestellung

Wie in vorangegangenen Kapiteln soll auch hier überprüft werden, ob sich eine Übereinstimmung zu Erkenntnissen der Psychologie findet. Wie bereits beschrieben, fehlt derzeit eine umfassende wissenschaftstheoretische Auseinandersetzung mit dem Persönlichkeitsbild des NLP. Dies ist allerdings nicht als Hinweis darauf zu werten, daß keine Vergleichsmöglichkeiten zu anderen Theorien bestehen. Einerseits liegt die Stufentheorie von BATESON vor, andererseits bestehen Verbindungen einzelner Faktoren – wie Beliefs – zur Grundlagenforschung der Psychologie in der Weise, wie dies bereits thematisiert wurde.

Im besonderen ist auf zwei Ansätze einzugehen, die das NLP-Persönlichkeitsmodell charakterisieren: Erstens wird versucht, verschiedene Weltbilder miteinander in Verbindung zu bringen, einerseits systemisch-familientherapeutische Konzeptionen einzubinden, andererseits auch Auffassungen anderer Strömungen in die theoretische Beschreibung des Modells zu integrieren, wie insbesondere behavioristische Vorstellungen, kognitive Ansätze und humanistische Ausführungen.

Zweitens ist die Tendenz vorhanden, störungstheoretische Betrachtungen vom Blickpunkt der Gesundheit ausgehend zu behandeln, woraus sich allgemein postulieren läßt: *»Eine psychische Störung ist in einem gewissen Grad eine qualitative Abweichung vom Stand der Gesundheit.«* Dies bedeutet, daß NLP eine genaue Definition darüber zu leisten hat, was unter Gesundheit zu verstehen sei. Durch die Beschreibung, daß Gesundheit eine Verfassung sei, in der durch vorhandene innere Homöostase Wohlbefinden in geistiger, sozialer und körperlicher Hinsicht vorhanden ist, wird der Forderung von der Weltgesundheitsorganisation entsprochen, Gesundheit nicht nur als Abwesenheit von Krankheit zu definieren[69].

In Hinblick einer Analyse des ersten Punktes ist eine Verknüpfung unterschiedlicher Ansätze in der Weise gegeben, wie dies bereits an früheren Stellen der vorliegenden Arbeit geschehen ist. Die Konzepte eines Persönlichkeitsmodells richten sich sowohl bei KUTSCHERA als auch bei DILTS in konsequenter Form nach den Kernannahmen und verschiedenen Merkmalen, die oben beschrieben wurden. Es ist aus diesem Grunde hier nicht nötig, die einzelnen Themen wie Beliefs, Verhalten, etc. nochmals zu behandeln, sondern es reicht der Verweis auf oben bzw. der Hinweis darauf, daß die diversen Faktoren auf verschiedene Ansätze des Kognitivismus, der humanistischen Psychologie und des Behaviorismus zurückgehen.

DILTS (1990) bezieht sich ausdrücklich bei der Beschreibung seines Persönlichkeitsmodells auf ein stufenartiges Lernmodell nach BATESON (1981), der logische Ebenen des Lernens beschreibt. BATESON verwendet bei seiner Einteilung nach der Einfachheit hierarchisch geordnete Kategorien, die jeweils von WEERTH (1992) mit dem NLP-Modell in Verbindung gesetzt werden:

– *Lernen null:* Als Phänomene dieses Grades einfacher Reaktionen beschreibt er u.a.: richtige Reaktion von Versuchstieren als Abschluß des Lernens auf wiederholt auftretenden Stimulus; maximal genetische oder minimal erfahrungsgebundene Determination des Reaktionsmusters; extrem stereotype Reaktionsweisen; Eliminierung von Reaktionsweisen auf vorher störende Reize durch Gewöhnungseffekt. Vermittelt ein einfaches Ereignis eine bestimmte Information und bewirkt die Wiederkehr eines ähnlichen Ereignisses die automatische Reaktivierung der selben Information, ist dies ein Ausdruck des Lernens null. BATESON weist darauf hin, daß Lernen null die Bezeichnung für all jene Ereignisse ist, die nicht dem Versuch-Irrtum-Prinzip unterworfen sind. Lernen null ist demnach durch die spezifische Wirksamkeit der Reaktion charakterisiert, die keiner Korrektur unterliegt. WEERTH betont, daß diese Ebene die Beziehung zwischen Umwelt- und Verhaltensebene charakterisiert, Verhalten ist hierbei das Ergebnis von Lernen null.

– *Lernen I:* Diese dem Lernen null übergeordnete Stufe ist vorhanden, wenn sich in der Reaktionsweise bei selbigem Reiz »irgendwie« eine Veränderung in der Reaktion zum Zeitpunkt zwei gegenüber dem Zeitpunkt eins einstellt. Dies tritt durch klassische Konditionierung, instrumentelle Belohnung oder Vermeidung auf. Weiterhin führt BATESON das Phänomen des mechanischen

Lernens an, in welchem eine Einheit im Verhalten des Organismus zu einem Reiz für eine andere Verhaltenseinheit wird. Lernen I ist auch dann gegeben, wenn durch Veränderung oder Fehlen von Verstärkung bereits Gelerntes unterbrochen, gelöscht oder gehemmt wird. Lernen I ist zusammenfassend nach BATESON: Veränderung der spezifischen Wirksamkeit durch Korrektur von Irrtümern innerhalb der Auswahl von Handlungsalternativen. Für WEERTH ist das Ergebnis dieser Lernstufe der Aufbau von Fähigkeiten durch Handlungen nach dem Versuch-Irrtum-Prinzip, indem Verhaltenskorrekturen innerhalb einer Menge von Alternativen durchgeführt werden. Somit geht es hier um die Beziehung von Verhalten und Fähigkeiten.

– *Lernen II:* Dies wird als konsequente Weiterführung des Lernen I betrachtet, wobei hier gewissermaßen eine Metaposition angenommen wird. Es handelt sich um eine Art Lernen lernen. Für BATESON ist Lernen II eine Veränderung im Prozeß des Lernens I. So wird z.B. die Menge von Alternativen korrigiert, oder es folgt eine andere Interpunktion in der Abfolge von Erfahrungen. Das Verhalten auf dieser Stufe wird in Abhängigkeit von bisher gemachten Erfahrungen gesehen, neue Erfahrungen werden in der Form in das Lernen II integriert, daß eine Selbstbestätigung des bisher Erlernten ermöglicht wird. Das Handlungsrepertoire ist demnach auf eine innerhalb eines personalen Systems begrenzte Menge eingeschränkt. Dies bezieht sich allerdings mehr auf Strategien als auf Vermeidung und Durchführung, jedoch bestehen klare Grenzen: Handlungsalternativen, die außerhalb dieses Systems sind, werden nicht angenommen. WEERTH bezeichnet als Ergebnis von Lernen II die Bildung von Glaubenssätzen und Werten. Die Beziehungsform sei hier eine zwischen Fähigkeiten- und Glaubensebene.

– *Lernen III:* Es besteht die Möglichkeit, innerhalb eines Systems neue Handlungsalternativen aufzubauen, Bestandteile des eigenen

Systems können in Frage gestellt werden und gegebenenfalls zu Gunsten einer Veränderung im System modifiziert werden. BATESON weist darauf hin, daß diese Ebene des Lernens für Individuen schwer erreichbar ist: Auf diesem Niveau gilt es, individuelle Prämissen, die für BATESON die Definitionen des Selbst sind, in Frage zu stellen und u.U. zu verändern. Weiterhin kann durch Lernen III der Fall eintreten, daß ein gesamtes Identitätssystem gesprengt wird, in welchem sich das Individuum ansonsten geschützt bewegt. Der folgende Effekt ist unter bestimmten Bedingungen der Eintritt eines pathogenen Zustands, wobei es BATESON unterläßt, die Möglichkeiten der pathologischen Erscheinungsweisen zu beschreiben[70]. Die Identität steht auf dieser Lernstufe im Mittelpunkt der Betrachtungen, es wird hier nach WEERTH vor allem auf die Beziehung zwischen Glaubens- und Identitätsebene eingegangen.

Ergänzungshalber sei erwähnt, daß BATESON noch eine weitere Ebene beschreibt. Diese als *Lernen IV* bezeichnete Form ist nach ihm allerdings von lebenden Organismen der Erde nicht erreichbar. Ontogenetisch ist es Menschen möglich, die Stufe des Lernens III zu erreichen, Lernen IV wäre eine Veränderung im Lernen III. Als Beispiel führt BATESON die Verbindung von Ontogenese und Phylogenese an. Richtigerweise führt WEERTH (1992) an, daß BATESONs Beschreibung von Lernen IV unklar ist. Er vermutet, daß diese Stufe die Beziehung zwischen der Identitätsebene und der spirituellen Ebene kennzeichnet.

Es besteht allerdings auch die Möglichkeit, DILTS Theorie methodisch mit der Pyramide von MASLOW (1954) in Verbindung zu bringen und teilweise einem Vergleich zu unterziehen, zumindest im Prinzip des Stufen- oder Zwiebelmodelles. In der MASLOWschen Pyramide wird eine hierarchische Bedürfniseinteilung postuliert, von der Befriedigung der jeweiligen Bedürfnisebene hängt eine Befriedigung der nächsten ab.

In seinem Modell finden sich sechs logisch aufeinander aufbauende Stufen. Es befaßt sich mit einer Wachstumslogik für Motive, die einzelnen Faktoren sind physiologische Bedürfnisse, Sicherheitsbedürfnisse, Wunsch nach Zugehörigkeit und Liebe, Streben nach Anerkennung und Leistung, Antrieb zur Selbstverwirklichung und letztlich das Bedürfnis nach Transzendenz. Im Erleben einer bestimmten Ebene sind die jeweils unteren integriert, die hierarchisch höheren jedoch unbedeutend.

Ähnlich ist eine Abhängigkeit der jeweiligen Ebenen zueinander bei DILTS sowie KUTSCHERA zu finden, wenn sie auf die hierarchische Struktur hinweisen, obwohl die NLP-Modelle keine Priorität auf die theoretische Auseinandersetzung mit Trieb/Bedürfnishierarchien legen. Identisch zu MASLOW scheint jedenfalls die Behandlung der beiden letzten Schichten Selbstverwirklichung im Vergleich zu Identität und Transzendenz im Vergleich zu Spiritualität. Bei der Betrachtung der Eigenschaften, die in MASLOWs Ebene der Selbstverwirklichung integriert sind, fällt die partielle Äquivalenz zu Faktoren auf, welche in den Kernannahmen und den beiden Persönlichkeitsmodellen des NLP thematisiert werden.

BROWN und HERRNSTEIN (1984) fassen die Eigenschaften auf der Ebene der Selbstverwirklichung zusammen, eine Gegenüberstellung zu Elementen des NLP-Persönlichkeitskonzeptes ist an manchen Punkten möglich:

- bessere Realitätswahrnehmung
- vermehrtes Annehmen der eigenen Person und der Umwelt – vgl. Umwelt
- erhöhte Spontaneität – vgl. Verhalten
- wirkungsvolle Zentrierung auf Probleme[71]
- größere emotionale Unabhängigkeit und Streben nach Privatheit – vgl. Bereiche beruflich/privat

- vermehrte Autonomie und Widerstand gegen kulturellen Druck – vgl. Umwelt
- tieferes Verständnis und größerer Gefühlsreichtum
- Grenzerfahrungen[72]
- verstärkte Identifikation mit dem Menschen als Menschen
- verbesserte interpersonelle Beziehungen – vgl. Umwelt
- demokratische Charakterstruktur
- Zunahme an Kreativität – vgl. Fähigkeiten und Werte
- Veränderungen im Wertesystem – vgl. Werte/Beliefs

Um die bereits dargelegte theoretische Fokussierung auf Gesundheit und Abweichungsvariationen im Falle von Störung einem Vergleich mit Konzepten anderer Schulen zu unterziehen, ist eine kurze Formulierung der Gesundheits-/Krankheitskonzepte anerkannter psychotherapeutischer Verfahren notwendig.

REICHERTS (1991) beschreibt, daß in der Gesprächspsychotherapie kein einheitlicher Krankheitsbegriff Verwendung findet. Psychische Störungen werden als Abweichung von Gesundheit betrachtet, ein reales Selbst steht einem idealen gegenüber. Eine »fully functioning person« besitzt eine Offenheit und Flexibilität gegenüber allen gemachten Erfahrungen und bezieht diese in die Lebenserfahrung ein. Störungen besitzen intra- und interpsychische Dimensionen: Ersteres tritt dann auf, wenn wichtige Erfahrungen nicht in das Selbstkonzept integriert werden können. In Kommunikation mit anderen ist ähnlich dann eine Störung zu erwarten, wenn Worte oder Verhaltensweisen im Sinne des Selbstkonzeptes entweder gemachten gefährlichen Erfahrungen ähnlich sind oder Äußerungen/Handlungen selbst eine Gefahr darstellen, jedoch für den Partner hinter jener Tat andere Intentionen lagen, als sie vom Gegenüber interpretiert werden.

Wenn RICHTER (1991) darauf hinweist, daß der Gesundheitsbegriff der Psychoanalyse in Abhängigkeit zum Behandlungsziel zu definieren ist, der Autor als übergeordnetes Therapieziel den Erwerb der Fähigkeit zur Selbstanalyse formuliert, so ist damit die persönliche Kompetenz gemeint, auftretende Konfliktsituationen als solche zu erkennen und der Verdrängungsneigung entgegenzuwirken, wodurch eine neuerliche Symptombildung vermieden wird. Für die Wissenschaft vom Unbewußten bedingt Gesundheit eine zumindest partielle Lösung vergangener Konflikte und das Vorhandensein eines bestimmten Grades an Genuß- und Leistungsfähigkeit.

REINECKERs (1991) Beschreibung des Krankheits-/Gesundheitsbegriffes der Verhaltenstherapie weist auf einen Schwerpunkt in der Definition von Störung hin: Störung liegt dann vor, wenn Verhaltensweisen introspektiv oder durch Beobachtung von außen als problematisch erkannt werden. In der jüngsten Zeit scheint sich innerhalb der verhaltenstherapeutischen Szene der Ansatz durchgesetzt zu haben, daß eine psychische Störung von verschiedenen Bedingungen verursacht werden kann, wie Umwelteinflüsse, Informationsverarbeitungsweise, biologische, physiologische und genetische Determinanten.

Aus diesem Vergleich zwischen Gesprächs-, Verhaltenstherapie und Psychoanalyse wird deutlich, daß vor allem eine Vergleichsmöglichkeit von NLP mit der ersten Strömung zulässig scheint. Die Nähe von NLP zu humanistischen Störungs- und Gesundheitsansätzen wird unterstrichen, wenn BASTINE (1990) als charakteristisch für die humanistische Psychologie ansieht, daß davon ausgegangen wird,

- daß eine gesunde Person zum einen sich aller ihrer Fähigkeiten bewußt ist,
- sie sich rational für selbst erwünschte Verhaltensweisen entscheiden kann,
- und sie andererseits mit diesen persönlichen Ressourcen Schwierigkeiten und Hindernisse bewältigen kann.

Eine Vergleichsmöglichkeit zu psychoanalytischen Konzepten der Gesundheit, Störung und ätiologischen Aspekten ist nicht gegeben, da im NLP eine Zentrierung auf frühkindliche Konfliktstellung nicht in dem Ausmaß wie in der Psychoanalyse vorgenommen wird. Weiterhin wird der Verdrängungsaspekt und die daraus resultierende Symptomatisierung von NLP ebenfalls nicht in der Form behandelt, wie dies in tiefenpsychologischen Strömungen geschieht. Der Ansatz von behavioristischen Theorien läßt sich allerdings in Teilen ebenso für gesundheitsbezogene Definitionsmodelle des NLP heranziehen. Dies bezieht sich vor allem auf das Merkmal der introspektiven Einschätzung, ob eine Störung vorhanden ist.[73]

Zusammenfassend dienen die Untersuchungsergebnisse der Theoriekonzeption des NLP-Persönlichkeitsmodells der Beantwortung der Frage, inwieweit sich NLP durch anerkannte Theorien untermauern läßt. Erstens bestehen eindeutige Bezüge zu Schulen, die an den jeweiligen Stellen von NLP-Autoren angeführt werden. Hierzu zählen vor allem die systemtheoretischen Ansätze und deren Vertreter wie BATESON und kommunikationstheoretische Auffassungen wie von WATZLAWICK. Es stellte sich allerdings im Laufe dieser vorgenommenen Analyse heraus, daß zweitens Ähnlichkeiten auch zu psychologischen Theorien bestehen, auf die in der NLP-Literatur nicht ausdrücklich eingegangen wurde. Hier sind vor allem MASLOW und ROGERS zu erwähnen.

Auch wurde deutlich, daß NLP eine methodische wie inhaltliche Weiterentwicklung der Erkenntnisse vornimmt, auf die es sich in der Theorieentwicklung stützt. So führten BATESONs Ausführungen zu den logischen Ebenen des Lernens zur Beschreibung der logischen Ebenen nach DILTS. Damit scheint klar, daß NLP sehr wohl auf andere Schulen und Erkenntnisse zurückgreift, jedoch eine Modifikation oder Erweiterung der Theorien für den eigenen Gebrauch vornimmt. Somit ist auch an dieser Stelle anzuführen, daß die Kritik, daß NLP Ansätze anderer Strömungen verwendet, als richtig zu betrachten ist. Gleichzeitig muß allerdings wiederholend bemerkt werden, daß diese Entwicklung noch nicht für eine unsachgemäße wissenschaftliche Vorgehensweise spricht, sondern dies vielmehr der im Kapitel der Fragestellung formulierten Forderung entspricht, daß Theorien erweiter- und veränderbar sein müssen, um als wissenschaftlich zu gelten.

IV. Therapietheorie

Nach HAGEHÜLSMANN (1984) soll es durch Beschreibung und Erfassung eines Therapiemodells möglich sein, unter Verwendung des Menschenbildes Aussagen zu ermöglichen, die Aufschluß über spezifische Bedingungen, Prozesse und diagnostische Konzepte der Schule geben. In diesem Kapitel soll versucht werden, diesen Ansprüchen gerecht zu werden und zwar unter Berücksichtigung der Fragestellung der vorliegenden Arbeit. Nach dieser gewählten Vorgangsweise ergibt sich, bezugnehmend auf den Strukturierungsvorschlag von HAGEHÜLSMANN (1984), in diesem Kapitel folgende spezifische Bearbeitungschronologie:

- Ziele, Inhalte therapeutischer Behandlung
- diagnostische Konzepte und Krankheitslehre
- allgemeine Anwendungsmöglichkeiten.

Aus den dargelegten therapietheoretischen Prinzipien des NLP läßt sich folglich der Versuch unternehmen, der Frage nachzugehen, was NLP unter Therapie versteht, bzw. wie sich Therapie nach den Vorstellungen des NLP definieren läßt.

1. Ziele und Inhalte der Therapie

Aus den in Kapitel II dieses Abschnittes gezogenen Schlüssen läßt sich ableiten, daß nach NLP zwei therapeutische Ziele erstrebenswert sind:

a) problemzentriertes Arbeiten und Problemlösung,
b) persönlichkeitszentrierte Fokussierung und Veränderung persönlichkeitspathologischer Muster.

Als übergeordnetes Ziel ergibt sich aus den Ausführungen unter Bezugnahme auf DILTS und KUTSCHERA das Erreichen einer Homöostase auf den Ebenen Spiritualität, Identität, Glauben/Werte, Fähigkeiten, Verhalten, Umwelt in den beiden Lebensbereichen privat/beruflich.

Weiterhin leitet sich aus der zielfokussierten Methode des NLP ab, daß ein therapeutisches Ziel sich nach dem Ziel des Patienten richtet. In Anlehnung an VAIHINGERs Philosophie des »als ob« betont NLP die Wichtigkeit der Subjektivität unter Verwerfung der Objektivität. Aus Ausführungen von BACHMANN (1991), in denen der Autor darauf hinweist, daß NLP nicht als problem- sondern als zielanalytische Methode zu betrachten ist, läßt sich die Absicht ableiten, durch die Therapie auf Möglichkeiten der Zielerreichung und -modifikation zu gelangen. Durch die Behandlung soll der Klient konkrete Ziele in bezug auf sein Problem/Persönlichkeitsbild erhalten, im weiteren ist ein therapeutischer Erfolg dann vorhanden, wenn der Klient durch Überprüfung von zur Verfügung stehender Ressourcen Klarheit darüber gewinnt, mittels welcher Strategien er seinen Soll-Zustand erreichen kann[74]. Somit ergibt sich als wichtigstes therapeutisches Subziel die Konkretisierung persönlicher Ziele in kurz-, mittel- und langfristiger Perspektive.

Es ist in diesem Kontext darauf hinzuweisen, daß in der therapeutischen Ideologie zwischen problemorientiert und problemauflösend zu unterscheiden ist: Im NLP wird vorerst auf Probleme eingegangen – dieser Schritt kommt einer Problemorientierung gleich –, daraus ergibt sich zum Zwecke der Problemauflösung die Ableitung von Zielen für die Therapie[75]. Aus Problemzuständen folgt demnach die Zielformulierung für die Behandlung, diesbezügliche Formulierungen werden nach BACHMANN (1991) nicht als negative Ableitung aus der Problemschilderung (z.B. »Ich will keine Angst mehr haben.«) erstellt, sondern sie beinhalten einen positiven Ausdruck und werden gegenwartsbezogen verbalisiert (»Ich lebe in Zufriedenheit und trete schwierigen Situationen mit Gelassenheit entgegen.«).

Auch soll durch NLP-Intervention nach O'CONNOR und SEYMOUR (1992) dem Patienten die Möglichkeit gegeben sein, Hindernisse, welche das Erreichen eines Ziels hemmen, zu identifizieren und abzubauen. Nach DILTS et al. (1991) besteht für NLP die Aufgabe, neben der problemaktuellen Behandlung und der persönlichkeitsbildenden wie -verändernden Funktion, in der Förderung gesunden Verhaltens und Handelns – also in präventiven Maßnahmen. Aus BANDLERs (1990) Diskussion kann im selben Sinne vom Auftrag der Bewußtwerdung und Erhaltung bestehender Ressourcen gesprochen werden: Therapieziele sind also in diesem Sinne nicht nur auf Defekte und Defizite abgestimmt, sondern auch auf Unterstützung und Förderung gesunder kognitiver und konativer Elemente des Individuums.

Gegenstand des NLP kann demnach die Behandlung, Krisenintervention, Prävention sowie Verhaltensmodifikation und NLP-spezifische Diagnostik sein. Die speziellen Ziele und Inhalte der Therapie sind als kooperatives Arbeitsergebnis von Therapeut und Klient zu betrachten.

Als übergeordnetes Ziel von NLP beschreibt BACHMANN (1991) das Erlangen von kongruentem Verhalten. Der Begriff Kongruenz stellt eine Anlehnung an die Kommunikationstheorie nach WATZLAWICKs (1969) Axiom der analogen und digitalen Kommunikation dar. Nach BANDLER und GRINDER (1991a) beruhen Inkongruenzen auf differenten Speicherungsformen in den jeweiligen Repräsentationssystemen und damit dem Aufeinandertreffen zweier unterschiedlicher Weltmodelle.

Äußerlich sichtbar ist Kongruenz in einer Übereinstimmung von verbalen Äußerungen und nonverbalem Verhalten. Wenn z.B. eine Person davon spricht, extrem wütend zu sein und dabei völlig entspannt in einem Sessel sitzt, wird von Inkongruenz gesprochen. Es ist in diesem Sinne, trotz einer etwas anderen Bedeutung als bei ROGERS (1983), eine Affinität zu der gesprächspsychotherapeutischen Theorie gegeben: HOWE und MINSEL (1984) bezeichnen die Kongruenz zwischen Selbstkonzept, Körper und Sinneserfahrung als Voraussetzung für psychische Gesundheit. Auch nach Auffassung des NLP zeichnet sich Gesundheit durch kongruentes Verhalten aus.

2. Diagnostische Konzepte und Krankheitslehre

In der Theorie des NLP werden Faktoren zur diagnostischen Erfassung benutzt, die einen engen Bezug zum Welt- und Menschenbild besitzen. Es läßt sich aus den zur Störungstheorie diskutierten Aspekten ein allgemeines diagnostisches Konzept ableiten. Als erstes fällt bei einer Analyse der Literatur auf, daß auf klassische psychopathologische Begriffe verzichtet wird. BANDLER und GRINDER wie andere Autoren meiden auch die Verwendung des Terminus Neurose – vielmehr wird von Störungen und bereichsspezifischen Defiziten gesprochen. Ein Grund für diese Abkehr von herkömmlichen Begriffen der Klinischen Psychologie ist vor allem im gesundheitszentrierten Ansatz zu sehen: Nach der bisherigen Erläuterung ist die für NLP klinisch relevante Frage: »Wie wird eine Person gesund?« Es wird also darauf verzichtet, sich damit auseinanderzusetzen, wie es gelingt, daß jemand nicht mehr krank ist. Ähnliche kritische Beiträge, wie sie von NLP in bezug auf krankheitsformulierte Klassifikationen vorliegen, waren in der Humanistischen Psychologie bereits mit Forderungen von ROGERS gegeben. Auch SATIR gab in den sechziger Jahren in diese Richtung methodische Anstöße, indem sie »normale« Familien daraufhin untersuchte, welche Kriterien für ein gesundes familiäres System ausschlaggebend sind und wie ein gesundes Familienleben funktionieren kann. Diesen Strömungen konform legt NLP einen Schwerpunkt auf gesundheitszentrierte Sichtweise und wendet sich von Klassifikationsschemen ab, in denen herkömmliche Begriffe zur Bezeichnung psychischer Störungen Verwendung finden.

Die diagnostische Arbeit richtet sich bei NLP in erster Linie auf eine Bearbeitung eines Soll-Wertes, der dem momentanen Zustand gegenübergestellt wird. Diagnostische Arbeit besteht also u.a. aus einem Vergleich des gegenwärtigen zum erwünschten Zustand.

In Anlehnung an das besprochene homöostatische Konzept der Gesundheit läßt sich für diagnostische Grundlagen folgern, daß die Suche nach Differenzen vom momentanen zum erstrebenswerten Status impliziert, daß Lebensbereiche nach dem Schema der geschilderten logischen Ebenen auf eventuelle ungleiche Verteilung untersucht werden[76]. In elementarer Hinsicht werden diejenigen Kriterien überprüft, welche in der System-Matrix angeführt sind[77]. Aus der Verknüpfung der Persönlichkeits- und Störungstheorie von DILTS und KUTSCHERA ergeben sich damit zusammenfassend folgende Fragen, die Inhalt eines diagnostischen Konzeptes sind:

- Wie sind die Faktoren Quelle/Submodalitäten – Werte/Beliefs – Innerer Zustand – Strategien – Verhalten in den Lebensbereichen Individuum – gleiche Ebene – Hierarchie – Mann/Frau – Umwelt privat und beruflich präsentiert?
- Welche Wahrnehmungsposition herrscht jeweils vor?
- Wird Vergangenheit, Gegenwart, Zukunft assoziiert oder dissoziiert erlebt, mit welchen Konsequenzen ist dies verbunden?

3. Anwendungsgebiete

NLP als Methode fand in der letzten Zeit eine Reihe neuer Anwendungsgebiete. Dabei bedarf es einer Kategorisierung von NLP

- erstens als Mittel, um kommunikationstheoretische Hilfestellung für Wirtschaft, Verkauf, Alltag zu leisten und
- zweitens als psychotherapeutisches Modell.

Praktische Umsetzungsvorschläge für verschiedene Bereiche der ersten Kategorie finden sich bei DILTS (1983) und bei Autoren, die NLP für fachspezifische Themen in diese Richtung gebrauchen[78].

Bei einer Analyse der zweitgenannten Gruppierung läßt sich, gemäß der oben formulierten Zielsetzung und der Störungstheorie, ein breitgefächertes Anwendungsspektrum definieren. Im groben kann eine Einteilung in Beratungseinrichtungen und in den klinischen Sektor erfolgen.

In der folgenden Ausführung über Anwendungsmöglichkeiten sei über Indikation/Kontraindikation, klinische und nicht-klinische Anwendungsformen berichtet.

3.1. Indikation und Kontraindikation

Der Indikationsbereich des NLP als Psychotherapieform ist weit gestreut. Gleichzeitig ist zu beachten, daß eine Behandlung eines bestimmten Krankheitsbildes nur dann gerechtfertigt ist, wenn der NLP-Therapeut ausreichend über die jeweiligen pathologischen Hintergründe, die Symptome und mögliche psychodynamische Vorgänge, welche mit einer bestimmten Technik ausgelöst werden können, Bescheid weiß. Daraus kann geschlossen werden, daß eine Indikation dann gerechtfertigt ist, wenn der NLP-Therapeut theoretisches Wissen über ein bestimmtes Krankheitsbild besitzt und ausreichende Kenntnis über die von ihm angewandten Techniken hat, in welchem Fall sie eingesetzt werden können und bei welchen Krankheitsgruppen bestimmte Techniken einen Rückschlag in bezug auf Therapiefortschritt bewirken können oder symptomverstärkendes Risiko beinhalten[79].

Ein wesentlicher Grund für die Vielzahl der Krankheitsgruppen, die mit NLP behandelt werden können, ist die große Variationsbreite des konkreten therapeutischen Vorgehens. Dies wird durch die Vielzahl der Einsatzmöglichkeiten diverser Techniken gewährleistet.

Eine eindeutige Beschreibung dessen, bei welchen Krankheitsbildern NLP als Kontraindikation zu betrachten ist und für welche pathologischen Formen eine Therapie mit NLP als besonders geeignet anzusehen ist, wird bei einer Analyse der Literatur nicht deutlich. Vor allem wurde es bisher unterlassen, eine Diskussion darüber anzuregen, welche Krankheitsbilder mit NLP *nicht* heilbar sind bzw. bei welchen spezifischen Neurosenformen durch Behandlung mit der NLP-Methode ein ontogenetisch wirksames Muster zur Erhaltung der neurotischen Konstellation unterstützt wird. Als Beispiel läßt sich ein Klient mit hysterischen Charakterstrukturen nach RIEMANNs (1987) Einteilung fiktiv vorstellen: Besitzt dieser Mensch, wie bei RIEMANN beschrieben, Angst vor Konstanz und Gleichmäßigkeit, so ist darauf zu achten, dieser Angst entgegenzuwirken. Da allerdings die Hysteriker hohe Therapie- und Aktionsbereitschaft »vortäuschen« können, hat der Therapeut darauf zu achten, daß er nicht selbst Opfer dieses Symptomträgers wird, indem dieses gespielte Kooperationsverhalten als Indikator für Therapieerfolg betrachtet wird. In Wirklichkeit wäre es ganz im Gegenteil Mißerfolg, da eben diese neurotischen Muster positiv verstärkt würden.

Bei der Durchsicht von NLP-Büchern, läßt sich allerdings an manchen Stellen ein eindeutiges Indikationsfeld herauslesen, wenn die Autoren entweder spezielle Techniken für bestimmte Neurosen beschreiben oder auf Fälle zu sprechen kommen. Dies trifft z.B. auf phobische Krankheitsbilder zu. In einigen Büchern läßt sich eine detaillierte Beschreibung darüber finden, wie eine erfolgreiche Behandlung von Phobien mit NLP abgehalten werden kann.[80] Einen weiteren Schwerpunkt stellt die Bearbeitung psychosomatischer Beschwerden dar. Im Hinblick auf psychosomatische Indikationsfaktoren kommt dem NLP die Verbindung von verbalen mit nonverbalen Verfahren zugute und dies scheint unter Berücksichtigung der historischen Wurzeln zu PERLS und ERICKSON logisch.[81]

Es finden sich allerdings auch Hinweise auf Behandlungsmöglichkeiten neurotischer Zustandsbilder wie die Depression. Die Möglichkeiten NLP-spezifischer Therapien bei Psychosen werden von BANDLER und GRINDER (1991b) in kasuistischer Form behandelt. In psychiatrischen Kliniken angestelltes Personal, welches mit NLP arbeitet, weist auf die Anwendbarkeit von NLP bei Psychosen hin[82].

Abschließend ist allerdings festzuhalten, daß der breitflächige Rahmen der Anwendungsmöglichkeiten des NLP zu dem Eindruck führen könnte, durch NLP seien alle neurotischen und psychotischen Krankheitsbilder einschließlich Borderline behandelbar. Dies dürfte allerdings mit hoher Wahrscheinlichkeit nicht zutreffen.

In Anlehnung an RIEMANNs (1987) Einteilung in vier Neurosenformen, werden im folgenden Charaktere der jeweiligen Struktur nach RIEMANN stichwortartig festgehalten, um danach zu diskutieren, in welchen Formen eine Indikation/Kontraindikation für NLP-Therapie zu vermuten ist, bzw. bei welchen Symptomen der einzelnen Neurosenformen therapeutischer Erfolg zu erwarten ist.

Schizoide Persönlichkeiten:

- Angst vor Hingabe;
- Streben nach Unabhängigkeit;
- scheues Verhalten in Begegnungen mit anderen Menschen;
- Tendenz zur Versachlichung menschlicher Beziehungen;
- Unsicherheit darüber, ob das, was der Schizoide fühlt, wahrnimmt, denkt, sich vorstellt, nur in ihm selbst existiert – Folgen: chronisches Mißtrauen, krankhafte Eigenbezüglichkeit, wahnhafte Einbildungen und Wahrnehmungstäuschungen;
- bei überdurchschnittlicher Intelligenzentwicklung emotionale Zurückgezogenheit;
- breite Kontaktunsicherheit;
- Affekte als vom Gesamterleben isolierte Abreaktion, nicht »eingeschmolzen« in ein ganzheitliches emotionales Erleben.

Durch den erlebnisorientierten Ansatz des NLP besteht vor allem die Möglichkeit, die Kluft zwischen Ratio und Emotion zu behandeln und eine Balance zwischen Vernunft und Gefühlen zu erhalten. Weiterhin läßt sich erwarten, daß methodenübergreifend durch gruppentherapeutisches Setting eine Verringerung des Nähe-

Distanz-Problems zu Mitmenschen erzielt wird. Speziell für NLP spricht in diesem Krankheitskontext, daß es über verschiedene Techniken verfügt, die sich auf eine Verbesserung der Beziehungsfähigkeit konzentrieren[83].

Depressive Persönlichkeiten:
- Angst, ein eigenständiges Ich zu werden;
- Überbewertung des Du;
- Verlustangst;
- Tendenz, Abhängigkeiten herzustellen;
- Angst vor Individuation;
- Herdentrieb;
- Ich-Schwäche im Sinne von Unsicherheiten;
- Vermeidung von Konfliktaustragung mit anderen Personen;
- passive Erwartungshaltungen;
- unklare, unbestimmte Wünsche;
- Suchtgefahr;
- Konflikt, etwas haben zu wollen und nicht erreichen zu können;
- Tendenz zu seelischem, moralischem oder sexuellem Masochismus;
- Somatisierung autoaggressiver Anlagen;
- Antriebslosigkeit.

In Anbetracht der starken Betonung der Ich-Stärke, die durch NLP-Therapie zu erreichen versucht wird, ist mit einem Behandlungserfolg bei Personen zu rechnen, die unter dem Gefühl einer Ich-Schwäche leiden. Auch liegt dadurch ein Indikationsfeld bei depressivem Personenkreis vor, da das NLP Wert darauf legt, daß Klienten ein Bewußtsein dafür aufbauen, welche eigenen Bedürfnisse, Wünsche und Werte vorhanden sind, bzw. wie sie konkretisiert und realisiert werden können.

Zwanghafte Persönlichkeiten:

- Streben nach Dauer und Sicherheit;
- Angst vor Vergänglichkeit;
- Veränderungen können Bedrohung darstellen;
- Neigung, Entwicklungen zu bremsen, hemmen oder zu verändern;
- überbetontes Sicherheitsbedürfnis;
- Intoleranz, wenn jemand eigenen Prinzipien widerspricht;
- immerwährende Selbst- oder Fremdkontrolle;
- hohes Absicherungsbedürfnis;
- Ideologisierung von Selbstbeherrschung und -zucht;
- Neigung zum Nach-denken;
- gefühlsmäßiges Haften an der Vergangenheit;
- hypochondrische Züge und Gesundheitsfanatismus;
- Objektivität und rationale Haltung stehen im Vordergrund;
- Zurückhaltung im Gefühl.

Auch gilt für Zwanghafte als vorteilhaft, daß NLP versucht, eine gefühlsbezogene Sensitivität aufzubauen. Durch die Kernannahme, daß hinter jedem Verhalten eine positive Absicht verborgen ist, und in Therapien versucht wird, dies auch den Klienten zu vermitteln[84], besteht die Chance, eventueller krankhafter Intoleranz entgegenzuwirken. Da zwanghafte Personen auch häufig mit dem Verharren in der Vergangenheit konfrontiert sind, und NLP darauf Wert legt, alle drei Zeitdimensionen in eine Balance zu bringen, liegt ein weiteres Argument vor, das für die Behandlungsform NLP bei Zwangsneurotikern spricht[85].

Hysterische Persönlichkeiten:

- Angst vor Endgültigem;
- keine klaren Ziele und festen Pläne;
- Leben von Augenblick zu Augenblick;

- Furcht vor unvermeidlich begrenzenden Seiten des Lebens;
- Kluft zwischen Wunschwelt und Wirklichkeit;
- Drang zur Sofortbefriedigung;
- Wunsch nach Unverbindlichkeit;
- anfällig für agora- und Klaustrophobie;
- »Flucht nach vorn« ohne vernünftiges Durchdenken der Situationen;
- Tendenz zur Ich-Weitung;
- hoher Anteil an Eigenliebe;
- Sensationsbedürfnis.

Ansatzpunkte für eine therapeutische Behandlung von Hysterikern bilden nach dieser Auflistung der Symptome erstens die für das NLP typische Erstellung individueller kurz-, mittel- und langfristiger Ziele, zweitens eine häufig durchgeführte Überprüfung von eventuellen Diskrepanzen zwischen Phantasien und Wirklichkeit und drittens auch hier die Bearbeitungsform der zeitlichen Dimensionen. Wegen des Musters der Bedürfnisse nach Ich-Weitung und des hohen Anteils an Eigenliebe könnte allerdings in bestimmten Fällen eine Kontraindikation für NLP vorhanden sein, da sich NLP zu einem Großteil mit Ich-Stärkung auseinandersetzt und damit u.U. bestehende hysterische Schablonen unterstützt werden.

Abschließend sei zum Thema Indikation/Kontraindikation erwähnt, daß diese Fragen in eigenständigen Untersuchungen noch ausführlich zu behandeln sind, um so ein abgesichertes Bild von therapieresistenten und -geeigneten Krankheitsgruppen zu erhalten. Insbesondere scheint es mir für künftige NLP-Arbeiten wichtig, die Behandlungstätigkeit von Borderline- und Psychose-Patienten zu hinterfragen.

3.2. Klinische Anwendungsbereiche

3.2.1. Therapie von Erwachsenen

NLP bezieht sich im Forschungsbereich in erster Linie auf die therapeutische Behandlung von Erwachsenen, wobei BANDLER und GRINDER (1991b) vorschlagen, die Länge der Therapie auf das spezifische Krankheitsbild abzustimmen. Die grundlegende Dauer der Therapie wird jedoch auch in Abhängigkeit vom Erreichen des Therapiezieles gehalten[86]. In diesem Zusammenhang ist darauf hinzuweisen, daß entwicklungsgeschichtlich ein Wandel des NLP in den letzten Jahren geschah, da laut WEERTH (1992) in den Anfängen vor allem auf die Beschreibung von Interventionsformen in einem kurzzeittherapeutischen Verfahren Wert gelegt wurde. Es findet sich bisher in der Literatur kein eindeutiger Hinweis, bei welchen Krankheitsbildern konkret eine kurz-, mittel- oder langfristige Therapie zu indizieren ist. Es ergibt sich aus der Zielformulierung ein allgemeiner Hinweis darauf, daß bei Persönlichkeitsstörungen, Psychosen und Borderline-Strukturen eine Langzeittherapie anzustreben ist. Im Gegensatz dazu finden sich in der Literatur zahlreiche Hinweise, daß sich NLP von Kurzzeittherapien Erfolg in der Behandlung von leichten neurotischen und phobischen Störungen, krisenakuten Situationen, Entscheidungskonflikten und eindeutig diagnostizierten psychosomatischen Beschwerden verspricht.

In verschiedenen Bundesländern der BRD laufen nach KUTSCHERA (pers. Mitteilung) derzeit verschiedene Projekte zur therapeutischen Effizienzüberprüfung des NLP, wie z.B. in der Betreuung chronisch Alkoholkranker und der therapeutischen Behandlung von HIV-Infizierten. Publikationen über Ergebnisse der Projekte stehen derzeit allerdings noch aus.

3.2.2. Therapie von Kindern und Jugendlichen

Die grundlegende Ausrichtung der NLP-Therapie war auf Erwachsene konzipiert. Das theoretische Modell läßt sich allerdings in manchen Punkten auf die Therapie von Kindern transferieren. Ziele von kind-therapeutischen Interventionen ergeben sich aus den jeweiligen Problem- und Zustandsbildern. Durch einige spezifische Interventionstechniken und durch grundlegende, in die Theorie des NLP integrierte pädagogische Leitlinien, scheint eine Anwendung des NLP bei Kindern und Jugendlichen grundsätzlich möglich. Auch sind einige diesbezügliche Projekte bekannt, z.B. von KUTSCHERA. Sie setzt NLP als Therapie bei Grundschülern ein. Möglichkeiten der therapeutischen Verwendung bei Lernstörungen, Entwicklungsstörungen finden sich u.a. bei NAGEL und SIUDZINSKI sowie bei REESE und REESE (1989) und JACOBSEN (1983), wobei bei diesen Publikationen der nahtlose Übergang von der Therapie zu pädagogischen Maßnahmen ersichtlich ist.

3.2.3. Systemischer Ansatz und Familientherapie

Da es sich beim NLP um eine Therapieform handelt, die sich in der Modellentwicklung u.a. an SATIR orientierte, ist eine familientherapeutische Behandlungsform naheliegend. Diese Nähe zu familientherapeutischen Interventionsarten ist insofern logisch, wenn der systemtheoretische Rahmen des NLP betrachtet wird. In der Praxis des NLP wird eine Veränderung einer Person stets in einem systemischen Ansatz betrachtet. Indem BANDLER, GRINDER und SATIR (1983) an mehreren Stellen hinterfragen, wie sich eine individuelle Entwicklung in den Lebenssystemen auswirkt, wie Angehörige der jeweiligen Systeme auf persönliche Modifikationen reagieren, und welche umweltbezogenen Veränderungen durch individuelle zu erwarten sind, bzw. welchen Beitrag NLP zur Klärung dieser Punkte leisten kann, wird der Anspruch deutlich, daß NLP als Therapie stets auch als systemischer Ansatz zu begreifen ist.

Konkret lassen sich u.a. in dieser Hinsicht nach KUTSCHERA (1994) für NLP folgende Fragen diskutieren:

- Welche Funktion hat eine personale Störung im System Familie?
- Was ist der Gewinn des Individuums, der durch die Störung erzielt wird?
- Was sind die Risikofaktoren der personalen Entwicklung, die zu einer Störung des intakten Systems führen können?

3.3. Nicht-klinische Anwendungsgebiete

NLP ist im präventiven Aufgabenbereich ebenso zu finden wie im pädagogischen, sozialen und alltagspsychologischen Problemfeld. Es seien im folgenden die Prävention und Pädagogik kurz hervorgehoben.

3.3.1. Prävention

Unzählige Selbsterfahrungsgruppen des NLP im deutschsprachigen wie angloamerikanischen Raum sprechen für die präventive Anwendungsform des NLP. Für KUTSCHERA (pers. Mitteilung) richten sich präventive Arbeiten auf die Verbesserung der Lebensqualität, das Erweitern des individuellen Handlungsraumes sowie die Bewußtmachung der eigenen Ressourcenfelder. Als Begründung für präventive Maßnahmen des NLP wird angeführt, daß Krankheiten dann verhindert werden können, wenn sich das Individuum der eigenen inneren Kräfte bewußt wird und diese zielgerichtet im Alltag einzusetzen vermag. So verspricht sich KUTSCHERA eine Verhinderung von Störungen, wenn durch Prävention die innere Homöostase der fünf Ebenen im privaten wie beruflichen Kontext stabilisiert wird und die Lebensqualität als Folge davon erhöht wird[87].

3.3.2. Pädagogik

Wie bereits oben aufgeführt, ist in der Konzipierung des NLP ursprünglich auf eine Differenzierung zwischen pädagogischen und psychotherapeutischen Praktizierungsmöglichkeiten kein Wert gelegt worden. Dies führt zwangsläufig zur Diskussion, ob es sich bei NLP um ein pädagogisches oder ein psychotherapeutisches Modell oder beides handelt. An dieser Stelle wird als Argument für die therapeutische Nutzbarkeit des NLP als eigenständige Methode lediglich auf BACHMANN (1991) verwiesen, der anführt, daß NLP psychotherapeutische Schulen als Entwicklungsfeld benutzte und von dieser Richtung ausgehend die Modellkonstruktion stark beeinflußt ist[88].

Die Praxis der pädagogischen Umsetzbarkeit von NLP in Erziehung und Schule wurde u.a. von CLEVELAND (1992), GRINDER (1991), LLOYD (1991) beschrieben. Die Autoren versuchen, die NLP-Theorie für pädagogische Ratschläge zu verwenden und gehen in erster Linie auf lerntechnische Möglichkeiten, Lernstörungstheorien und allgemeine didaktische Hinweise ein.

4. Definition des Terminus Therapie im NLP

Unter Bezugnahme auf die Ausführungen zu den Zielen und Inhalten der Therapie läßt sich vorerst allgemein formulieren, daß eine NLP-Therapie zu einer inneren Zufriedenheit des Klienten führen soll. Das Erlangen dieses Zustandes ist seinerseits von Kriterien abhängig, die in einem unmittelbaren Zusammenhang mit der Person stehen, also die direkte Lebensumwelt betreffen. Wie bereits ausgeführt, kann nach den systemischen Ansätzen des NLP eine psychische Ausgeglichenheit nur dann erreicht werden, wenn sich erstens ein seelischer Zustand einstellt, der durch persönlich kongruentes Handeln und Erleben herbeigeführt wird, und zweitens, wenn Handlung und Erleben keine Konfliktbereitschaft mit der Umwelt soweit provozieren, daß damit individuelle Bedürfnisse durch die eigene Haltung unerreichbar werden, oder soziale zu persönlichen Werten differieren.

Darüber hinaus müssen bei einer Betrachtung der Frage, was NLP unter Therapie versteht, die grundlegenden Gedanken zur

Vorstellung des Menschenbildes berücksichtigt werden, da diese unmittelbaren Einfluß auf die Therapie haben. Es wird der Mensch als ein Wesen aufgefaßt, welches sich unter Einflußnahme bestimmter Ereignisse im Laufe des Lebens eine eigene kognitive Landkarte »erbaut«, nach deren Schema Regeln für das Bewältigen des Alltags entwickelt werden. Je nach bestehenden kognitiven Modellen werden Steuerungsmechanismen des Handelns eingesetzt, und Handlungen selbst sind ein Resultat des kognitiven Systems, der Motivation, des Umwelteinflusses und der Zukunftsorientierung im Sinne von Zielsetzungen für das Leben.

Störungen des inneren bzw. psychischen Gleichgewichtes treten dann auf, wenn der IST-Wert vom SOLL-Wert abweicht und zudem das Erlangen des SOLL-Wertes gefährdet scheint, oder eine Deckung beider Werte zwar besteht, aber durch bestimmte Ereignisse eine Entfernung vom derzeitigen Zustand zu befürchten ist.

Daraus ergibt sich, daß die NLP-Therapie als eine Behandlungsform zu beschreiben ist, die eine Annäherung an den Soll-Wert versucht und die Stabilisierung dieses Wertes anstrebt, so daß eine Person durch die Therapie die Kompetenz erlangt, eigenständig einen wünschenswerten Zustand zu erreichen und zu erhalten. Mit anderen Worten läßt sich die NLP-Therapie als ein Prozeß umschreiben, in welchem eine exakte Analyse des IST-Zustandes und des SOLL-Zustandes stattfindet und durch methodenspezifische therapeutische Techniken schließlich das Erreichen des Zieles ermöglicht werden soll. Nach diesem Muster ist eine Therapie von zwei Elementen gekennzeichnet, zum einen ist es die diagnostische Arbeit in bezug auf gegenwärtigen und wünschenswerten Zustand, zum anderen soll das Therapie-Element Intervention dazu beitragen, daß es zu einer Annäherung an den SOLL-Wert kommt. Der Bereich, der die beiden Zustandsformen umfaßt, ist umfassend. So können kleinere Probleme (IST) und Problemlösungsstrategien (SOLL) bis hin zu schweren neurotischen Störungen (IST) und der psychischen Gesundung (SOLL) Behandlungsobjekte einer Therapie sein.

5. Kontext zur Fragestellung

Bei der Frage, ob therapietheoretische Aspekte des NLP eine Verbindung zu allgemeinen wie spezifischen Ausführungen der Therapietheorie besitzen, ist primär folgendes zu diskutieren: Decken sich Ziele und Inhalte als auch die NLP-bezogene Definition der Therapie mit allgemeinen Forderungen und lassen sich diagnostische Konzepte durch andere Theorien untermauern oder liegen keinerlei Verknüpfungen mit wissenschaftlich begründeten Aussagen der Psychologie vor?

Zunächst sei das Problem einer allgemeingültigen Definition von Psychotherapie diskutiert und mit Abhandlungen über Ziele der Therapie verknüpft. STROTZKA (1978) geht auf das Dilemma einer Definition von Psychotherapie ein. Er weist darauf hin, daß es unmöglich sei, in der Literatur eine einheitliche Definition zu finden. Der Autor geht schließlich dazu über, eigenständig eine Definition zu formulieren (S. 4): »Psychotherapie ist ein bewußter und geplanter interaktioneller Prozeß zur Beeinflussung von Verhaltensstörungen und Leidenszuständen, die in einem Konsensus (möglichst zwischen Patient, Therapeut und Bezugsgruppe) für behandlungsbedürftig gehalten werden, mit psychologischen Mitteln (durch Kommunikation) meist verbal aber auch averbal, in Richtung auf ein definiertes, nach Möglichkeit erarbeitetes Ziel (Symptomminimalisierung und/oder Strukturänderung der Persönlichkeit) mittels lehrbarer Techniken auf der Basis einer Theorie des normalen und pathologischen Verhaltens.«

Zur Gegenüberstellung sei eine Definition von GARFIELD (1982) beschrieben: Bei einer Psychotherapie findet eine Interaktion mit mindestens zwei Personen statt, einem Hilfesuchenden und einem Lösungshelfenden, der diese Kompetenz durch professionelle Ausbildung und Persönlichkeit erwarb. Die Interaktionsform ist primär eine verbale, dazu kommt averbale Kommunikation[89]. Die Behandlung eröffnet dem Patienten die Chance, über Teile seines Ichs etwas zu erfahren, die in dieser Form bisher nicht erkannt wurden, wodurch ihm Zusammenhänge zu Störungsursachen klar werden. Die Rolle des Therapeuten sei dabei die eines Führers und Anbieters von Hilfestellungen, die des Patienten ist von der Bereitschaft gekennzeichnet, sich auf den Prozeß und das Beziehungsgeschehen zwischen ihm und Therapeut einzulassen.

Als dritter Definitionsansatz drängt sich die Wiedergabe des Textes des österreichischen Psychotherapiegesetzes vom 7.6.1990 auf, in welchem es im §1, Abs. 1 lautet: »Die Ausübung der Psychotherapie im Sinne dieses Bundesgesetzes ist die nach einer allgemeinen und besonderen Ausbildung erlernte, umfassende, bewußte und geplante Behandlung von psychosozial oder auch psychosomatisch bedingten Verhaltensstörungen und Leidenszuständen mit wissenschaftlich-psychotherapeutischen Methoden in einer Interaktion zwischen einem oder mehreren Behandelten und einem oder mehreren Psychotherapeuten mit dem Ziel, bestehende Symptome zu mildern oder zu beseitigen, gestörte Verhaltensweisen und Einstellungen zu ändern und die Reifung, Entwicklung und Gesundheit des Behandelten zu fördern.«

Durch die Vielzahl der psychotherapeutischen Definitionen und deren überaus abstrakt gehaltenen Formulierungen ist es notwendig, allgemeine Kriterien zu finden, die eine Psychotherapie von einem reinen Gespräch oder einer Beratung unterscheiden. Dazu sind nach den o.g. Definitionen zu zählen:

- Professionelles Behandeln von psychischen, psychosozialen, psychosomatischen, somatopsychischen Störungen auf Grundlage von schulspezifischen Theorien;
- Interaktion zwischen Fachkräften und Patienten und u.U. Personen aus dem Umfeld des Patienten;

- Prozeß im Sinne einer Zielannäherung;
- Bewußtsein über Planungsschritte beim Therapeuten.

Ähnlich verhält es sich in der Diskussion um Ziele, die naturgemäß mit der Diskrepanz der theoretischen Ansätze verschiedener Strömungen variieren. Grundsätzlich ist das Ziel die Aufhebung von Störungen psychischer Art, pathologischer Verhaltensweisen, von subjektiv oder objektiv als störungsbegünstigt empfundenen Einstellungen und physischen Symptomen, von denen ein Zusammenhang zu psychischen Faktoren angenommen wird oder einfach das Wiedererlangen von Gesundheit bzw. deren Stabilisierung. Der Weg zu diesem Ziel und folglich der Inhalt der Behandlung ist abhängig von der Richtung des Therapieverfahrens. Für RIEMANN (1987) ist Leitziel der tiefenpsychologischen Therapie, Genese und Struktur von Konflikten und Symptomen zu erkennen, also deren unbewußte Determinanten zu bearbeiten und blockierte Selbstentfaltung durch Reife in der Verarbeitungskompetenz zu ersetzen.

REINECKER (1991) betont, daß Ziele der Verhaltenstherapie individuell festgelegt werden, und verschiedene Ebenen, die im Zusammenhang mit der Person stehen, zu berücksichtigen sind und Ziele zumindest teilweise eine normative Begründung enthalten sollen. Diese Ziele sind konkret in Beobachtungsbegriffen zu formulieren. Inhaltlich wird das Vorgehen auf die Problem- und Situationslage des Patienten abgestimmt.

REICHERTS (1991) weist darauf hin, daß in der Gesprächspsychotherapie drei Zieldimensionen zu unterscheiden sind. Das Oberziel der Therapie sei ein überindividuelles und problemunabhängiges, dazu zählen u.a.: Selbstaktualisierung und in der Folge Reorganisation des Selbst. Nahziele stehen in einem unmittelbaren Zusammenhang mit den Oberzielen und sind im therapeutischen Prozeß zu verwirklichen, wie Selbstexploration und Experiencing. Adhoc-Ziele schließlich ergeben sich aus individuellen Problemen, die der Patient aus eigenem Antrieb lösen möchte, wie z.B. die Aufhebung eines depressiven Zustandes. Die Gesprächspsychotherapie besitzt keine konkreten Behandlungselemente wie die Verhaltenstherapie, der Therapeut nimmt eine komplexe Haltung ein, die in einzelne verbal-kommunikative Handlungen umgesetzt wird. Die nondirektive und klientenzentrierte Haltung besitzt die drei Basisvariablen Empathie, emotionale Wärme oder Wertschätzung sowie Kongruenz.

REITER (1978) ist der Auffassung, daß in der allgemeinen Formulierung von Therapiezielen kein restriktiver Standpunkt praktikabel sein kann: Einerseits liegt es im Bereich des Unmöglichen, den Soll-Wert einer Therapie gesellschaftlichen Normen anzupassen, da eine Selbstverwirklichung mit einer Abweichung von sozialen Erwartungen bzw. Regeln verbunden sein kann. Andererseits ist es ebenso irreal, daß ausschließlich der Patient ein Ziel vorgibt, da dieses zumindest bis zu einem gewissen Grad vom theoretischen Background des Therapeuten abhängt und insofern auch mit normativen Werten verbunden ist.

Die bisherigen Ausführungen machen deutlich, daß keine einheitliche Vorstellung darüber existiert, was unter Psychotherapie zu verstehen ist und wie Ziele bzw. Inhalte zu formulieren sind. Von diesem Standpunkt aus betrachtet läßt sich schwer überprüfen, ob therapietheoretische Ansätze des NLP den o.a. Ansprüchen einer Analyse der Verbindungen von NLP zu Theorien der Psychologie standhalten können. Weiterhin besteht allerdings die Möglichkeit der Überprüfung, ob NLP den minimalen Forderungen, wie sie in diesem Kapitel wiedergegeben sind, entspricht. Das Kriterium einer zugrundeliegenden Profession[90] und eines professionellen Behandelns auf der Basis schulspezifischer Theorien scheint NLP zu erfüllen.

Auch ist ein Gesundheits- und Störungskonzept im NLP vorhanden, also sind bestimmte Theorien für den NLP-Therapeuten der

Hintergrund für die Wahl einer bestimmten Behandlungsweise. Wie aus den Ausführungen über Indikation/Kontraindikation hervorgeht, setzt sich NLP mit unterschiedlichen Störungsbildern auseinander. Man verspricht sich davon, daß durch NLP eine erfolgreiche Bearbeitung von psychosozialen und psychosomatischen Krankheiten möglich ist.

Da sich NLP selbst als eine zielorientierte Methode[91] beschreibt, ist es naheliegend, daß ein therapeutischer Prozeß verfolgt wird, durch welchen eine Annäherung zum formulierten Ziel geschehen soll. Dies impliziert eine Art strategisches Bewußtsein darüber, welche Schritte der Therapeut setzt, um einen Soll-Zustand zu erlangen.

In Anlehnung an REITER läßt sich fragen, ob NLP als Therapie sich stark an sozio-normative oder klientenzentrierte Zielformulierungen anlehnt. Es scheint sich um eine Balance zwischen den beiden Ebenen deshalb zu handeln, da einerseits theoriebezogene Vorstellungen darüber, was unter Gesundheit zu verstehen sei, sehr konkret sind, und diesbezüglich eine allgemeine therapeutische Zieldimension vorhanden ist. Auch wird auf Normen eingegangen, die sich aus der sozialen Umwelt des Patienten ergeben. Dies wird daraus ersichtlich, daß NLP auch einen stark systemischen Ansatz verfolgt, der sich mit den Ansichten und Regeln innerhalb des sozialen Feldes der Person auseinandergesetzt[92]. Gleichzeitig ist NLP ein Modell, welches introspektive Aspekte stark in den Vordergrund stellt. Ein Erfolg der Therapie wird dann angenommen, wenn sich der Patient in einem kongruenten und homöostatischen Gleichgewicht befindet.

Zusammenfassend läßt sich betonen, daß die allgemeinen Forderungen bezüglich Ziel, Inhalt und Definition einer Psychotherapie von der Theorie des NLP erfüllt scheinen.

Unabhängig davon ist zu hinterfragen, ob therapietheoretische Ausführungen die Annahmen des NLP integrieren und diese eine Ableitung daraus darstellen. So finden sich in den Beschreibungen der Ziele und Inhalte Auffassungen, die die anthropologischen Vorstellungen und Theorienbausteine des NLP umsetzen.

Da sich die diagnostischen Konzepte stark am Persönlichkeitsmodell und der Psychologie der Gesundheit orientieren, ist auch in diesem Punkt die Fortführung der schulspezifischen Annahmen gegeben. Darüber hinaus ist zu beachten, ob die Abkehr von der Konzentration auf Krankheitsbegriffe eine Tendenz ist, die auch bei anderen Strömungen bemerkbar ist.

Mit der Kritik an den Störungskonzepten der Klinischen Psychologie und der Psychopathologie sowie der spezifischen Verwendung eines störungstheoretischen Ansatzes wird eine Tradition innerhalb der Klinischen Psychologie fortgesetzt, insofern sich sowohl BANDLER und GRINDER als auch andere NLP-Autoren auf eine Diskussion um eine Definition des Begriffes »psychische Störungen« einlassen, den Terminus »Störung« mit der bisher genannten Argumentation in seiner Gebräuchlichkeit in Frage stellen und in der diagnostisch objektiven Erfaßbarkeit kritisieren. Es stellt sich die Frage, ob eine Einordnung oder ein Vergleich zu einem Definitionsansatz der verschiedenen Modellauffassungen über psychische Störung möglich ist. Zu diesem Zwecke werden Ansätze beschrieben, die BASTINE (1990) gegenüberstellt:

Organisches Modell: Es wird aus einer medizinischen Sicht pragmatisch definiert, daß eine Person psychisch krank ist, wenn sie sich in psychiatrischer oder klinisch-psychologischer Behandlung befindet. Auch werden häufig Nominaldefinitionen aus Diagnoseschlüsseln und Glossaren psychiatrischer Krankheiten – wie der der WHO – verwendet. Verallgemeinernd läßt sich festhalten, daß das Modell bei der Definition psychischer Störungen von Krankheitskonzepten ausgeht.

Sozialpsychologische Perspektive: Die soziologische Auffassung konzentriert sich auf das formale Kriterium der Normabweichung und bezieht sich auf einen Vergleich zwischen abweichendem Verhalten und normalen bzw. üblicherweise erwarteten Aktivitäten.

Etikettierungsansatz: Psychische Störungen werden als Ergebnis von sozialen Interaktionen und Zuschreibungsprozessen betrachtet. Seelische Krankheiten basieren auf positiver Verstärkung residualer Abweichungen und negativer Verstärkung der Rückkehr zu nicht-gestörter Rolle.

Anti-Psychiatrie: Dieser Ansatz ist eine Radikalisierung des Etikettierungsansatzes, indem behauptet wird, daß psychiatrische Patienten eine Funktion des Psychiaters und der Institution seien. Daraus wird geschlossen, daß bei Abwesenheit beider keine psychiatrische Erscheinungsweisen vorliegen würden.

Familientherapeutische Konzeption: Störungen einer Person werden im Zusammenhang zur gesamten Familie betrachtet. Es wird angenommen, daß die Funktion der Krankheit die Erhaltung des inneren Gleichgewichts der Familie ist.

Theorie des sozialen Lernens: Für eine Definition abnormen Verhaltens wird der Zusammenhang von Verhalten, sozialem Kontext und dem Beobachter in einer Machtposition diskutiert. So sind Verhaltensdefizite und -exzesse dazu geeignet, von außen als gestört wahrgenommen zu werden. Auch wird in eine derartige Beurteilung der soziale Kontext miteinbezogen, d.h. unter welchen Bedingungen und in welcher Rolle – unter Berücksichtigung des Sozialstatus – ein Verhalten auftritt. Die soziale Bewertung wird schließlich von Personen in Machtpositionen durchgeführt, also Eltern, Lehrern, Familienangehörigen etc., die unerwünschtes Verhalten umso mehr sanktionieren, wenn ihre eigenen Interessen gestört werden.

In neueren Ansätzen innerhalb der sozialen Lerntheorien hat sich eine Erweiterung der Definition psychischer Störungen durchgesetzt: Dysfunktionale Verhaltens- und Erlebensweisen werden gleichrangig durch andere Personen und durch Selbstbewertung der betroffenen Person beurteilt. Dies hat zur Folge, daß eine Gleichwertigkeit von Fremdbeobachtung und subjektivem Erleben und Bewerten besteht.

Stellt man die beschriebenen Ansätze der Störungsauffassung von NLP gegenüber, so fällt auf, daß vor allem eine Verwandtschaft zur familientherapeutischen Konzeption und der Theorie des sozialen Lernens besteht. Die Ähnlichkeit zu familientherapeutischen Ansichten ist durch die enge Querverbindung des NLP zu systemischen Überlegungen gegeben. Eine gewisse Entsprechung zur Theorie des sozialen Lernens scheint deshalb vorhanden zu sein, da in diesem Ansatz vor allem auf Unterschiedlichkeiten zwischen Selbst- und Fremdbeurteilung unter Berücksichtigung des sozialen Kontextes eingegangen wird, und im Vergleich dazu NLP die Wichtigkeit der Subjektivität postuliert: Es kann auch eine Störung vorliegen, wenn diese von Fremdpersonen nicht erkannt wird, allerdings eine negative Selbstbewertung eines gewissen Lebensumstandes und somit introspektiv eine Diskrepanz zum subjektiven Empfinden von Gesundheit besteht.

V. Praxeologie

In diesem Kapitel werden praktische Umsetzungsvariationen des NLP überprüft, die sich aus den bisher vorgelegten theoretischen Grundlagen ergeben und aus der Literatur geschlossen werden können. In Anlehnung an HAGEHÜLSMANN (1984) wird auch in diesem Teil eine Strukturierung vorgenommen, die sich folgendermaßen gliedern läßt:

- therapeutische Beziehung
- Hinweise zum therapeutischen Setting
- spezifische Techniken
- Prozeßmodell des therapeutischen Vorgehens

1. Therapeutische Beziehung

Um Aufschluß über die Vorstellungen zu erlangen, welche Anforderungen an Psychotherapeuten für eine ideale Therapeut-Klienten-Beziehung erforderlich sind, wird vorerst anhand einiger Grundbegriffe des NLP demonstriert, welche therapeutischen Prozeßmerkmale auf einen Therapeuten einwirken, und wie er diese zu bewältigen hat, damit eine Voraussetzung für den effizienten therapeutischen Prozeß vorhanden ist.

1.1. Anspruch an den Therapeuten

Die Anforderungen, welche sich an den NLP-Therapeuten stellen, sind durch die Forschungsanfänge des NLP insofern vorgezeichnet, als BANDLER und GRINDER (1991a) zur Methodenentwicklung eine Verhaltensbeobachtung erfolgreicher Therapeuten durchführten, und SATIR, PERLS, ERICKSON, BATESON auf die Fragestellung hin analysierten, welche verbalen und averbalen Strukturen eine effiziente Wirkung in der Therapie hervorrufen. Das Ergebnis dieser systematischen, mit Ton- und Videoaufzeichnungen durchgeführten Beobachtungen beinhaltet in bezug auf die verbale wie nonverbale Interaktion zwischen Therapeuten und Klienten Elemente, die in der weiteren Methodenentwicklung in das Modell des NLP integriert wurden, so daß folgende Ausführungen einerseits auf einer direkten Übernahme bereits praktizierten Therapeutenverhaltens basieren, andererseits Modifikationen beinhalten, die sich in der Weiterentwicklung der Analyse-Ergebnisse als umsetzbar zeigten.

Aus den theoretischen Bausteinen des NLP ergeben sich also zwangsweise einige Ansprüche, die der NLP-Therapeut als Prinzipien auffassen und während der therapeutischen Arbeit beachten soll. Natürlich kann auch an dieser Stelle kein Anspruch auf Vollständigkeit erhoben werden, vielmehr dienen die folgenden Standpunkte als Diskussionsgrundlage kommender Arbeiten. Ihre Auswahl orientiert sich an »Schlagworten« des NLP, wie sie im einzelnen in der Literatur häufig gebraucht werden und womit die Annahme nahe liegt, daß sie einen essentiellen Teil therapeutischer Qualität ausmachen.

1.1.1. Pacing und Leading

Um sich auf einen Klienten in empathischer Hinsicht einzustellen, verlangen BANDLER und GRINDER (1991b) vorerst die Herstellung eines guten Rapports: Ein Therapeut muß demnach die Fähigkeit besitzen, eine interpersonale Stimmigkeit aufzubauen, um eine Vertrauensbasis zwischen Therapeut und Klient herzustellen. Um zu einem befriedigenden Rapportzustand zu gelangen, soll eine Spiegelung der Verhaltensweise, der Mimik, Gestik und Ausdrucksformen des Klienten durchgeführt werden. Diese Verfahrenstechnik gründet auf der Beobachtung der beiden NLP-Gründer, daß sich zwei Personen, welche miteinander in einer guten Kommunikation stehen, nonverbal und tonal aneinander anpassen. Die Form wird in der NLP-Terminologie als »Pacing« bezeichnet und besitzt eine Ähnlichkeit zu der Technik des Spiegelns im Psychodrama[93].

Zusammenfassend läßt sich die Funktion von Rapport in zwei Aspekten finden:

- als Mittel zur Gewinnung empathischer Fähigkeit und für diagnostische Arbeit, sowie
- als progressives Entwicklungselement für die Therapeut-Klienten-Beziehung.

WEERTH (1992) bezeichnet als Voraussetzung für eine therapeutische Aktivität in dieser Richtung, daß der Therapeut die Fähigkeit besitzt, in die zweite Position zu schlüpfen (s.o.).

Ist das Ziel der Stufe des Pacing erreicht und besitzt der Klient soweit Vertrauen in den Therapeuten, daß auf der Basis einer qualitativ guten Beziehung Widerstände erster Instanz[94] vermieden werden können, geht der Therapeut dazu über, den Klienten zu führen. Im NLP wird dieser Schritt als die Phase des »Leading« bezeichnet. Nach BANDLER und GRINDER ist der Sinn einer Führung darin gegeben, daß ein umgekehrter Prozeß insofern stattfindet, als vom Klienten ein Pacen des Therapeuten erwartet wird – BANDLER schlägt vor, daß bei einem Mißlingen dieses Schrittes eine neuerliche Aufnahme des Pacing durch den Therapeuten stattfindet – und somit ein Rapport weiterhin erhaltenbleibt. Effizienz durch Interventionen ist nach diesem Muster ausschließlich dann vorhanden, wenn die Leading-Phase erreicht ist und somit in der Chronologie von Pacing und Leading Widerstände, welche kontraproduktiv wirken, aufgelöst sind. Dieses Schema lehnt sich an das Hypnose-Leitmodell ERICKSONs[95] an.

1.1.2. Kalibrieren

Eine weitere Hilfestellung für empathische Arbeit besteht in der Methode des Kalibrierens. Unter Kalibrieren wird die Erkenntnis darüber verstanden, in welcher Verfassung sich eine andere Person befindet, bzw. welche inneren Zustandsprozesse laufen – es bezeichnet also per se die Empathie. Während GRINDER, DE LOZIER und BANDLER (1977) darauf hinweisen, daß jede Person über die Fähigkeit des Kalibrierens verfügt und diese auch mehr oder weniger unbewußt einsetzt, ist es nach KUTSCHERA (pers. Mitteilung) zudem für therapeutische Arbeit entscheidend, daß eine hohe Sensibilität darin besteht, eine Person auf Kongruenz von Sprache und Körper hin überprüfen zu können – also zu erfahren, ob Gesprochenes im Widerspruch zum physischen Ausdruck steht. Demnach hat der Therapeut in einem status- und prozeßdiagnostischen Zusammenhang darauf achtzugeben, welche Worte ein Klient für Mitteilungen wählt, und wie diese im Einklang mit den analogen – nonverbalen – Signalen stehen. Grundlegend sollte es dem Therapeuten möglich sein, durch Kalibrieren soweit zu kommen, eine erste Einschätzung über das innere Befinden eines Klienten zu erhalten.

Außerdem ist zu Beginn der Therapie zu eruieren, mit welchen persönlichen Ausdrucksweisen ein Patient seinen Ist-Zustand »preisgibt«. Dies hat vor allem dann Bedeutung, wenn entweder bestimmte Interventionen mit unbewußten inneren Vorgängen gekoppelt sind, die dem Klienten also auf rationaler Ebene nicht zugänglich sind und deshalb nicht von ihm verbalisiert werden *können*. Oder er spricht diese aus bestimmten Gründen nicht an; obwohl er in Gang kommende Prozesse in diesem Fall selbst erkennt, *will* er jene nicht thematisieren. Wird z.B. eine Assoziation zu einem früheren Erlebnis ausgelöst, wodurch ein Zustand der Beengung entsteht, und verzichtet der Patient darauf, dies anzusprechen, so kann dieser Vorgang für den Therapeuten dennoch wichtige Informationen enthalten. Damit ist die Aufgabe des Therapeuten, mit Geschick, also ohne Brechstange, den Widerstand des Klienten soweit zu lockern, daß er für den weiteren therapeutischen Prozeß essentielle Informationen erhält.

1.1.3. Anforderungen an den Therapeuten

Die Anforderungen an einen Therapeuten werden in der Literatur des NLP umfassend beschrieben, indem die einzelnen Techniken erklärt werden und aus den Schilderungen hervorgeht, in welchem Fall und wie diese vom Therapeuten einzusetzen sind. NLP stellt als ein multidimensionales Modell ein umfassendes Anforderungsprofil an Therapeuten. Ich gebe im folgenden diejenigen Elemente wieder, welche mir entscheidend scheinen:

Das Beherrschen der drei Wahrnehmungspositionen ist erforderlich, um die verschiedenen Perspektiven, welche mit der Patient-Therapeuten-Beziehung in Verbindung stehen, zu kontrollieren. Unter Position zwei ist hierbei das Schlüpfen in die Person des Klienten zu verstehen, um seinen Ist-Zustand zu erfassen. Das Befinden in der Position eins bedeutet, daß Introspektion der eigenen Person stattfindet. Das Einnehmen dieser Position ist vor allem für das Verstehen von Gegenübertragungsmechanismen erforderlich. In der Position drei steigt der Therapeut imaginär aus dem Beziehungsgefüge heraus, um von außen als Unbeteiligter das Beziehungsgeflecht zu beleuchten.

Auch soll der Therapeut die Kompetenz besitzen, aus eigener Kraft Einfluß auf innere Zustände auszuüben. Dies ist dann von Bedeutung, wenn sich der Therapeut in einer Verfassung befindet, die es ihm schwermacht, sich auf andere Personen einzulassen. In erster Linie ist die Voraussetzung für eine aktive »Kontrolle« eigener Zustände, daß es dem Therapeuten möglich ist, auf die eigenen Ressourcen[96] zurückzugreifen, um nicht zugunsten einer Fixierung auf das eigene Ich die empathische Kompetenz aufzugeben.

Drittens ist es für eine effiziente therapeutische Arbeit notwendig, daß der Therapeut über ausreichende empathische Fähigkeit verfügt, also ein Rapport mit dem Klienten hergestellt werden kann, auf dessen Basis es möglich wird, zum Empfinden und Wesen des Klienten Zugang zu finden.

Da im NLP viele verschiedene Techniken zur Anwendung gelangen, ist es Aufgabe des Therapeuten, über die jeweiligen Wirkungsbereiche Bescheid zu wissen. Dies ist vor allem dann entscheidend, wenn bestimmte Interventionen beim Klienten Reaktionen hervorrufen, die zu einem Verlust der Ich-Kontrolle führen könnten. Darüber hinaus sollte sich der Therapeut natürlich darüber im klaren sein, welche Wirkung durch welche Intervention zu erwarten ist, um im Sinne des Therapieziels produktiv arbeiten zu können.

Neben den beschriebenen Punkten ist zu fordern, daß der NLP-Therapeut fünftens exaktes Wissen über die Chronologie des therapeutischen Prozesses und Interventionseinsatzes besitzt, also einen genauen inneren Plan hat, nach welchen Strukturen der Therapieablauf erfolgen wird.

Sechstens ist die Bedingung für »seriöses« Behandlungssetting das Vertraut-Sein mit der Theorie von Diagnostik im Sinne des Persönlichkeitsmodelles und den pathologischen wie ätiologischen Konzepten im NLP. Von praktizierenden NLP-Therapeuten muß schulenübergreifendes Wissen ebenfalls verlangt werden. Für verantwortungsbewußtes Behandeln gilt als unerläßlich, mit Diagnose- und Klassifikationsschemata der Klinischen Psychologie umgehen zu können. Dies betrifft in erster Linie Wissen über Symptome und Prognosen von Krankheitsbildern, wie z.B. nach dem ICD 10 oder dem DSM III-R.

1.2. Widerstand

Auch wird im NLP die Dynamik des Widerstandes diskutiert. BANDLER und GRINDER (1991b) verstehen Widerstand als einen primären Schutzmechanismus des Klienten vor verschiedenen personellen Risikofaktoren. STAHL (1981) kommt zur Auffassung, daß sich das Konzept des Widerstandes im NLP an ERICKSONs hypnotherapeutischer Therapietheorie orientiert und nennt als Ursache für das Auftreten eines Widerstandes ein inkompetentes Verhalten seitens des Therapeuten. In Anlehnung an BANDLER und GRINDER (1991b) gelangt der Autor zu der Überzeugung, daß diese Widerstandsmechanismen dann in Kraft treten, wenn die Sicherheit und Geborgenheit für den Patienten nicht mehr gegeben ist und insofern einen Selbstschutz für den Klienten darstellen, um eventuellen Schäden, die aus der Behandlung resultieren können, vorzubeugen. Im konkreten postulieren BANDLER und GRINDER, daß ein Widerstand dann hervorgerufen wird, wenn ein Therapeut das aktuelle primäre Repräsentationssystem des Klienten ignoriert oder verkennt und ihn auf einer anderen repräsentativen Ebene anspricht, als sich der Klient in dem Moment befindet. Es wird von den beiden Autoren als Gefahr vor allem für Körper-, Gestalt- und Gesprächspsychotherapeuten bezeichnet, daß sie in erster Linie für kinästhetische Linienführung »anfällig« sind und dabei übersehen, wenn ein Klient sich auf einer völlig anderen Ebene befindet, wie z.B. der visuellen, und gestellte Fragen deshalb vorwiegend mit Bildern beantwortet. In diesem Zusammenhang wird darauf verwiesen, daß derartige Fehler im therapeutischen Beziehungsverhalten vermieden werden können, wenn die Prinzipien des »Pacing and Leading« eingehalten werden, und sich der Therapeut zum Klienten in gutem Rapport befindet.

Als eine zweite Möglichkeit, die zur Widerstandsentfaltung beiträgt, formuliert WEERTH (1992) unter Bezugnahme auf DILTS die Schutzfunktion gegen negative Konsequenzen bei eventueller Aufdeckung und Bearbeitung eines Glaubenssatzes. Diese Form liege vor allem dann nahe, wenn die Therapeut-Klienten-Beziehung weitgehend widerstandslos verläuft und auftretender Widerstand überraschend erscheint. In diesem Fall wird angenommen, daß es für den Klienten aufgrund ausreichenden Vertrauens zum Therapeuten keinen Anlaß für die Blockierung des Beziehungsaufbaus gibt, und deshalb ein produktives Arbeitsverhältnis besteht. Diese Situation kann sich allerdings dann wenden, wenn durch bestimmte Behandlungsinhalte Persönlichkeitsschichten des Klienten angesprochen sind, deren Bearbeitung aus innerem Schutzinstinkt heraus gemieden wird.

Schließlich ist durch die Annahme des NLP, daß jedes Problem und jedes pathologische Symptom einer Person mit individuellem Nutzen verbunden ist, zu vermuten, daß ein Widerstand auftritt, wenn Symptome behandelt werden, die einen hohen Anteil an Eigennutzen besitzen.

Stellt sich in der Therapie eine derartige Situation ein, ist vorerst durch eine eingehende Analyse des aufgetretenen Widerstandes die Ursache nach den o.g. Kriterien zu erheben, um dem beschriebenen Phänomen entgegenwirken zu können. So ist bei Widerstand, der sich nach dem Prinzip der zweitgenannten Variante entwickelt, zu analysieren, welche Elemente schutzbedürftig sind. Ziel dieser Suche ist, daß sich der Behandelte sicher sein kann, auch dann »geschützt« zu sein, wenn der Problemgegenstand erfolgreich therapiert wurde. So ist in diesem Fall zu thematisieren, ob der Klient den Schutz auch dann noch benötigt, wenn das Symptom reduziert oder eliminert ist, bzw. durch welche inneren Mechanismen der Schutz aufrechterhalten werden kann, ohne auf das Symptom zurückgreifen zu müssen.

Liegt hingegen Widerstand seitens des Klienten wegen zu geringer Rapportführung vor, so ist der Therapeut dazu aufgefordert, seine eigene repräsentative Ebene zu überprüfen, und diese gegebenenfalls zu wechseln, um auf das primäre System des Klienten im Sinne von Pacing einzusteigen.

1.3. Übertragung – Gegenübertragung

In Übereinstimmung mit WEERTH (1992) kann festgehalten werden, daß in der bisherigen Diskussion eine Integration von Übertragungs- und Gegenübertragungsmechanismen in ein NLP-Modell wenig Beachtung findet, was nicht verwunderlich erscheint, da psychoanalytische Beiträge für das NLP nur geringe Bedeutung besitzen. Dennoch beschäftigt sich das NLP mit diesem Phänomen, wie bereits an mehreren Stellen der vorliegenden Publikation angedeutet. Aktuelle Auffassungen zu dieser Thematik sind nachfolgend zusammengefaßt:

Wenn die Art des Sendens auf den Empfänger in einer Form wirkt, mit welcher der Sender nicht rechnete, beginnt eine Dynamik in der Kommunikation einzusetzen, die im Extremfall unabhängig vom Sachlichen der Interaktion sein kann: Es wird davon ausgegangen, daß eine bestimmte verbale oder nonverbale Aktion beim Interaktionspartner Mechanismen in Gang bringt, die nicht in einem unmittelbaren Zusammenhang zum Inhalt der Handlung stehen[97]. Folglich ist es Aufgabe des NLP-Anwenders, darauf achtzugeben, welche Reaktionen mit bestimmten Worten, Körperhaltungen, Gesten usw. hervorgerufen werden, um nicht im therapeutischen Geschehen durch Ignoranz von unbewußten Prozessen zu unkontrollierten oder ungewollten Vorgängen zu gelangen bzw. innere Vorgänge im Klienten zu provozieren, die im Hinblick auf das therapeutische Ziel eine hemmende Wirkung ausüben.

In Anlehnung an KUTSCHERA (1994) ist außerdem darauf hinzuweisen, daß in der Theorie des NLP Übertragungs- und Gegenübertragungsphänomene gegeben sind, wenn das Prinzip des Ankerns betrachtet wird. Vorausgreifend auf die noch zu beschreibende Ankertheorie des NLP, wird an dieser Stelle festgehalten, daß unter Anker ein spezifischer Stimulus verstanden wird, durch den Erfahrungen, Erinnerungen und Gefühle, welche in der Vergangenheit gespeichert wurden, reaktiviert werden. Ähnlich wie bei der klassischen Konditionierung, wird bei wiederholtem Auftreten eines bestimmten Reizes stets dieselbe Reaktion ausgelöst. Durch Verankerung alter Erfahrungen und Erlebnisse ist eine Reaktivierung der damit verbundenen Gefühle und Einstellungen zu gegebenem Anlaß an einem späteren Zeitpunkt möglich, wodurch eine bestimmte emotionale, kognitive und konative Dynamik ausgelöst wird. Als derartige Stimuli können einerseits Aussehen und Verhalten des Therapeuten im Sinne der Übertragung, als auch das des Klienten im Sinne der Gegenübertragung betrachtet werden.

KUTSCHERA (1994) sieht es in der ersten Behandlungsphase als ein wichtiges Therapieziel des Therapeuten, daß er als elterlicher Teil zur Verfügung steht, dem Klienten ausreichend Schutz gewährt und ihm der Vertrauensaufbau ermöglicht wird. Dieser Anspruch deutet darauf hin, daß sich das NLP darum bemüht, projektive Phänomene der Therapeut-Klienten Beziehung für therapeutische Arbeit zu nutzen.

Aus der Literaturanalyse läßt sich dennoch schließen, daß einer Analyse von Übertragungsphänomenen nicht annähernd dieselbe Bedeutung wie in der klassischen psychoanalytischen Behandlung zukommt, obwohl erstens in spezifischen Elementen der NLP-Praxis Übertragungsphänomenen eine Bedeutung beigemessen wird, zweitens DILTS (1990) darauf hinweist, daß der NLP-Berater über seine eigenen Glaubens- und Wertsysteme so exakt als möglich Bescheid wissen soll, um unbewußte und ungewollte projektive Vorgänge zu vermeiden.

1.4. Bezug zur Fragestellung

Zum Beziehungsfeld Patient-Therapeut und den jeweiligen Rollenmerkmalen, liegen in Abhängigkeit zu den jeweiligen psychologischen Theorien verschiedene Auffassungen vor; über Unterschiede hinweg besteht jedoch in manchen Bereichen Übereinstimmung. Diese Gemeinsamkeiten in der Auffassung über die Patient-Therapeuten-Beziehung werden im Sinne der Fragestellung zunächst erarbeitet und dann den theoretischen Ausführungen des NLP gegenübergestellt, um so zu analysieren, ob das NLP in dieser Frage von anderen psychologischen Theorien abweicht.

So sind sich Psychoanalyse, humanistische, kognitive wie behavioristische Therapieverfahren darüber einig, daß die Wichtigkeit der Beziehung zu betonen ist. Einmal wird die *persönliche Zuneigung und Wertschätzung von beiden Interaktionsparteien* bei GRAUPE (1978) als allgemeine Vorbedingung für eine funktionierende Beziehung angesehen. Auch diskutiert er das Problem, welchen Beitrag der Therapeut zum Vertrauensaufbau leisten soll: Als Bedingung für erfolgreiche Behandlung ist dem Patienten *emotionale Wärme, Empathie und Echtheit* entgegenzubringen. GARFIELD (1982) postuliert, daß eine positive Dyade dann entsteht, wenn beide Parteien sich mit Achtung und Wohlwollen begegnen. PERREZ (1991b) fügt dem hinzu, daß eine Beziehung, die auf Vertrauen aufgebaut wird, die Voraussetzung für effizientes und angstfreies therapeutisches Lernen darstellt.

GRAUPE (1978) weist darauf hin, daß die Beziehung beidseitig auch von Rollenerwartungen bestimmt ist, wobei er vermutet, daß *Zusammenhänge zwischen Unerfahrenheit bzw. schlechter Arbeitsqualität des Therapeuten und eher festgelegten Vorstellungen über die Patientenrolle* bestehen. Daraus ist die Forderung ableitbar, daß ein Therapeut im optimalen Fall über genügend Flexibilität verfügt, was die Einstellung zum Patienten anbelangt. PERREZ (1991b) gibt an, daß in verschiedenen Untersuchungen nachgewiesen wurde, daß eine wechselseitige Wertschätzung positiven Einfluß auf das Behandlungsergebnis ausübt.

Darüber hinaus übernimmt der Therapeut eine *Vorbildwirkung*: Wurde in den frühen Zeiten der psychoanalytischen Therapie angeraten, eigene Wertvorstellungen von der Therapie fernzuhalten, da dies mit dem Hintergrund der Theorie der Gegenübertragung zu unkontrollierten psychodynamischen Effekten beim Therapeuten führen kann, ging man jüngst eher dazu über, daß der Therapeut sehr wohl eigene Werte und Ideale in die Therapie mit einfließen lassen kann, um sich u.U. eben als Vorbild zur Verfügung zu stellen.

PERREZ (1991b) schätzt ein, daß Therapeutenmerkmalen wie persönlicher Sicherheit, Selbstakzeptanz, Angstfreiheit, Frustrationstoleranz, Werthaltungen und allgemeinen Einstellungen eine generelle Modellwirkung zukommt.

Für das NLP scheinen die genannten Therapeut-Klienten-Variablen in ausreichendem Ausmaß zuzutreffen. Wie gezeigt wurde, ist es Aufgabe jedes NLP-Therapeuten, sich im Erwerb empathischer Fähigkeiten zu üben, wobei die Mittel, die zu einer optimalen Einsicht in die Welt des Patienten führen, explizit thematisiert werden[98].

Auch ist der Prozeß des Vertrauensaufbaus als Forderung klar festgelegt. Die Elemente, die dazu führen sollen, sind in zweierlei Hinsicht beschrieben: Erstens wird davon ausgegangen, daß eine optimale Vertrauensbeziehung dann hergestellt ist, wenn sich der Therapeut in die Lage des Patienten versetzt und versucht, auf seine Ebene einzusteigen. Auch diese Forderung wurde bereits bei den Ausführungen über »Pacing und Leading« wiedergegeben. Zweitens ist es der Vertrauensaufbau des Patienten zu sich selbst, der mittels gezielter Interventionen hergestellt werden soll, welche sich meist auf personeninterne Ressourcensuche konzentrieren.

NLP scheint außerdem der Gefahr zumindest partiell entgegenwirken zu können, daß ein Patient mit bestimmten vorgefaßten Einstellungen und Bewertungen besetzt wird, da in dieser Therapieform die Individualität und das Phänomen des Einzigartigen einen Leitfaden darstellen.

Der Bereich der Vorbildwirkung findet in der Diskussion des NLP soweit Niederschlag, als die Theorie und Technik des Modellierens auch das Beziehungsverhältnis zwischen Klient und Therapeut betrifft, indem die therapeutische Person für den Patienten ein derartiges Modell abgeben kann.

In welcher Form die Dimension der Übertragung/Gegenübertragung und des prozeßbezogenen Widerstandes seitens des Patienten mit anderen vergleichbaren Therapierichtungen konform geht, bedarf ebenfalls einer genaueren Ausführung. Zur Herstellung einer Vergleichsbasis der NLP-Theorie mit anderen Schulen, die sich der Thematik des Widerstandes widmen, bietet sich eine Darstellung der psychoanalytischen Handlungstheorie der Mt. Zion-Gruppe um WEISS, SAMPSON et al. an. Nach EAGLE (1988) waren sie um eine Modifikation der psychoanalytischen Theorienbildung bestrebt, indem sie im Mt. Zion Hospital in San Francisco durch Abhaltung psychoanalytischer Psychotherapie und der Untersuchung des psychotherapeutischen Prozesses zu Beobachtungsergebnissen kamen, wie sie bisher in der psychoanalytischen Theorienbildung nicht zu finden waren: Im therapeutischen Beobachtungskontext beschreibt die kalifornische Forschergruppe eine radikale Abkehr von FREUDs Annahme, daß ein Patient nach Befriedigung unbewußter infantiler Wünsche verlangt. Die Behandelten kommen bereits bewußt oder unbewußt mit dem Wunsch in die Therapie, Konflikte, Traumen und Ängste, die in der frühen Kindheit aufgebaut wurden, zu bearbeiten und abzubauen. Auch ist sich der Klient unbewußt darüber im klaren, wie eine derartige Bearbeitung geschehen soll. Der Patient benötigt allerdings sichere Voraussetzungen, um den Anforderungen des regressiven Neuerlebens standhalten zu können und testet hierfür in einer ersten Phase den Therapeuten, ob er diese Sicherheit bieten kann. In der älteren Psychoanalyse sollte der Patient tun, was er infantil nicht tun wollte und jetzt nicht tun will. Nach WEISS et al. hilft der Therapeut dem Patienten, das zu tun, was er tun will, ohne wegen Angst oder Mißtrauen gegenüber dem Therapeuten Widerstand aufbauen zu müssen. In der o.g. Prüfung versichert sich der Patient, ob der Therapeut mit den Problematiken auch tatsächlich umgehen kann. Symptome werden in dieser neopsychoanalytischen Theorie als der Versuch des Entrinnens aus einer Gefahrensituation oder als Ausdruck von Angst angesichts einer tatsächlichen oder antizipierten Gefahrensituation definiert. Diese neue psychoanalytische

Betrachtungsweise beinhaltet für bisherige Thesen zur Übertragungstheorie kritische Überlegungen, da durch die Annahme, daß der Patient nach bestandener Prüfung des Therapeuten seinen Widerstand aufzulösen sich traut, der Charakter der Übertragung in anderem Licht erscheint.

Es gibt darin für Fragen des Widerstandskonzeptes und zum Thema der Übertragung und Gegenübertragung im Rahmen eines NLP-Konzeptes zulässige Antworten, auch wenn das NLP mit der starken Betonung von regressiven Therapie-Elementen der psychoanalytischen Handlungstheorie nicht konform geht. Die beschriebene psychoanalytische Handlungstheorie ist für das NLP-Modell durchwegs verwendbar, es finden sich zwischen beiden grundlegende Ähnlichkeiten in der Auffassung von Widerstand:

Erstens gehen beide davon aus, daß eine Überprüfung der Kompetenz des Therapeuten durch den Patienten stattfindet, um bei einer Bearbeitung der geplanten Problemstellungen gut aufgehoben zu sein. Der NLP-Therapeut versucht vorerst, eine Basis gegenseitigen Vertrauens zwischen Therapeut und Klient zu erreichen und unter dieser Bedingung biographisch lang geltende Glaubenssätze wie -systeme zu verändern und sie in ihrer kognitiv, emotional und konativ blockierenden Effizienz zu entmachten.

Zweitens ist beiden Theorien die Auffassung gemein, daß Widerstand als persönliches Schutzmittel eingesetzt wird, wenn Themen in der Therapie bearbeitet werden, die der Klient auf einer bewußten oder unbewußten Ebene – aus welchen Gründen auch immer – zum Zeitpunkt der Bearbeitung nicht bearbeiten will.

So läßt sich zusammenfassend feststellen, daß die NLP-Theorie in bezug auf die Hauptkonstrukte des Themas Therapeut-Klienten-Beziehung eine Affinität zu anderen psychologischen Theorien aufweist. Es ist allerdings zu diesem Anlaß ebenso wie oben hinzuzufügen, daß die Vergleiche darunter leiden, daß Ausführungen zu diesem Thema in psychologischen Theorien eine sehr verallgemeinernde Form besitzen. Außerdem ist es notwendig zu erwähnen, daß die beschriebenen Kriterien nicht ausreichen, um eine therapeutische Beziehungssituation zu erfassen. Diese könnten auch am Stammtisch des Wirtshauses von »intuitiv-begabten« Freunden erzielt werden. Zur Abgrenzung zu dieser Laiensituation kommt es nach GARFIELD (1982) durch die *Professionalität des Therapeuten*, seine *reflektorische Kompetenz* über den Sitzungs- und Prozeßverlauf und die Verantwortung, daß *die durch therapeutische Beziehung initiierten Wirkungen für effizientes Veränderungslernen genutzt* werden. Auch ist ergänzend zu relativieren, daß Ansichten über optimale Beziehungsgestaltung zwar von den Theorien der Schulen gebildet sind, und diese das therapeutische Verhalten mittragen sollten, doch ein Teil der Therapeutenvariablen – die Persönlichkeit – beeinflußt nach GRAUPE (1978) die Beziehungsqualität ebenso stark wie das theoretische Leitbild.

Schließlich sind nach GARFIELD (1982) einige Forderungen an Therapeuten zu stellen, um ein Gelingen des gesamten Prozesses zu ermöglichen. Diese sind:

1. Beachtung, daß Wahrnehmungsinterpretationen des Klienten nicht mit Wahrheit übereinstimmen müssen;
2. Therapeut soll Objektivität bewahren;
3. Fähigkeit der selbstkritischen Eigenwahrnehmung, um objektives Vorgehen zu gewährleisten;
4. Flexibilität in Hypothesen- und Therapiegestaltung;
5. Therapeut soll durch empathische Fähigkeit die Gefühls- und Gedankenwelt des Patienten erfassen;
6. Therapeut soll über eigene Emotionen Bescheid wissen, um diese nicht auf Beziehung zu übertragen;
7. dem Patienten Interesse, Wärme, Kompetenz und Echtheit vermitteln;
8. Beachtung von informellen Aussagen durch Verhalten und Kommunikationsstil.

Diese einzelnen Punkte sind im folgenden daraufhin zu untersuchen, ob sie im NLP beachtet werden und durch welche Aussagen des NLP dies vermutet werden darf:

ad 1.-4.: Die Betonung des interpretativen Anteils in der Wahrnehmung von Ereignissen ist insofern von Interesse, als in der Therapie eine Veränderung der Selbst- und Sozialwahrnehmung erwartet werden kann. GARFIELD (1982) ist der Ansicht, daß eine erfolgreiche Therapie durch Modifikation bzw. Reorganisation der Wahrnehmungsrealität gekennzeichnet ist. Dies bedeutet wiederum, daß der Therapeut Aussagen als subjektive Ansichten zum behandelten Thema betrachten soll, die der Patient im Laufe der Therapie vermutlich ändert. Nimmt hingegen der Therapeut an, daß die Mitteilungen des Patienten der Wahrheit entsprechen, so wird es schwieriger, dem Patienten neue Sichtweisen zu einem Problem zu ermöglichen[99]. Aus dem wahrnehmungspsychologischen Ansatz des NLP ergibt sich für den Therapeuten, daß die Sichtweise des Patienten als eine zu betrachten ist, die einem hohen Grad an Subjektivität unterliegt. Einerseits ist zwar der NLP-Anwender dazu aufgefordert, diese Subjektivität ernst zu nehmen, andererseits soll er darauf bedacht sein, Änderungen der kognitiven Landkarte des Patienten einzuleiten, um andere Standpunkte zum problembezogenen Thema der Therapie zu gewinnen. Dies bedeutet, daß sich der Therapeut ein Bild vom kognitiven System des Patienten erstellen muß, er weiterhin über Flexibilität in der Diagnose-Erstellung verfügen soll, um falsche Hypothesen über den Patienten durch modifizierte zu ersetzen[100], und die Fortschritte, die während der Therapie eintreten, als solche zu erkennen.

Die Kompetenz der selbstkritischen Eigenwahrnehmung und Fähigkeit zu objektiver Betrachtungsweise im therapeutischen Feld deckt sich mit der Anforderung an NLP-Therapeuten, die Technik der drei Wahrnehmungspositionen zu beherrschen: Durch diese soll es möglich sein, sich selbst und den Patienten jeweils assoziiert und dissoziiert zu betrachten. Es ergibt sich ein Wechselspiel von Introspektion und einer Art reflektorischer Beobachtung von außen, wodurch die subjektive und objektive Haltung des Therapeuten in den Beziehungsprozeß einfließen.

ad 5.-6.: Durch die Anforderung an den Therapeuten, empathische Mittel einzusetzen, um in die Welt des Patienten einzutauchen, wird deutlich, daß eine vielschichtige Begabung notwendig ist, um den beiden Kriterien gerecht zu werden, die einen guten Therapeuten auszeichnen dürften: einerseits sich auf die Beziehung zum Patienten einzulassen, andererseits Objektivität zu bewahren. NLP legt unter Verwendung von Rapport und dem Prinzip des Pacings hohen Wert auf Empathie. Gleichzeitig stellt sich jedoch die Frage, ob ein Verfahren, welches hohen Wert auf Einsatz von Empathie legt, nicht in Gefahr einer zu hohen Identifikation des Therapeuten mit dem Patienten gerät, wodurch der Aspekt der Objektivität nicht mehr gewährleistet wäre. Neben der Vermutung, daß die Möglichkeit der Bewahrung von Objektivität bei gleichzeitiger empathischer Arbeit mit einer bestimmten Persönlichkeitsstruktur und Erfahrung des Therapeuten korreliert, ist zu diskutieren, was das NLP bietet, um ein Risiko dieser Konfliktstellung zu minimieren. Diesbezüglich läßt sich einmal das o.a. Beherrschen der Wahrnehmungspositionen anführen, weiterhin machen BANDLER und GRINDER (1991b) darauf aufmerksam, daß ein Therapeut sich laufend mit der Frage auseinanderzusetzen hat, welche Gefühle ein Patient bei ihm auslöst, um zu vermeiden, daß der Therapeut seine eigenen Wertvorstellungen dem Patienten aufdrängt.

Den *Punkten sechs und sieben* ist kaum etwas hinzuzufügen. NLP wird diesen beiden Anforderungen augenscheinlich gerecht: Zum einen verlangen NLP-Autoren an verschiedenen Stellen, daß der Therapeut gegenüber Patienten kongruent auftritt, zum anderen geht aus vielen Stellen der Literatur die Leitlinie des NLP hervor, daß jedes Individuum einzigartig sei und der Therapeut seinen

Patienten deshalb mit Interesse entgegentreten sollte.

Aus den Vergleichen zu anderen Schulen der Psychotherapie kann resümierend zusammengefaßt werden, daß NLP in den Merkmalen, die für eine funktionierende Therapeut-Klienten-Beziehung genannt werden, mit allgemeinen Ausführungen über diesen Aspekt der Psychotherapie übereinstimmt und die darin gestellten Forderungen zum Gelingen eines produktiven Therapieprozesses erfüllt.

2. Verlaufsmodell des NLP

Es soll auf den nachfolgenden Seiten geklärt werden, ob sich ein für NLP typisches Modell bezüglich des therapeutischen Prozesses finden läßt. Anschließend ist im Hinblick auf die Fragestellung zu klären, ob sich idealtypische Phasen der NLP-Therapie mit Erkenntnissen psychologischer Theorien vergleichen lassen.

2.1. Prozeßmodell und Verlaufsphasen der Therapie nach NLP

Prozeßhaft wird vorerst in einem Therapieverlauf eine Art Diagnose erstellt. Diese Phase I wird primär als Problemanalyse verstanden. Anschließend werden zielgerichtete Interventionen im Schritt II gesetzt, eine Testphase III dient dem Überprüfen neu gelernter Verhaltensweisen und Lösungsstrategien. Stellt sich dabei heraus, daß das therapeutische Ziel noch nicht erlangt wurde, findet je nach Ursache eine Rückschaltung auf Phase I oder II statt, bis der Zielzustand, die Phase IV, erreicht ist. In den Abb. 12 nach KUTSCHERA (1994) und Abb. 13 werden diese Phasen skizzenartig wiedergegeben.

Es stehen bis zur Fertigstellung dieser Arbeit noch spezielle Publikationen über einen prototypischen Verlauf einer NLP-Therapie aus, dennoch sind erste Schlüsse durch kleinere Hinweise aus der Literatur möglich, sie sind nachfolgend ausgeführt[101]:

KUTSCHERA (1994) stellt eine Graphik vor, die die idealtypischen Phasen eines Therapiemodells des NLP bezeichnet, die drei Phasen

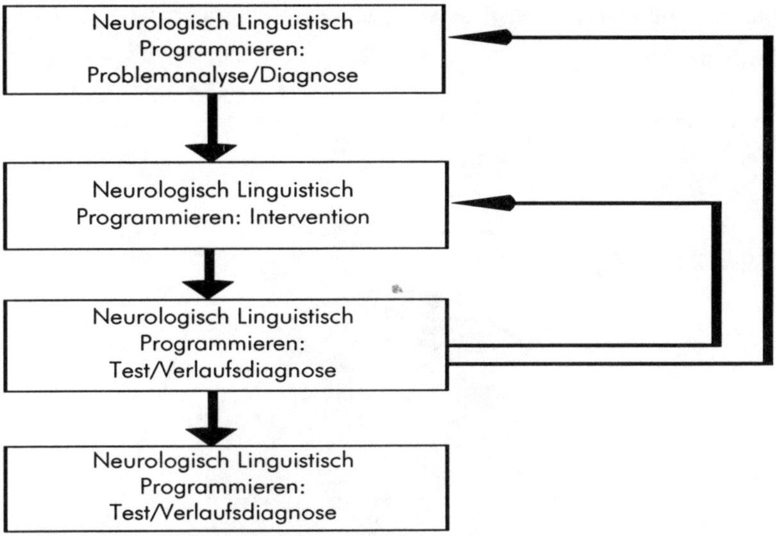

Abb. 12: Chronologie der NLP-Therapie unter Berücksichtigung von Rückkoppelungsschleifen bei unerwarteten Widerständen im Sinne des Therapiefortschrittes Richtung Ziel.

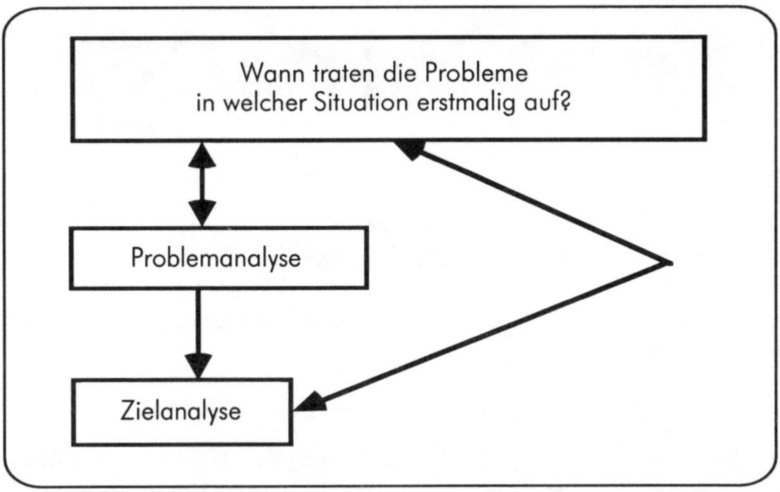

Abb. 13: Verallgemeinerte Stichworte bei der Charakterisierung von Phasen der Problem- bis Zielerfassung mit Einbeziehung von Rückkoppelungsschleifen im Falle ineffizienter Ergebnisse in den jeweiligen Aufgabenfeldern.

des Therapieverlaufs sind in Anlehnung an KUTSCHERA in Abb. 14 dargestellt:

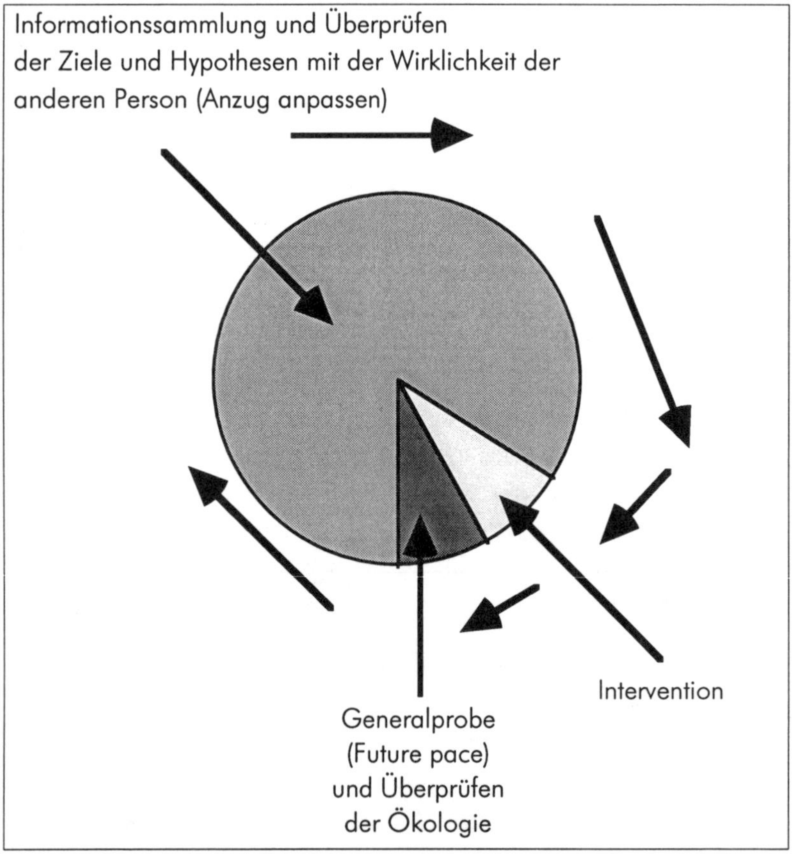

Abb. 14: Quantitative Verteilung der einzelnen Phasen in bezug auf den gesamten Therapieverlauf.

Mit diesem Modell sind vorerst zwei Verlaufsbereiche beschrieben, einerseits die Vorgehensweise in bezug auf den gesamten therapeutischen Prozeß, andererseits auch einzelne Elemente des therapeutischen Geschehens selbst. Auffallend ist die starke Gewichtung der ersten Phase, die als diagnostische Phase zusammengefaßt werden kann. Im Vordergrund stehen hierbei zweierlei Faktoren:

Zuerst richtet sich die Aufmerksamkeit auf das *Sammeln von Informationen*, die im Zusammenhang mit den Therapieinhalten stehen und möglichst exakt recherchiert werden sollen. Danach geht es um ein grundlegendes *Erfassen des kognitiven Systems* des Klienten, um die *Festlegung einer Zielrichtung*, die mit dem individuellen Anspruch im Kontext steht. Die dabei erhaltenen Daten führen letztlich zu einer Planerstellung des therapeutischen Verlaufes.

In der Folge unterliegen Interventionsstrategien einer gewissen Flexibilität, da der Therapeut ständig überprüfen muß, ob der festgelegte Therapieplan tatsächlich eine Effizienz im Sinne der Zielfestlegung besitzt. Stellt sich bei therapiebegleitenden Analysen heraus, daß kein Fortschritt in Richtung Therapieziel gemacht wird, muß überlegt werden, ob eine Modifikation des Therapieplanes – je nachdem in größerem oder kleinerem Ausmaß – notwendig ist.

Schließlich wird mit einer – als Generalprobe bezeichneten – letzten Therapiestufe hinterfragt, ob die erarbeiteten Problemlösungs- und Zielerreichungsstrategien innerhalb der Lebenssysteme des Klienten eingesetzt werden können, oder bestimmte Merkmale innerhalb des Systems bremsende Funktion haben[102].

Als weiterer erklärungstheoretischer Ansatz dient nach BACHMANN (1991) das TOTE-Modell von MILLER, GALANTER und PRIBRAM (1960), welches zur Erklärung kognitiver Prozesse in das Modell des NLP integriert wurde, aber ebenso für die Deskription des Therapieverlaufs Verwendung findet. Wie Abb. 15a zeigt, läßt sich die Grundstruktur eines Therapieprozesses durch die Bearbeitung der beiden Komponenten gegenwärtiger Zustand (GZ) und wünschenswerter Zustand (WZ) erfassen. Es wird das Verhältnis der beiden Zustände zueinander analysiert. Durch eine therapeutische Intervention soll eine Annäherung des GZ an den WZ erfolgen.

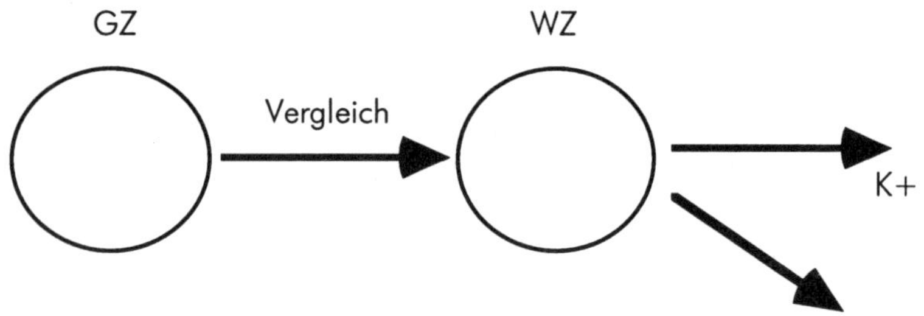

Abb.15a: Analyse des GZ und WZ sowie Vergleich beider Zustände zur Festlegung des Therapieplanes.

KUTSCHERA (1994) diskutiert, in welcher Form das TOTE-Modell für das NLP übertragbar ist. Die Auffassung der Autoren ist in Abb. 15b wiedergegeben: Die Analyse des jeweiligen Zustandes ist eine Durchleuchtung und ein Vergleich von Beliefs und Werten sowie eine Kontrolle im laufenden Therapieprozeß, um festzustellen, inwieweit eine Annäherung an den WZ gegeben ist.

Dieses Modell scheint als Diskussionsgrundlage für die Beschreibung von Phasenabläufen im Zusammenhang mit der Abbildung 12 geeignet, da erste Ableitungen in der Form möglich sind, als die vorgestellten Modelle miteinander in Verbindung gebracht werden: Es läßt sich aus dem Versuch der Integration der Modelle von Abb. 12 bis Abb. 15 erarbeiten, wie die verschiedenen Ansätze zur Beschreibung eines Therapieverlaufs in einem Modell erfaßbar werden: In der Abb. 16 werden inhaltliche Ziele der jeweiligen Phasen ersichtlich. Als absolutes Ziel wird dabei gesehen, den Klienten in den Zustand von K+ zu bringen. Darunter wird nach KUTSCHERA (1994) das Erleben eines positiven Gefühles verstanden, von welchem aus ein Weiterschreiten in die erwünschte Richtung möglich ist.

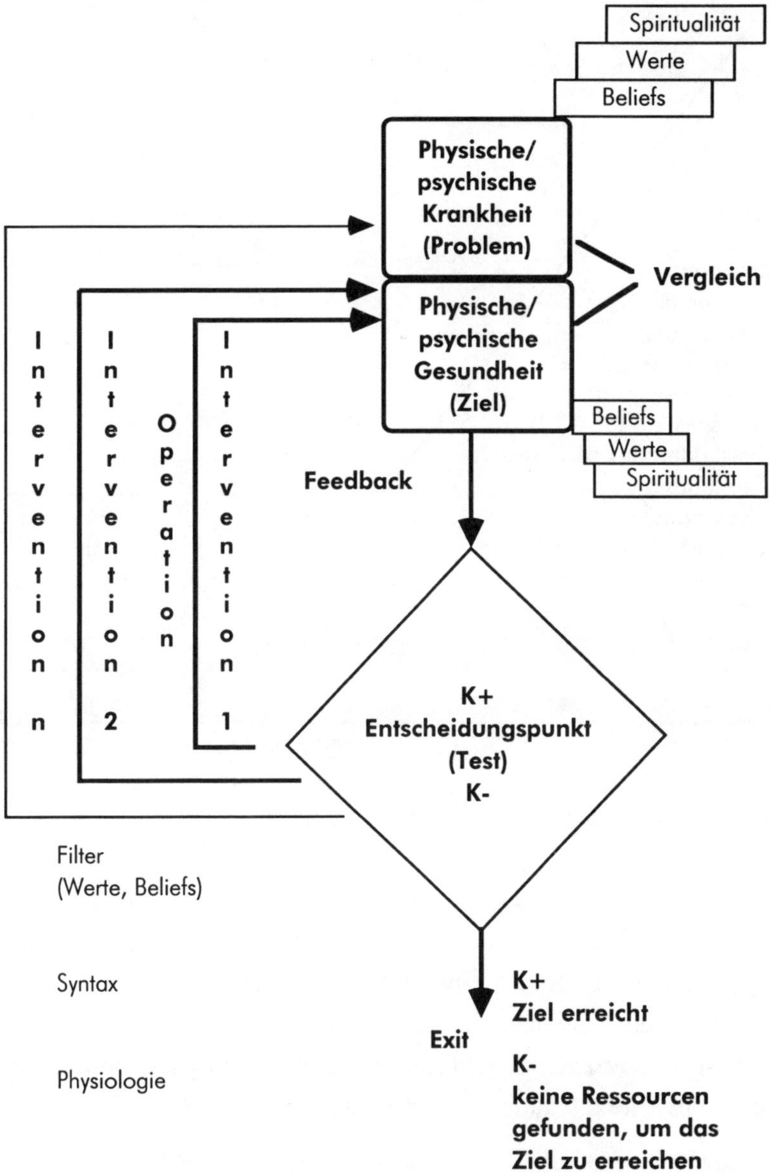

Abb. 15b: Phasenmodell mit Integration des TOTE-Modells unter besonderer Beachtung der Rückkoppelungsschleifen und unter Anwendung der Kernannahmen des NLP.

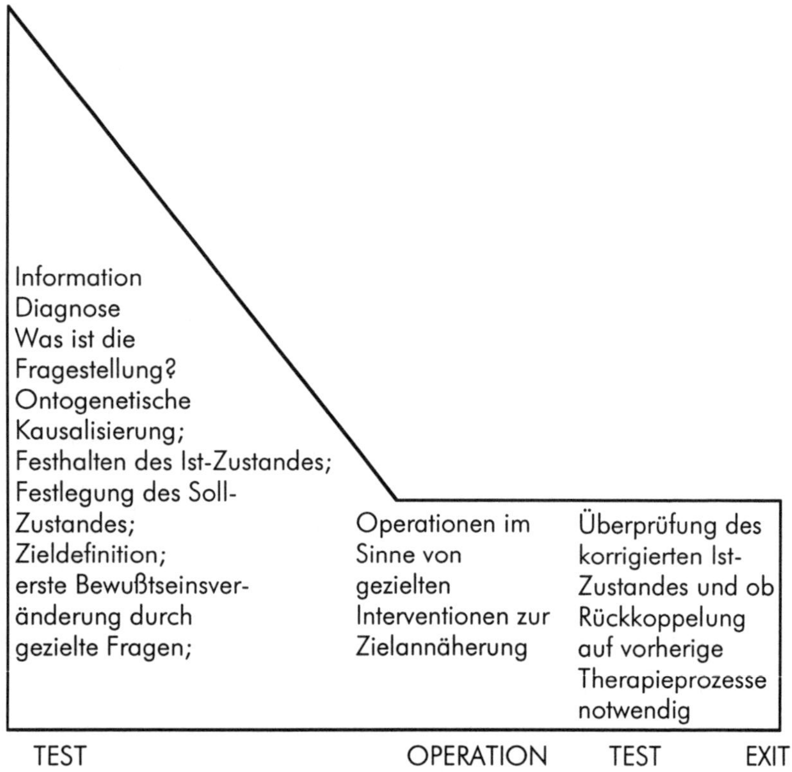

Abb. 16: Inhalte des jeweiligen Therapieschrittes

Das Entscheidende in diesem Modell liegt in den Rückkoppelungsphasen: Es findet eine ständige Überprüfung dessen statt, inwieweit eine tatsächliche Annäherung an den Zielzustand gegeben ist, und welche Korrekturen in Rückschaltung auf frühere Prozesse der Therapie durchzuführen sind.

2.1.1. Zusammenfassung des Therapieprozesses im NLP

Aufgrund der bisher vorliegenden Literatur kann eine vorläufige stichwortartige Prozeßmodellbeschreibung als Verlaufsdeskription dienen. Diese soll das Ziel verfolgen, die bisherigen, in drei Schritten erfaßten Phasen als Kategorien zu bestimmen und mit internen kategorialen Merkmalen zu versehen. Die drei Kategorien sind in Anlehnung an oben:

- Information/Diagnose,
- Intervention,
- Generalprobe.

Die Information und Diagnose nimmt im gesamten Therapieverlauf einen bedeutenden Raum ein und wird mit folgenden einzelnen Schritten beschrieben:

- Vertrauensaufbau in der Therapeut-Klienten-Beziehung,
- Problemanalyse und Kausalattribuierung,
- Diagnose im Sinne des Mind Mapping (innere Welt des Klienten),
- kognitive Modifikationsversuche durch Verbalinterventionen im Rahmen des Informationsprozesses,
- Therapiezielklärung,
- Elementarisierung des Therapiezieles,
- Vertragsabschluß,
- Analyse der system- und problembezogenen Items (Beliefs, Werte, ...),
- Therapieplanung.

Die Elemente, die in der Interventionsphase zur Anwendung kommen, sind

- die Durchführung von Schritten, die dem Erlangen des Therapiezieles dienen,
- die Intervention in Abstimmung auf Therapieplanung,
- die Überprüfung von einzelnen Verhaltensmodifikationen und deren Integration in ein Gesamtsystem,
- die fallweise Planungskorrektur bei unerwünschten Fortschritten oder Stagnation im Hinblick auf das Therapieziel.

Die Generalprobe schließlich umfaßt:

- die Überprüfung der individuellen Veränderungen,
- die Integration der Therapie-Ergebnisse in systemischer Hinsicht,
- die Untersuchung der Auswirkung auf den logischen Ebenen (s.o.),
- die möglichst exakte prognostische Arbeit im Hinblick auf Risikosituationen und Bedingungen der Zukunft, die ein neuerliches Zurückfallen in das Problemverhalten bewirken können.

2.2. Therapeutisches Setting

Wenn die derzeitigen und historischen Entwicklungsmomente des NLP betrachtet werden, wird deutlich, daß ein breites Anwendungsfeld für den Einsatz von NLP besteht. Einerseits liegt die paar- und familientherapeutische Behandlungsform durch die Beziehung zu SATIRs Ansatz nahe, andererseits sind es die Bezüge auf ERICKSON und PERLS, welche ebenso auf einen einzel- und gruppendynamisch orientierten therapeutischen Einsatz hinweisen. Auch finden sich NLP-Anwender in supervisorischen Aktivitäten[103]. Nähere Ausführungen über Varianten, in welcher Form NLP als Therapie seinen Einsatz findet, sind aus dem vorhergehenden Kapitel zu entnehmen und müssen deshalb an dieser Stelle nicht mehr explizit dargestellt werden.

Es fanden sich bei Durchsicht der Literatur keine normativen Hinweise über übliche Therapiedauer, dennoch liegt hohes Einvernehmen über eine Verwendung als Kurzzeittherapieform vor, ohne daß an dieser Stelle ein genaues Ausmaß der durchschnittlichen Stundenanzahl einer NLP-Therapie angegeben werden kann. Dies liegt u.a. daran, daß NLP ein ziel- und problemorientiertes Verfahren ist, und sich Länge wie Ende eines Behandlungsprozesses an dem Behandlungsziel orientieren. Daraus läßt sich schließen, daß Art, Form, Häufigkeit, Dauer der gesamten Behandlung und Länge einer einzelnen Sitzung keiner strengen Norm unterliegen, sondern sich nach Zielen und Bedürfnissen des Therapeuten und Klienten richten. Ansonsten gelten auch hier die bereits o.a. Beschreibungen der Therapielängen von klinischen Behandlungsgruppen.

Als Medium können grundsätzlich alle Formen des therapeutischen Settings in räumlicher und zeitlicher Hinsicht betrachtet werden. Weiterhin sind es natürliche Medien wie Sprache und nonverbale Signale (Gestik, Mimik, Augenbewegungsmuster), die im NLP in verschiedenen Interventionen zur Anwendung kommen. Auch werden Materialien aller Art verwendet, die in mit NLP verwandten Methoden – wie der Gestalttherapie – gleichfalls zu finden sind, sofern mit Materialien als Symbol- und Objektübertragungswert oder Ausdrucksmittel psychischer Determinanten ein therapeutischer und/oder diagnostischer Effekt erzielt werden soll.

In der therapeutischen Arbeit selbst steht die Zielorientierung der Sitzungen im Vordergrund. Aufgabe des Therapeuten ist demnach eine Problemanalyse, Zielfindung und das Begleiten des Klienten auf dem Weg der Lösungssuche. Dieses Schema ist äquivalent bei Neurosen und sonstigen Persönlichkeitsstörungen anwendbar, wobei dann statt der Zentrierung auf Problemlösungsstrategien die Behandlung neurotischer Strukturen oder pathologischer Muster große Bedeutung hat.

Insgesamt läßt sich kein einheitliches Setting der therapeutischen Arbeit beschreiben, da sich dieses, wie o.a., nach Therapeut und Klient oder Gruppenkonstellation unterschiedlich ergibt und auf Grund der Vielzahl an Techniken und Interventionsmöglichkeiten auch nicht im Sinne des Modells stünde.

2.3. Bezug zur Fragestellung

PERREZ (1991b) beschreibt allgemeine Merkmale und Gemeinsamkeiten in der Prozeßstruktur, die für alle Psychotherapien Gültigkeit besitzen soll. Nimmt man die von ihm beschriebenen

Merkmale, stellt sich die Frage, ob diese in der NLP-Therapie äquivalent vorkommen. Ein derartiger Vergleich ist notwendig, um zu überprüfen, ob NLP den diesbezüglichen Ansprüchen an eine Psychotherapieform standhalten kann. Die Prozeßphasen und deren Ziele sind:

1. Indikation: diagnostische Abklärung
2. Aufbau der therapeutischen Beziehung: Rollenstrukturierung, Bildung von positiven Veränderungserwartungen, Aufbau der therapeutischen Beziehung, Vermittlung eines globalen Ätiologiekonzeptes
3. Inszenierung des therapeutischen Lernens: systematischer Kompetenzaufbau bei Verhaltenstherapie, Analyse und Erfahrung von Verhaltens- und Erlebnismotiven bei Psychoanalyse, Restrukturierung des Selbstbildes bei Gesprächspsychotherapie
4. Evaluation vor/nach Abschluß: psychodiagnostische Klärung der Therapiezielerreichung, Sicherung der Generalisierung der Therapie-Ergebnisse, formelle Beendigung des therapeutischen Verhältnisses.

Übersetzt auf die beschriebenen Phasen des NLP bedeutet dies:

- Die Phasen Indikation und Aufbau der therapeutischen Beziehung werden parallel durchgeführt.
- Die Inszenierung des therapeutischen Lernens ist durch die Verwendung der NLP-spezifischen Techniken gewährleistet. Dies betrifft erstens die Entwicklung von Fähigkeiten, um bestimmte intra- oder interpersonelle Schwierigkeiten zu bewältigen, zweitens den Weg zum Erlangen einer inneren Homöostase, drittens die strukturelle Bearbeitung von Problemen in der Umwelt.
- Die Evaluation vor/nach Abschluß ist nach dem präsentierten Schema des NLP-Therapieverlaufs mit der sogenannten Generalprobe vergleichbar.

Es ist allerdings den Aussagen über den Therapieverlauf des NLP hinzuzufügen, daß bis zum derzeitigen Forschungsstand kein allgemeingültiger idealtypischer Verlauf einer NLP-Therapie zu finden ist. Dies bedeutet, daß eine eingehende Untersuchung dieses Problems als eigenständiges Thema einer Arbeit zu bewältigen ist. Eine empirische Untersuchung wäre notwendig, um herauszufinden, ob eine relativ einheitliche Vorgehensweise von NLP-Therapeuten existiert.

Damit eine weitere Vergleichsmöglichkeit herangezogen wird, bietet sich an, die schulenübergreifende Einteilung des Therapieverlaufs nach GARFIELD (1982) in kurzer Form heranzuziehen:

- Erstinterview:
  Abklärung der Motivation des Patienten, ob ein eigenständiges Interesse an der Behandlung vorhanden ist;
  Frage der Erwartungshaltung des Patienten und des Therapeuten;
  Problemliste;
  erste Analyse dessen, wann Schwierigkeiten auftreten;
  Therapieziele;
  Aufklärung über Therapieverlauf;
  Klarheit über jeweilige Rolle des Klienten/Therapeuten;
  Entscheidung von beiden Parteien für oder gegen die Therapie.

- Entwicklung der therapeutischen Beziehung und Anfangsprobleme:
  Überprüfung des ersten Eindrucks;
  Vertrauensaufbau;
  Ermutigung des Patienten, auch intimere und peinliche Gefühle mitzuteilen;
  Therapeut als »passiver« Zuhörer oder Reflektor;
  Vertiefung des gegenseitigen Kennenlernens in den Verhaltensweisen;

Hypothesenbildung aufgrund der Problem- und Biographieschilderung;
Erstellung des Therapieplans und Modifikation bei Falsifikation von Hypothesen;
Entwicklung einer Interventionsstruktur.

- Fortführung der Psychotherapie und Anpassung an die Individualität des Klienten:
  Umsetzung des Therapieplans durch Anwendung individuell abgestimmter Verfahren und Techniken;
  Spezifizierung der Problemlage;
  aktiveres Eingreifen des Therapeuten in das Geschehen;
  Darlegung des Zusammenhanges zwischen Alltags- und Therapieverhalten.

- Zwischenstufe der Therapie:
  Überprüfung des Therapiefortschrittes und Analyse von eventuellen Stagnationen;
  bedarfsbezogene Modifikation des Therapieplans;
  (diese Phase ist jeweils von den schulspezifischen Abläufen geprägt).

- Die späteren Therapieabschnitte und Beendigung:
  Abklärung des Fortschrittes;
  einvernehmliche Absprache über verbleibenden Zeitrahmen;
  Überprüfung, wie der Patient ohne Therapeut zurechtkommt.

Die einzelnen Aspekte des NLP-Prozesses und deren Integration in das TOTE-Modell weisen darauf hin, daß die von GARFIELD geforderte Flexibilität einer Modifikation des Therapieplanes dadurch zu erreichen versucht wird, indem ständig stattfindende Tests im Laufe der Therapie den IST-Zustand überprüfen und Rückkoppelungsschleifen garantieren sollen, daß eine Modifikation eines Therapieplans bei Bedarf durchgeführt wird. Weiterhin läßt sich vermuten, daß durch die eingehende Analyse des IST- und SOLL-Zustandes einigermaßen Klarheit darüber besteht, wann eine Therapie sich ihrem Ziel nähert und wann sie als beendet zu betrachten ist. Doch ist an diesem Punkt ebenso zu erwähnen, daß eine empirische Untersuchung aufzuklären hätte, wie konkret die letzte Therapiephase gestaltet wird.

3. Spezifische Formen, Therapietechniken und Interventionsmodelle des NLP

Es gibt im NLP eine Reihe von Techniken, deren Anwendung in der therapeutischen Praxis auf einem fachlichen Backgroundwissen von NLP-Spezifika basieren soll, da ansonsten

- eine Effizienz im therapeutischen Setting nicht gegeben ist,
- die Gefahr einer Manipulation aufkäme,
- Unwissen über die Wirkung der einzelnen Techniken Risiken in der Verwendung selbiger insofern beinhalten, als manche Methoden durch die Verwendung regressiver Elemente bei bestimmten Krankheitsbildern klare Kontraindikationen darstellen.

Gleichzeitig sei darauf hingewiesen, daß die Auflistung der Techniken unvollständig ist, da erstens eine gänzliche Beschreibung dieser im Sinne der Fragestellung nicht zielführend ist, zweitens ein derartiger Anspruch wegen der ständig expansiven Methodenverwendung irreal erscheint, drittens sich zahlreiche NLP-Publikationen ausschließlich diesem Thema widmen.

Für die Beschreibung der Techniken wird eine Differenzierung nach den verwendeten zeitlichen Perspektiven und ätiologischen Hintergründen vorgenommen, um eine Übersichtlichkeit der verwendeten therapeutischen Strukturen herzustellen.

Es kann demgemäß eine Differenzierung nach Methoden vorgenommen werden,

- die sich stark an der Ontogenese der Personen orientieren und somit die **Vergangenheit** in einem stärkeren Ausmaß in die Interventionen mit einbeziehen;
- deren Aufmerksamkeit sich auf das Hier und Jetzt bezieht und somit die **Gegenwart** per se bearbeiten;
- die sich als äußerst ***zukunftsorientiert*** erweisen.

Wenn diese Differenzierung im folgenden aufrechterhalten wird, dann ist dies lediglich eine grobe Einteilungsform, da in der Ideologie des NLP die drei zeitlichen Dimensionen sich in enger Verbindung zueinander befinden und somit eine strikte Trennung nicht möglich ist[104]. Dennoch wird aus der folgenden Deskription ersichtlich, daß Schwerpunkte in bestimmten Dimensionen gegeben sind, das heißt, daß sich bestimmte Interventionen und Techniken auf eine der drei Zeitformen konzentrieren. Weiterhin sind zwei Interventionstechniken voranzustellen, die auf Vergangenheit, Gegenwart und Zukunft gleichermaßen angewendet werden, dies betrifft die Technik des Ankerns und das Prinzip der Submodalitäten, diese werden deshalb unabhängig von der beschriebenen Kategorisierung behandelt.

3.1. Interventionstechnik Ankern

Das Prinzip des Ankers ist eine NLP-Technik, die begleitend in vielen Interventionen Anwendung findet. Um auf die Handhabung des Ankerns in der psychotherapeutischen Praxis einzugehen, ist vorerst eine Begutachtung des dahinterstehenden Prinzips vonnöten, um darauf basierend einzelne Ankertechniken zu untersuchen.

3.1.1. Theoretischer Hintergrund der Ankertechniken

Bei der prinzipiellen Analyse des Anker-Effektes fällt eine Verwandtschaft zum Prinzip der klassischen Konditionierung auf: Es wird davon ausgegangen, daß beim Einsatz eines bestimmten Stimulus eine bestimmte Reaktion hervorgerufen wird, der Reiz löst einen Anker aus, wodurch eine Antwort darauf erfolgt. Mittels der Technik, dessen Prozeß als »Ankern« bezeichnet wird, werden gezielt oder unbewußt in einer Person kognitive und/oder neurologische Mechanismen installiert, so daß auf gewisse Reize eine entsprechende Signalfolge dafür sorgt, daß eine automatische Reaktion auf einen bestimmten Stimulus erfolgt. DILTS et al. (1991) gehen darauf ein, daß bei spezifischen Situationen oder Wahrnehmungen Prozesse eingeleitet werden, bei denen eine Verankerung des Erlebten geschieht. LEE GUN (1983) behauptet, daß diese Verankerung selbst auf einem der Repräsentationskanäle geschehen kann und je nach Objekt unterschiedlich entweder auf der visuellen, akustischen, olfaktorischen oder kinästhetischen Ebene gesetzt wird. DILTS et al. (1991) beschreiben, daß mit Erinnerungen bestimmte Erfahrungen verknüpft sind, und diese auf einem der V-A-K-O-Kanäle reproduziert und mit einer bestimmten Empfindung gekoppelt werden. Hört jemand beispielsweise ein bestimmtes Musikstück, welches irgendwann in der Vergangenheit mit einem schönem Gefühl verbunden war, so kann dieses Musikstück in der Gegenwart eine ähnliche Gefühlswirkung auslösen. Auch besteht die Möglichkeit, daß durch einen Interaktionspartner Assoziationen freigemacht werden, in diesem Fall ist von konditionierten Erinnerungen zu sprechen. Möglich scheint, daß, je nach Verankerung, im Rahmen der Rekognition visualisiert wird (Ve), Erinnerungen aufgrund ihrer Tonlage beim Sprechen (Ae) wachgerufen werden, Reminiszenzen eines bestimmten Geruchs (Oe) eingeleitet werden oder der innere »Blick« in die Vergangenheit sich auf eine Körperberührung (K) konzentriert.

Natürlich wurde am Prinzip des Ankerns bereits sehr früh kritisiert, daß es sich um nichts anderes als die klassische Konditionierungsform nach PAWLOW handelt. DILTS et al. (1991) widmen sich dieser Argumentation und versuchen, eine Erklärung zu finden, die eine Abgrenzung zwischen der Konditionierungstheorie des Behaviorismus und NLP beschreibt und diskutieren hierfür drei Unterschiede. Vorweg sei darauf hingewiesen, daß beide erstgenannten Begründungsansätze mehr Spezifität für die Rechtfertigung eines Unterschiedes zwischen Anker- und Konditionierungsaspekt ansprechen. Das dritte Argument kann vielmehr als Basisüberlegung dienen, worin NLP und die klassische Verhaltenstherapie differieren.

- *Erstens* soll eine Installation eines Ankers bereits nach Initialerfahrungen möglich sein, wodurch ein Unterschied zu den zeitlichen Konditionierungsbedingungen gegeben ist. Es wird allerdings betont, daß länger dauernde Konditionierungsprozesse zur Ausreifung eines verankerten Mechanismus beitragen.
- *Zweitens* kann in operanter Hinsicht zur Manifestation eines Ankers auf Verstärkungsmechanismen verzichtet werden.
- Drittens werden im NLP andere Meßinstrumente als im Behaviorismus eingesetzt – es besteht keine Einschränkung auf äußerlich meßbare Reaktionen, sondern andere Faktoren, wie kognitive Prozesse und die Dynamik des Unbewußten, werden in die Ankertheorie mit einbezogen.

3.1.2. Anwendungsformen der Anker

DILTS et al. (1991) unterscheiden unterschiedliche Arten, wie eine Verankerung zustande gebracht wird. Neben der o.g. prinzipiellen Variante, im Sinne der Nutzung der Repräsentationssysteme, ergibt sich eine grundlegende Einteilung in externale und internale Bezugsmechanismen.

3.1.2.1. Eigenständig produzierte Verankerungsprozesse

In diese Kategorie fallen Ankersysteme, welche eine Person ohne

Zutun von außen zu aktivieren vermag. Dies betrifft alle assoziativen Vorgänge, welche eine Person für sich selbst in bewußter und unbewußter Form festlegt. Als Beispiel auf der Repräsentationsebene K: Durch eine Berührung am Oberschenkel wird ein Automatisierungsvorgang in Gang gebracht und eine Assoziation mit Tennisspielen wird ausgelöst; weitere Beispiele, die im Alltag häufig zu beobachten sind, sind der berühmte Knopf in der Handtasche, welcher eine Erinnerung bewirkt, das Herunterdrücken der Türklinke der Wohnungstür, womit ein bestimmter Inhalt im Gedächtnis aktiviert wird etc.

3.1.2.2. Verankerung mit Fremdeinflüssen

Dies betrifft Bereiche, welche für den therapeutischen Einsatz relevant sind, da mit äußerer Hilfe, unter Einsatz bestimmter Ankertechniken (s.u.), eine Konditionierung erreicht werden soll. Dabei ist von Bedeutung, daß die fremdbestimmte Verankerung soweit zu einer Automatisierung führt, daß auf dieser Basis Zielzustände quasi abrufbar für den Klienten vorliegen, wenn immer dieser bemerkt, daß er sich nicht eigenständig in den erwünschten inneren Zustand bringen kann.

Je nach therapeutischem Kontext und der Indikationsvariablen wird eine Verankerung vom Therapeuten offen oder verdeckt durchgeführt, wobei die erste Variante beinhaltet, daß der Klient über den stattfindenden Prozeß aufgeklärt ist. Bei einer verdeckten Verankerung ist der betreffenden Person nicht klar, daß soeben eine Verankerung stattfindet.

3.1.3. Die psychotherapeutische Umsetzung und Anwendung der Ankertheorie

Es werden in den meisten Interventionstechniken, welche in der Folge beschrieben sind, Anker gesetzt. Dies dient dazu, bestimmte innere Zustände, welche durch therapeutische Schritte produziert wurden, abrufbar bereitzuhalten und zu stabilisieren. Da in der Therapie häufig eine Koppelung von traumatisch oder negativ besetzten Erfahrungen mit positiven Erlebnissen eingeleitet wird, und beide Merkmale oft unabhängig voneinander hervorgeholt werden, ist es notwendig, mit einer bestimmten Technik herausgearbeitete Erlebnisse auch dann abrufbar zu halten, wenn soeben ein anderes Ereignis behandelt wird.

Die erlebnisorientierte Arbeitsform ist von einer hohen Komplexität einzelner Erfahrungsbestandteile begleitet, Erlebnisse werden durch situationsgebundene Submodalitäten, Gefühle und Gedanken reproduzierbar. Wenn im Rahmen der therapeutischen Arbeit durch gezielte Interventionen eine Installation eines neuen inneren Zustandes erfolgt, ist zwar eine Annäherung an den SOLL-Wert gegeben, allerdings nicht garantiert, daß dieser auch außerhalb des therapeutischen Feldes anhält. Weiterhin ist im Falle der therapeutischen Behandlung anderer Probleme eine neuerliche Verdrängung der Bewältigungsstrategien, die vorher ausgearbeitet wurden, zu befürchten. In beiden Fällen stellt sich die Schwierigkeit, daß eine Effizienz, im Sinne einer langfristigen Wirkung des therapeutischen Erfolgs, nicht als selbstverständlich erwartet werden darf.

Um dieser Gefahr entgegenzuwirken, werden Anker installiert, damit persönliche Fortschritte, die in der Therapie gemacht wurden, stabilisiert werden. In der Praxis ergibt sich daraus, daß in den verschiedensten Phasen der Therapie Verankerungen von erreichten Zuständen und Erlebnissen unternommen werden. Adäquate Ankertechniken kommen dann zur Anwendung, wenn durch einzelne Teile einer Intervention für das Interventionsziel notwendige Zustände und Erkenntnisse hervorgerufen werden, oder eine Gesamtintervention erfolgreich abschlossen ist.

Das Setzen eines Ankers soll dem Klienten dazu dienen, auch dann einen durch Therapie produzierten Zustand zu halten, wenn im Alltag keine therapeutische Unterstützung mehr vorhanden ist, oder eine Konfrontation mit Ereignissen stattfindet, die eine Bedrohung der erreichten persönlichen Fortschritte darstellen. Außerdem erhofft sich der Therapeut durch Verankerungen, die dem Klienten bewußt zugänglich sind, daß künftige problembezogene bzw. traumatisierte Situationen durch die Aktivierung gesetzter Anker eigeninitiativ neutralisiert und umgepolt werden.

3.1.3.1. Kollaps-Anker

Mittels dieser Ankertechnik soll versucht werden, bestehende gekoppelte negative Emotionen durch eine Überlappung mit einem positiv besetzten Gefühl umzukehren. Es ist dabei dem Therapeuten die Entscheidung freigestellt, welche Form der Verankerung im bezug auf V A K O angewandt wird. In der Regel geht dieser Entscheidung ein diagnostischer Prozeß voraus, indem der Therapeut zu eruieren versucht, was das primäre Repräsentationssystem eines Klienten ist, um dieses daraufhin als Verankerungskanal zu benutzen. Dem ist hinzuzufügen, daß in dem strategischen und inhaltlichen Vorgehen eine Äquivalenz zu den beschriebenen Basisüberlegungen über Anker gegeben ist. Das Prinzip, welches nach LANKTON (1980) bei der Form des »collapsing anchoring« zum Tragen kommt, ist die Annahme, daß bei einer Überlappung von zwei verschiedenen Zuständen der unerwünschte sich zu verändern beginnt und in einen neuen umgeformt wird.

LEE GUN (1983) beschreibt folgende Schritte:

1. Access the negative feeling (K-)[105]
2. Anchor the negative feeling (K-)
3. Access the positive feeling (K+)
4. Anchor the positive feeling
5. Fire off both anchors together
6. Re-establish the positive anchor.

3.1.3.2. Chaining / Kette von Ankern

Mit dieser Methode soll nach KUTSCHERA (pers. Mitteilung, 1991) die Kompetenz geschaffen werden, Strategien zu internalisieren, die es einer Person ermöglichen, aus einer Blockade eigenständig herauszukommen. Als Schritte dienen hierbei:

- Das Ankern der Situation, in welcher die Blockade wirkt;
- Das Ankern einer Situation, in welcher der Klient als Beobachter beteiligt war;
- Das Ankern eines ressourcevollen Zustandes.

Danach werden die drei verschiedenen Anker solange aktiviert, bis die Verkettung automatisiert ist, sobald der erste Anker ausgelöst ist. Der Effekt dieser Technik ist demnach, daß bei Auftreten der blockadeauslösenden Situation eine automatische Verbindung mit einem ressourcevollen Zustand zustande kommt, und somit die Blockade in ihrer Wirkung verliert.

3.1.3.3. Weitere Strategien mit Ankervariationen

LEE GUN (1983) beschreibt zwei weitere Möglichkeiten, mit denen eine Verankerung ausgelöst werden soll. Sie basieren jeweils auf vorangehender exakter Erinnerungsarbeit in bezug auf Situationen, die inhaltlich die Thematik der Problemstellung charakterisieren.

3.1.3.3.1. »Veränderung« der persönlichen Geschichte durch Ankertechnik

LEE GUN (1983) beschreibt an früherer Stelle ressourcevolle Zustände als »Playing states« und bezeichnet gegenteilige Zustände als »Nonplaying states«. Er geht davon aus, daß mittels bestimmter Verfahrenstechniken die Möglichkeit besteht, durch Überstapelung eines negativen Erlebnisses mit erfolgreichen Strategien der Vergangenheit eine Umpolung negativer Erfahrungen zu ermöglichen. Die Schritte sind in ihrer Reihenfolge:

1. Access successful play experience. Anchor it.
2. Access unsuccessful play experience. Anchor it.
3. Hold both anchors and ask person to take success recourses to the unsuccessful expierences and see if it would make a useful difference.
4. Future pace: Have person imagine a time when useful behaviors associated with play would emerge.
5. Install the sucess anchors at this point and anchor success.

3.1.3.3.2. Verankerung eines erwünschten Zustandes unter Einbeziehung von Erfahrungen

Als weitere in der therapeutischen NLP-Arbeit verwendete Methode gilt das aktive Erinnern von erfolgreichen Strategien und das Verwenden aller in der ehemaligen Situation vorhandenen Submodalitäten[106], um eine möglichst aktive Erinnerung zu erreichen und in der Vergangenheit verwendete Submodalitäten in die Gegenwart zu transferieren. Damit sollen bereits genutzte erfolgreiche Rahmenbedingungen für bestimmte innere Strategien reaktiviert werden. In der chronologischen Reihenfolge wird ein erfolgreiches Erlebnis der Vergangenheit genommen und einer detaillierten Reproduktion unterzogen. Daraufhin findet die Verankerung statt, um das positive Erlebnis nach Bedarf hervorholen zu können und in künftigen Situationen zur Verfügung zu haben.

3.2. Therapeutische Aktivierung von Submodalitäten

WEERTH (1992) definiert Submodalitäten allgemein als formal-qualitative Feinunterscheidungen innerhalb jeder Sinnesmodalität (Repräsentationssystem) – z.B. heller oder dunkler, größer oder kleiner, lauter oder leiser, weicher oder härter.

Wie bereits geschildert, ist es bei mentalen Vorstellungen in Form von Erinnerungen oder Imaginationen möglich, daß die innerlich produzierten Bilder mit unterschiedlicher Qualität ausgestattet sind, wobei dies sowohl für assoziierte wie dissoziierte Reproduktionen gilt.

Im folgenden ist auszugsweise eine Auflistung dargestellt, um eine Vorstellung darüber zu liefern, welche Inhalte je nach Repräsentationssystem submodal different sind:

Visuell:

Helligkeit: Dieses Merkmal bezieht sich auf die Frage, ob das Bild eher hell oder dunkel ist.

Farbe: Reproduktionen werden farbig oder schwarz/weiß gestaltet, es gibt auch Unterschiede in der Verwendung der Farben.

Dimensionalität: Bilder können zwei- oder dreidimensional gesehen werden.

Schärfe: Die Objekte sind mit unterschiedlich scharfen oder unscharfen Konturen ausgestattet.

Assoziiert oder dissoziiert: Sieht sich eine Person im Bild (dissoziiert), oder wird durch die eigenen Augen gesehen (assoziiert)?

Auditiv:

Geräusche: Es wird überprüft, ob im Rahmen der Imagination etwas gehört wird.

Rhythmus: Geräusche können permanent oder in einer bestimmten rhythmischen Abfolge vorhanden sein.

Tonhöhe: Werden hohe oder tiefe Töne gehört?

Entfernung: Geräusche werden vom Subjekt als mehr oder weniger weit entfernt wahrgenommen.

Kinästhetisch:

Temperatur: Die Empfindung kann von warm bis kalt reichen.

Taktil: Berührungen auf der Haut sind mit bestimmten inneren Eindrücken verbunden.

Intensität: Ein Gefühl zum/im Bild ist stark oder gering gegeben.

Gefühlscharakteristikum: Dies bezieht sich auf die Merkmale des Gefühls, ob ein Bild stechend, dumpf, pulsierend usw. erlebt wird.

Olfaktorisch/gustatorisch:
Diese Kategorie wird in der Erforschung submodaler Qualitäten vernachlässigt. BANDLER weist darauf hin, daß geruchs- und geschmacksbezogene Charaktere zwar einen wichtigen Anker darstellen könnten und insofern für Überlegungen einer submodalen Nutzung Rechtfertigung vorhanden ist. Demnach besitzen laut ANDREAS und ANDREAS (1989) sowie BANDLER (1990) olfaktorische und gustatorische Repräsentationssysteme aufgrund der kulturell bedingten primären sensorischen Nutzung der anderen Kanäle lediglich sekundäre Relevanz.

GORDON (1986) weist auf die Funktion von Submodalitäten im Bezug auf Perzeption und Repräsentationssysteme hin: Sie haben eine organisatorische Arbeit im Wahrnehmungssystem zu leisten, indem sie Einheiten darstellen, welche eine kategoriale Informationskodierung durchführen. Die submodalen Vorgänge sind gleichzeitig mit der Erfahrungsentwicklung einer Person untrennbar verbunden, woraus sich in therapeutischer Hinsicht ergibt, daß durch Veränderung der Submodalitäten auch eine Veränderung auf der Ebene der Erfahrung erwartet werden darf.

Im konkreten raten BANDLER und MACDONALD (1991) dem NLP-Therapeuten, Einfluß auf die Veränderung der submodalen Qualitäten von inneren Bildern auszuüben, indem der Klient angewiesen wird, die im jeweiligen Repräsentationssystem relevanten Submodalitäten bewußt wahrzunehmen und gegebenenfalls je nach dem grundlegenden Interventionsmodell zu variieren, zu erweitern oder zu reduzieren.

Als Beispiel einer Form, wie mit submodalen Interventionsschwerpunkten im NLP gearbeitet wird, verweisen O'CONNOR und

SEYMOUR (1992, 81ff) auf ein Experiment, welches hier auszugsweise zitiert ist: »Gehen Sie zurück in ein angenehmes Erlebnis. Stellen Sie sicher, daß Sie in dem Bild assoziiert sind, so als wenn Sie aus Ihren eigenen Augen sehen. Erleben Sie, wie das ist. Als nächstes dissoziieren Sie sich davon. Gehen Sie einen Schritt heraus und sehen Sie die Person, die ganz so aussieht und spricht wie Sie.«[107] Die Autoren fahren im Experiment mit dem Ziel fort, dem Leser die Wirkung von Submodalitäten erfahrbar zu machen: »Denken Sie an eine bestimmte Situation zurück, die für Sie von emotionaler Bedeutung ist und an die Sie sich gut erinnern können. Werden Sie sich vorerst des visuellen Teils der Erinnerung bewußt. Stellen Sie sich vor, wie Sie selbst die Helligkeit bestimmen, sie heller und dunkler stellen, so wie Sie es beim Fernsehen machen würden. Achten Sie auf den Unterschied, den das in bezug auf Ihre Erfahrung macht. Welche Helligkeit ziehen Sie vor? Stellen Sie es am Ende auf die Originalhelligkeit zurück. .... Wenn es Farbe hat, machen Sie es jetzt bitte schwarzweiß. Wenn es schwarz und weiß ist, geben Sie ihm Farbe. Worin besteht der Unterschied, und welches ist besser? .... Als nächstes: Hat es Bewegung? Wenn ja, machen Sie es immer langsamer, bis es zu einem Standbild geworden ist. Dann versuchen Sie, es schneller werden zu lassen. Beachten Sie Ihre Präferenz....«

Die Intensität und Erinnerungsqualität ist je nach verwendeten Submodalitäten unterschiedlich, es wird erwartet, daß sich innere Zustände aufgrund einer Modifikation bestimmter submodaler Einheiten ändern. Ist z.B. ein unangenehmes Gefühl vorhanden und wird das dazugehörende Bild in schwarzweiß und mit schrillen Stimmen erlebt, kann sich die Stimmung verändern, wenn Farbe ins Bild gebracht und aus der schrillen Stimme eine ruhige und tiefe gemacht wird.

3.3. *Interventionen mit regressiven Anteilen*

Der Anspruch, welcher nach O'CONNOR und SEYMOUR (1992) hinter den regressiven Techniken steht, ist, die aufgrund der Problemlage notwendige Analyse biographischer Ereignisse möglichst exakt durchzuführen. Voraussetzung hierfür ist realitätskonformes Wiedererleben und Erinnern der vergangenen Ereignisse.

3.3.1. Veränderung der persönlichen Geschichte

Es ist im Sinne der o.a. Auswirkung bestimmter vergangener Erfahrungen auf gegenwärtige Erlebnisse, Empfindungen, Kognitionen, Verhaltensweisen eine Begründung für therapeutisches Setting gegeben, bei welchem die Aufmerksamkeit auf Ereignisse der Vergangenheit gerichtet ist. Im Vordergrund steht der Versuch, dem Klienten bestimmte Vorkommnisse, die im Kontext zur jeweiligen Problematik stehen, z.B. immer wiederkehrende negative Gefühlszustände oder unerwünschte Verhaltensweisen, so subjektiv wirklichkeitsgetreu[108] als möglich in Erinnerung zu rufen.

O'CONNOR und SEYMOUR (1992) beschreiben folgende Schritte dieser Intervention (vereinfacht dargestellt und in chronologischer Reihenfolge):

1. Identifikation des negativen Zustandes;
2. den Klienten anleiten, in die früheste Erfahrung zurückzugehen, in welcher dieser Zustand das erste Mal im Leben auftrat;
3. Suche nach Möglichkeiten, welche Umstände den Klienten in dieser frühen Zeit vor der negativen Besetzung bewahrt hätten, wobei dies eine Suche nach in der Person vorhandenen Ressourcen ist, die zum damaligen Zeitpunkt eine schlechte Erfahrung vermieden hätten;
4. die Person mit der ausgewählten und verankerten Ressource nochmals in die betreffende Situation der Vergangenheit führen; Situation dissoziiert betrachten und darauf achtgeben, was sich mit dem Einsatz der neuen Ressource verändert. Im Anschluß

soll der Klient ermutigt werden, in die Situation assoziiert einzusteigen und Veränderungen des gesamten Umfeldes sowie der eigenen Verhaltensweise wahrzunehmen; dieser Schritt wird mit Verankerung von Seiten des Therapeuten begleitet;

5. der Klient wird in seiner Aufmerksamkeit wiederum in die Gegenwart geführt. Es wird beobachtet (Fremdbeobachtung – Physiologie, Selbstbewertung – verbale Eigeneinschätzung), ob sich die emotionale Subjektivität der Erinnerung an die Situation verändert hat und der ursprünglich negative Zustand entfernt ist.

3.3.2. Beliefs

Wie bereits ausgeführt wurde, existieren in einer Person Glaubenssysteme, die u.U. das Erlangen eines Zieles verhindern bzw. Verantwortung für eine neurotische Persönlichkeitsdisposition tragen. Verschiedene Interventionstechniken zur Modifikation der Glaubenssätze zugunsten erwünschter Zustände werden in der Literatur z.B. bei BANDLER und MACDONALD (1991) diskutiert. Bei einer Analyse der Variationen wird deutlich, daß durch die Kernannahme, für die Entwicklung des Beliefs und die Manifestation eines Beliefsystems seien ontogenetische Ereignisse verantwortlich, eine interventionale Fokussierung auf biographische Merkmale angestrebt wird. Wenn im folgenden einzelne Techniken zur Beliefveränderung geschildert werden, ist zu berücksichtigen, daß diese in der vorliegenden Arbeit nur in oberflächlicher Weise beschrieben sind, da sie in der Fachliteratur des NLP bereits ausführlich dargestellt wurden. Auch ist die Auflistung keine vollständige, da in der Entwicklung von Interventionstechniken gerade im Bereich der Veränderung von Glaubenssätzen innerhalb des NLP eine hohe Expansion vorliegt. Es lassen sich allerdings in den verschiedenen Übungsvorschlägen bestimmte Charaktere finden, welche auf ursprünglichen Variationen aufbauen, weshalb die selektive Beschreibung auf der Ursprünglichkeit der Interventionsmuster basiert.[109]

Zusammenfassend für alle Interventionsformen, die der Beliefbearbeitung dienen, läßt sich vorausgreifen, daß vor der eigentlichen Intervention jeweils die exakte Feststellung eines Beliefsatzes notwendig ist und danach gesucht wird, wann dieser Belief in der Vergangenheit auftrat, und wie er sich in der persönlichen Geschichte manifestieren konnte.

3.3.2.1. Satir-Modell

Bei diesem Modus wird im Anschluß an eine exakte Beliefanalyse nach Gegenbeispielen gesucht, die eine Korrektur des hemmenden Satzes ermöglichen soll. Dieses Vorgehen geht auf VIRGINIA SATIR zurück, die in ihrer familientherapeutischen Arbeit mit Paaren nach innerfamiliär typischen Gesprächsmustern und kognitiven Systemen suchte, welche als Konfliktherde und Störungen für eine Partnerschaft bzw. den Familienverband fungieren und die in einzelne Einheiten (Sätze) zerlegbar sind[110]. Ihre Vorgehensweise besitzt eine Äquivalenz zu den besprochenen Prinzipien der Struktur von Beliefs: Sie sucht nach bestimmten verbalen Formulierungen, die eine innere Einstellung der Partner verraten und versucht daraufhin – mittels Gegenbeispielen aus der persönlichen Geschichte – vorhandene Einstellungen und Gefühle, die systemisch negative Auswirkungen besitzen, zu entkräften.

Nach dieser Vorgehensweise baut sich die Technik zur Modifikation eines Beliefs folgendermaßen auf:

1. Analyse des negativ besetzten Satzes in Verbindung zur Biographie.
2. Mindestens drei erlebte Gegenbeispiele, die eine kognitive Entkräftung des Beliefs bewirken: Der Klient wird angewiesen, danach zu suchen, in welchen vergangenen Situationen er erfahren konnte, daß die thematisierte internalisierte Feststellung falsifizierbar ist. Diese drei Kontraerfahrungen werden so direkt und lebhaft wie möglich in Erinnerung gerufen und in assoziierter Form unter

Miteinbezug der Repräsentationskanäle und Submodalitäten in die Gegenwart eingebracht.

3. Es sollte im nächsten Schritt möglich sein, einen neuen Satz anstelle des alten zu finden. Ist diese Suche abgeschlossen, wird überprüft, welche Auswirkungen im Umkreis der individuellen Lebenswelt zu erwarten sind.

Das Entscheidende dieser Technik liegt im Punkt 2. Wenn eine Person eine bestimmte Einstellung internalisiert hat, ist es nach dem beschriebenen Schema möglich, diese zu entkräften und den schlechten inneren Zustand, der mit dieser Einstellung gekoppelt ist, aufzuheben. Es wird allerdings in der Literatur hervorgehoben, daß die Entkräftigungsbeispiele der Vergangenheit »hautnah« erlebt werden müssen, um tatsächlich den inneren AHA-Effekt zu erreichen, daß der ursprüngliche Glaube in seiner Absolutheit falsch ist[111] und somit korrigiert werden muß. Als wichtigste NLP-Instrumente dienen bei dieser Interventionsform die bereits besprochenen Werkzeuge, um eine aktive Erinnerung herzustellen: das primäre Repräsentationssystem und die Verwendung von Submodalitäten.

3.3.2.2. Technik unter Einbeziehung von Submodalitäten

BANDLER (1990) nimmt an, daß bei Glaubenssätzen neben den Inhalten auch das submodale Muster eine entscheidende Rolle in der Beliefqualität spielt. Folglich soll eine Veränderung des Glaubenssatzes über die Arbeit mit Submodalitäten erreicht werden. Eine Intervention in diesem Sinne bezieht sich in erster Linie auf Verhaltensweisen, die als problematisch empfunden werden bzw. auf Zustände, die zu einer intrapersonalen Disharmonie führen. Schritte in diesem Kontext sind:

1. Analyse des Glaubenssatzes und Identifizierung der damit verbundenen Submodalitäten anhand der Reproduktion einer Situation der Vergangenheit, in welcher das Belief verinnerlicht wurde.

2. Bestimmung eines Satzes, der Gleichgültigkeit in einem angenehmen Gefühl beschreibt – z.B.: Es ist mir egal, ob ich ein Schnitzel oder einen Apfelstrudel esse, mir schmeckt beides sehr gut –; sich an eine Situation erinnern, in welcher dies vorkam; die damit verbundenen Submodalitäten bestimmen.
3. Vergleich der Submodalitäten beider Sätze.
4. Adaption von einigen Submodalitäten des Glaubenssatzes an die des Gleichgültigkeitssatzes und Analyse dessen, ob sich dadurch bereits eine emotionale und/oder kognitive Veränderung des Glaubenssatzes einstellte, bzw. ob die gefühlsbezogene Intensität des Beliefs verringert ist.
5. Versuch der Formulierung eines neuen Glaubenssatzes, der eine positive Beschreibung des Prozesses darstellt und Fähigkeiten einer Person beinhaltet, die zur Manifestation eines erwünschten Zustandes notwendig sind.
6. Den neuen Glaubenssatz mit den Submodalitäten von 2. verbinden.
7. Überprüfung der Wirkungsweise des neuen Satzes und seiner Qualität.

Im weiteren Vorgehen sind hier Variationen möglich, wie die Integration von Submodalitäten eines als äußerst wertvoll erlebten Ereignisses in die Ausgangssituation.

3.3.2.3. Installieren eines neuen Glaubenssatzes

WEERTH (1992) beschreibt die Möglichkeit nach DILTS, neue Glaubenssätze zu installieren, wobei die Technik in Anlehnung an jene von 3.3.2.2. zu betrachten ist, da die submodale Umsetzung wiederum im Vordergrund steht. Der neue Belief unterliegt einer Bindung an einen alten Belief, der eine Ähnlichkeit zu dem Erwünschten aufweist. Es wird eine vergangene Situation, in welcher der alte Satz zum Tragen kam, in Erinnerung gerufen, und danach werden die Submodalitäten dieses alten Satzes in die neue Satzbildung transformiert.

3.3.2.4. Integrationsansatz zur Beliefbearbeitung

In der neueren Methodenentwicklung des NLP findet sich nach KUTSCHERA (pers. Mitteilung, 1993) ein Modell zur Veränderung hemmender Beliefs, das eine Miteinbeziehung unterschiedlicher Verfahrenstechniken versucht. In dieses Modell werden verschiedene Ansätze integriert, die ihrerseits eigenständige Techniken sind und zusammen zu einem multidimensionalen Ansatz der therapeutisch praktischen Vorgangsweise zum Ziele der Elimination bestimmter Beliefs beitragen.

Die einzelnen Elemente sind entweder direkte Ableitungen aus Kernannahmen oder aus bereits beschriebenen Techniken. Sie sind im folgenden stichwortartig wiedergegeben und fallweise beschrieben:

a) Neudefinieren: Es wird versucht, ein zentrales Wort des Beliefsatzes durch ein anderes zu ersetzen, welches zwar dieselbe Aussage hat, jedoch im gesamten Kontext andere Folgerungen und Bewertungen zuläßt.

b) Konsequenz: Die Aufmerksamkeit wird darauf gerichtet, welche positive oder negative Wirkung durch einen Belief selbst oder den daraus definierten Zusammenhängen besteht.

c) Absicht oder Intention: Da angenommen wird, daß in jedem Belief eine bestimmte Absicht verborgen ist, wird nach dem Zweck eines Beliefs gesucht.

d) Chunk Down: Dieser Bereich betrifft das Elementarisieren eines Beliefs, welcher in kleinere Einzelheiten zerlegt wird, um danach zu betrachten, ob und wie sich eine Bewertung des Beliefs verändert hat bzw. innere Zusammenhänge neu bestimmt werden.

e) Chunk Up: Gegenteilig zu der vorherigen Technik wird hier eine Generalisierung des Glaubenssatzes vorgenommen, um ähnliche Wirkungen wie oben zu überprüfen.

f) Gegenbeispiele: Dieser Punkt beschreibt eine Vorgehensweise in Anlehnung an das SATIR-Modell (s. 3.3.2.1.).
g) Ein anderes Ziel: Der Fokus wird weg von der Ursache-Wirkung-Charakterologie des Beliefs auf andere Ziele gerichtet, die im Zusammenhang mit dem Satz stehen.
h) Analogie: Durch das Erzählen einer Metapher, einem Vergleich zu ähnlichen Beliefs mit anderem Ausgang und anderer Konsequenz, wird ebenfalls eine Neubewertung erwartet.
i) Selbstanwendung: Die Aussage des Beliefs wird auf das Belief selbst angewendet und dabei auf ihre Haltbarkeit geprüft.
j) Hierarchie von Kriterien: Das Belief wird höher bewerteten Kriterien gegenübergestellt und damit in einen direkten Vergleich zu anderen Lebenswerten gebracht.
k) Ändern des Gesamtzusammenhanges (Kontext): Der Glaubenssatz wird auf einen größeren bzw. kleineren Blickwinkel, eine größere bzw. kleinere Gruppe, auf einen kürzeren oder längeren Zeitrahmen angewandt und danach im Hinblick darauf überprüft, ob er noch haltbar ist.
l) Meta-Rahmen: Das Belief wird in den Rahmen einer Lebenseinstellung oder eines größeren Beliefs oder Beliefsystems gesetzt.
m) Denkmodell/Landkarte: Es findet eine Überprüfung des Beliefs mittels anderer Denkmodelle statt.
n) Realitätsstrategie: Es wird überprüft, wie genau jemand darüber Bescheid weiß, daß das, was im Belief zur Aussage kommt, der Realität entspricht.

Als Beispiel wird unten eine Skizze präsentiert, die sich an KUTSCHERA (1994, 499) anlehnt. Die Abb. 17 auf der übernächsten Seite zeigt den multidimensionalen Ansatz zur Behandlung eines Glaubenssatzes. Exemplarisch wird das Belief »Krebs verursacht Tod« verwendet. Es liegen allerdings keine eindeutigen Hinweise vor, bei welchen Beliefmustern eine effiziente Indikation in dieser

Hinsicht vorhanden ist. Es bietet sich an, dieses Modell dann zu gebrauchen, wenn Glaubenssätze nicht mittels »einfacher« Techniken, wie mit dem Satir-Modell, verändert werden können. Es ist also zu vermuten, daß dies vor allem diejenigen Beliefs sind, die in komplexer Form die Gesamtpersönlichkeit betreffen und in ätiologischer Hinsicht nicht monokausal belegbar sind. Die vorher genannten Punkte a) bis n) werden dann der Reihe nach zur Belief-Entkräftigung eingesetzt, wobei vor Interventionsstart keine festgelegte Chronologie erforderlich ist.

Als weitere Beispiele werden bei KUTSCHERA (1994) die Beliefs »Wenn ich für andere sorge, nutzen sie mich aus«, »Ich kann X nicht, weil ich es niemals gemacht habe«, »Du sagst gemeine Dinge, du bist böse« diskutiert und nach selbigem Muster bearbeitet.

3.3.3. Reframing

Reframing wird als eine Methode angesehen, mittels derer es möglich sein sollte, die bestehenden Mißstände in situations-, emotions- und kognitionsbezogenen Zusammenhängen einer Person soweit zu verändern und umzudeuten, daß daraus eine Veränderung im subjektiven Empfinden des kontextbezogenen Wahrnehmungsbereiches resultiert. LEE GUN (1983, 154) beschreibt den Zweck der Reframe-Theorie des NLP auf folgender Grundlage: »Every human being makes the best choices available to them given their personal history and their abilitiy to generalize or to make discriminations about their sensory experience.«

Die theoretische Fundierung dieser im NLP äußerst geläufigen Intervention ist in den Kernannahmen gegeben, daß

- alle in und um eine Person ablaufenden Prozesse und Stati, wie physischen Symptome, in irgendeiner Form der Person nützlich sind[112],
- das individuelle Weltbild und die subjektive Interpretationsweise von Vorgängen in einem Wechselverhältnis stehen, eine Intro-

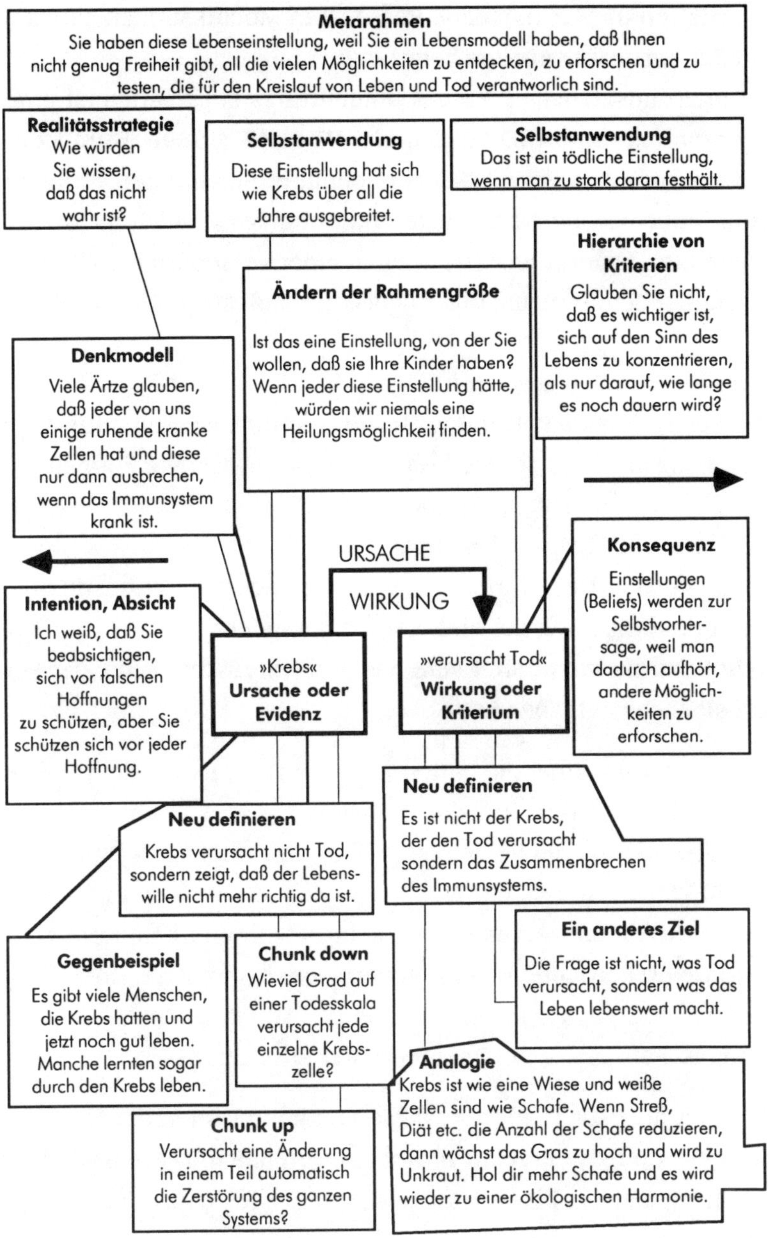
Metarahmen
Sie haben diese Lebenseinstellung, weil Sie ein Lebensmodell haben, daß Ihnen nicht genug Freiheit gibt, all die vielen Möglichkeiten zu entdecken, zu erforschen und zu testen, die für den Kreislauf von Leben und Tod verantwortlich sind.
Realitätsstrategie
Wie würden Sie wissen, daß das nicht wahr ist?
Selbstanwendung
Diese Einstellung hat sich wie Krebs über all die Jahre ausgebreitet.
Selbstanwendung
Das ist ein tödliche Einstellung, wenn man zu stark daran festhält.
Hierarchie von Kriterien
Glauben Sie nicht, daß es wichtiger ist, sich auf den Sinn des Lebens zu konzentrieren, als nur darauf, wie lange es noch dauern wird?
Ändern der Rahmengröße
Ist das eine Einstellung, von der Sie wollen, daß sie Ihre Kinder haben? Wenn jeder diese Einstellung hätte, würden wir niemals eine Heilungsmöglichkeit finden.
Denkmodell
Viele Ärtze glauben, daß jeder von uns einige ruhende kranke Zellen hat und diese nur dann ausbrechen, wenn das Immunsystem krank ist.
URSACHE
WIRKUNG
Konsequenz
Einstellungen (Beliefs) werden zur Selbstvorhersage, weil man dadurch aufhört, andere Möglichkeiten zu erforschen.
Intention, Absicht
Ich weiß, daß Sie beabsichtigen, sich vor falschen Hoffnungen zu schützen, aber Sie schützen sich vor jeder Hoffnung.
»Krebs« Ursache oder Evidenz
»verursacht Tod« Wirkung oder Kriterium
Neu definieren
Es ist nicht der Krebs, der den Tod verursacht sondern das Zusammenbrechen des Immunsystems.
Neu definieren
Krebs verursacht nicht Tod, sondern zeigt, daß der Lebenswille nicht mehr richtig da ist.
Ein anderes Ziel
Die Frage ist nicht, was Tod verursacht, sondern was das Leben lebenswert macht.
Gegenbeispiel
Es gibt viele Menschen, die Krebs hatten und jetzt noch gut leben. Manche lernten sogar durch den Krebs leben.
Chunk down
Wieviel Grad auf einer Todesskala verursacht jede einzelne Krebszelle?
Analogie
Krebs ist wie eine Wiese und weiße Zellen sind wie Schafe. Wenn Streß, Diät etc. die Anzahl der Schafe reduzieren, dann wächst das Gras zu hoch und wird zu Unkraut. Hol dir mehr Schafe und es wird wieder zu einer ökologischen Harmonie.
Chunk up
Verursacht eine Änderung in einem Teil automatisch die Zerstörung des ganzen Systems?

Abb. 17

spektion über vorhandene Ressourcen Modifikationen persönlicher Zustände einleiten kann.

Die grundsätzliche Idee der Umdeutungs-Variationen ist unter Bezugnahme auf ANDREAS und ANDREAS (1989): Durch eine Veränderung des Bewußtseins gegenüber bestimmten Problemsituationen soll eine komplexe Änderung des Verhaltens und der Einstellung bewirkt werden, was zu einer veränderten Sichtweise gegenüber dem Problem und folglich zur Auflösung führen soll.

3.3.3.1. Six-Step-Reframing

Das Sechs-Stufen-Reframing ist die Ursprungstechnik, auf deren Grundlage im Laufe der Methodenentwicklung weitere Formen entwickelt wurden. BANDLER und GRINDER (1990a) beschreiben als Inhalte des Six-Step-Reframings:

1. Die genaue Deskription des Verhaltens oder einer bestimmten Reaktionsweise, welche eine Person verändern möchte, und eine erste Konfrontation damit, daß das problematische Signal der Person dienliche Aufgaben hatte.

2. Die Kontaktaufnahme mittels »inneren Dialogs« mit dem Teil der Persönlichkeit, der für die Entwicklung des unerwünschten Verhaltens zuständig ist; in dieser Phase erwartet nach O'CONNOR und SEYMOUR (1992) der NLP-Therapeut, daß unbewußte Anteile der Konfliktsituation ins Bewußtsein rücken und eine Kommunikation zwischen »inneren Konfliktparteien« begonnen werden kann. Dies betrifft in erster Linie das Erkennen von ursächlichen psychodynamischen Zusammenhängen zu der Problematik.

3. Es wird versucht, eine bewußte Trennung vom Verhalten selbst zu der dahinterstehenden Absicht zu erreichen. Diese Stufe wird solange gehalten, bis eine zufriedenstellende positive Absicht gefunden wurde.

4. Eine Kommunikation mit dem »Persönlichkeitsanteil« Kreativität dient anschließend dazu, Handlungsalternativen zu kreieren, bei denen die eruierte positive Absicht erhalten bleibt, ohne das unerwünschte Verhalten oder die Reaktion beibehalten zu müssen.

5. Es erfolgt eine Überprüfung der im Schritt vier erarbeiteten neuen Strategien, indem in mentaler Form eine zukünftige Situation mit der angenommenen Handlungsalternative durchlaufen wird. Diese Stufe ist mit der Technik des »Future pace« gleichzusetzen.

6. Schließlich erfolgt eine Suche nach möglichen Hindernissen bei der Aktivierung des Verhaltens in Form einer systemischen Betrachtungsweise, wenn in Überlegungen die Frage mit einbezogen wird, ob das neue Verhalten auf bestehende Umweltsysteme integrierbar ist oder ob in manchen Systemen Konflikte zu erwarten sind. Weiterhin findet nach BANDLER und GRINDER (1991b) ein »ÖKO-Check« statt, welcher neben den angeführten personenexternen auch personeninterne Faktoren berührt, also die Frage behandelt, welche eventuellen internen und externen Konflikte eine Realisierung des Reframe-Ergebnisses verhindern könnten.

BANDLER und GRINDER (1990a) legen Wert darauf, daß jeder der einzelnen Schritte ausführlich behandelt wird, so daß von vornherein keine genaue zeitliche Angabe darüber möglich ist, wie lange diese Form des Reframings dauert. In ihren Beschreibungen geben sie vor allem auf die Bereiche der Überprüfungen acht, um eventuell auftretenden Konfliktfeldern – insbesondere im sozialen Umfeld – entgegenzuwirken.

3.3.3.2. Kontextreframing

In Anlehnung an das Six-Step-Reframing wurde eine Technik entwickelt, die sich darauf konzentriert, ein problembezogenes Verhalten dahingehend zu untersuchen, in welchen Situationen es angepaßt wäre, auch wenn in Verbindung mit bestimmten Ereignissen eine negative Konsequenz des Verhaltens erfahren wurde. Es kommt hierbei die Annahme zum Tragen, daß jedes Verhalten in bestimmten situativen Zusammenhängen einen Nutzen besitzt. Inhaltlich beschäftigt sich Kontextreframing mit dem Thema, wann welches unerwünschte Verhalten einsetzbar ist und welche Ressourcen durch ein bestimmtes Verhalten zum Vorschein kommen und für die Person einen positiven Effekt besitzen. O'CONNOR und SEYMOUR (1992) erklären die Wirkung anhand der psychotherapeutischen Praxis: Ein Klient vermag dem Therapeuten mit demselben Verhalten entgegenzutreten, welches er vor Jahren seinen Eltern gegenüber einsetzte. Ein Thema in der Therapie kann in solchen Fällen sein, welcher Nutzen derzeit noch mit einem kindlichen Verhalten in Verbindung gebracht werden kann, und ob für einen Erwachsenen dieselbe Verhaltensweise, wie in der Kindheit, angemessen ist.

3.3.3.3. Inhalts- oder Bedeutungsreframing

Diese Variante beschäftigt sich mit inhaltlichen Bewertungen von Situationen, Ereignissen und Verhalten. Ausgangspunkt für derartige Reframings ist, daß u.U. bestimmte unerwünschte Zustände deshalb auftreten, weil Ereignisse mit negativen Erfahrungen gekoppelt werden. Es wird erwartet, daß durch einfache inhaltliche Umdeutung eine geringe Veränderung in der gedanklichen Welt einer Person zu einem bestimmten Problem erreicht wird.

3.3.3.4. Verhandlungsreframing

Der Einsatz von Verhandlungsreframing ist primär dann indiziert, wenn sich eine Person in einem ambivalenten Gefühl oder einer Entscheidungssituation befindet und versucht werden soll, zwischen mehreren Lebensbereichen eine Ausgewogenheit zu erreichen.

3.3.3.5. Zusammenfassung

Der Technik Reframing wird in der Therapieform NLP eine hohe Bedeutung beigemessen, wie oben beschrieben wurde. Zudem widmen sich BANDLER und GRINDER (1990a) intensiv der Frage, welche Form von Reframing bei welcher »Störung« angewandt werden soll.

Weiterhin ist zu erwähnen, daß REVENSTORF (1985) in seinen kritischen Auseinandersetzungen mit dem NLP, bezogen auf das Reframing, den Vorwurf äußert, daß es sich bei dieser Technik um eine Übernahme des Problemlösungsansatzes nach D'ZURILLA und GOLDFRIED (1971) und der Streß-Immunisierungstheorie MEICHENBAUMs (1979) handle. Auch besteht eine Affinität zur Störungstheorie der Angst von R.S. LAZARUS (1966): Dieser spricht von einem doppelten Bewertungsprozeß oder kognitiven Beurteilungsprozessen – »appraisal« – bei kognitiv-emotionalen Belastungen. In einem »primary appraisal« werden Bedrohungen und Herausforderungen einer Situation eruiert. Wenn sich bei diesem Prozeß der Gefahreneinschätzung ergibt, daß die Situation als bedrohlich zu beurteilen ist, wird in einer zweiten Stufe – dem »secundary appraisal« – schließlich untersucht, welche Fähigkeiten und Hilfen zur Situationsbewältigung eingesetzt werden können, um im folgenden Schritt, dem kognitiven Vermittlungsprozeß oder »reappraisal«, eine Neubewertung der ursprünglichen Situation vorzunehmen.[113]

Eine Verwandtschaft zur Theorie des kalifornischen Streß- und Persönlichkeitsforschers besteht insofern, als BANDLER und GRINDER (1991a) ebenfalls von subjektiven Bewertungen gewisser Situationen ausgehen, wobei, je nach Bewußtsein über die eigene Handlungskompetenz für Situationsbewältigung, emotional unterschiedliche Reaktionen bestehen.

3.3.4. Regressionen mit Hilfe der »Time line«

Wie bereits im vorigen Kapitel erläutert, wird die Variable Zeit in der Beschreibung des Persönlichkeitsmodells berücksichtigt, was konsequenterweise zur Folge hat, daß sich das NLP dieses Kriteriums ebenso in der therapeutischen Praxis annimmt.

WEERTH (1992) beschreibt, daß bei gezielter persönlicher Veränderung stets alle drei Zeitdimensionen miteinbezogen sind. Durch Erinnerung an Erlebnisse in der Vergangenheit ist es möglich, einen Wunsch nach spezifischer Veränderung zu entwickeln. Außerdem liegen in dieser zeitlichen Ebene Ursachen für Probleme und individuelle Entwicklungsformen. Die Fähigkeit zur Erinnerung ist Voraussetzung dafür, daß eine Person bestehende Ressourcen und Fähigkeiten erkennen kann, und diese weiterhin für Lösungs- und Veränderungsstrategien einzusetzen vermag.

In der Gegenwart ist eine aktive Veränderung von Einstellung und Handlung möglich, während die klare Vorstellung der veränderten Zukunft einen unmittelbaren Einfluß auf die Stabilität persönlicher Modifikationsereignisse ausübt, und eine diesbezügliche Abklärung sichern soll, ob eine Veränderung bestimmten Gegenkräften ausgesetzt sein kann, die dann blockierend wirken würden.

3.3.4.1. Grundlegendes Interventionsprinzip der Zeitlinie und dissoziiertes Erleben von Vergangenheit, Gegenwart und Zukunft

Wie aus den bisherigen Ausführungen bereits erkennbar, bedient sich NLP häufig der Idee, Ressourcen aus der Vergangenheit zu holen, um diese für zukünftige Situationen nutzbar zu machen. Durch den Einsatz von Zeitlinien in der Therapie soll es dem Klienten möglich sein, vorerst eine Differenzierung zwischen den zeitlichen Dimensionen zu erreichen und danach auf der Basis dieser klaren Trennung eine Kontinuität im Erleben von Vergangenheit, Gegenwart und Zukunft herstellen zu können. Dies wird dadurch ermöglicht, daß der Klient auf seiner eigenen Zeitlinie die Vergangenheit in bezug auf ein bestimmtes Thema neu erlebt[114] und daraus gewonnene Kenntnisse in die Gegenwart und Zukunft zu übertragen vermag.

Die Time line-Therapie findet vor allem im nordamerikanischen Raum zur Heilung von Krankheiten Anwendung. SEYMOUR und O'CONNOR (1992) begründen den diesbezüglichen Behandlungseffekt damit, daß eine Regeneration bei denjenigen Patienten schneller vor sich geht, die klare Bilder über ihre Zukunft produzieren können. JAMES und WOODSMALL (1991) und ANDREAS und ANDREAS (1990) schlagen vor, daß Zeitlinien vor allem dann als Intervention zu verwenden sind, wenn eine der drei Zeitdimensionen unter- oder überrepräsentiert ist. Werden z.B. unangenehme Ereignisse der Vergangenheit als sehr nah erlebt, bestehen außerdem nur unklare Vorstellungen über Gegenwart und Zukunft, ist die individuelle Handlungs- und Planungsfähigkeit aufgrund des Verharrens in der Vergangenheit eingeschränkt.

In der Umsetzung dieser Theorie versucht der Therapeut zu erreichen, daß der Klient vergangene, gegenwärtige und zukünftige Bilder gleichwertig dissoziiert auf seiner Zeitlinie konstruieren kann. Der Effekt dieser Behandlungsform ist im Falle von emotional negativer Koppelung an ein vergangenes Ereignis, daß durch den Blick in die Gegenwart und Zukunft unter Einbezug von persönlich positiv besetzten Submodalitäten bei den Bildern eine Distanz zum Trauma der Vergangenheit hergestellt wird.[115]

3.3.4.2. Parental Time line

KUTSCHERA (persönliche Präsentation, 1992) schildert ein Interventionsmodell, welches zwei Aspekte integriert: Erstens wird ein systemischer Arbeitsansatz verfolgt, zweitens wird in dieser Verfahrenstechnik eine regressive und progressive Erlebnisorientierung kombiniert.

Folgende Indikationsbereiche werden von KUTSCHERA genannt: Wenn sich Probleme durch die Zeit ziehen und generalisierte Probleme in der Biographie mehrmals wiederzufinden sind, bzw. bestimmte Phänomene wie Beliefs dafür sorgen, daß in der persönlichen Geschichte ein Wiederholungszwang vorhanden ist, und dieser in systemischer Sichtweise durch familiäre Muster verstärkt wird.

Es wird bei dieser Intervention imaginär eine »Zeitlinie« über alle drei Dimensionen gelegt; der Klient bewegt sich auf dieser zurück bis zu Lebenszeiten anderer Generationen seiner familiären Vorfahren, um damit bestehende Systeme reproduzieren zu können.

Wenn in der Folge die einzelnen Schritte erklärt werden, so ist darauf acht zu geben, daß diese zwar in der Anwendung eine Chronologie besitzen, allerdings das Prozeßhafte der Intervention im Vordergrund steht und deshalb die einzelnen Schritte unterschiedlich intensiv bearbeitet werden.

1. Analyse eines Problems, welches sich durch die Zeit zieht (s.o.);
2.a. erlangen eines dissoziierten Zustandes in der Problemsicht;
2.b. festlegen der Zeitlinie im Raum – wo liegt die Zukunft, die Vergangenheit, die Gegenwart?;
2.c. einsteigen in die Time line und in zeitliche Dimensionen: Vor einem liegt die Zukunft, dahinter die Vergangenheit. Der Punkt, an welchem der Klient sich soeben befindet, ist die Gegenwart; dieser Schritt wird solange geübt, bis der Klient in der Zeit ist;
2.d. dissoziiert auf der Zeitlinie in die eigene Vergangenheit bis zum Zeitpunkt der Zeugung blicken;
3. auf der Zeitlinie zum Platz der Zeugung gehen;
4. am Platz spüren, auf welcher Seite der Vater, auf welcher die Mutter steht;
5.a. Klient widmet sich einer der beiden Seiten (in dieser Beschreibung wird die Mutter als Beispiel herangezogen) und

stellt sich die Frage, was Mutter gebraucht hätte, damit sie in Resonanz hätte leben können; bei diesem Schritt wird erwartet, daß sich bereits Werte des Klienten eröffnen, die auf das ursprüngliche Problem passen;

5.b. auf der Zeitlinie zurück zu den Eltern der Mutter gehen und das Thema wie bei 5.a. auf sie bezogen stellen;

5.c. Thema: Welche Qualitäten lebten die Großeltern und was gaben sie der Mutter mit?;

5.d. die Entwicklung der Mutter von ihrer Geburt an auf der Zeitlinie rekonstruieren, wie sie in ihre Familie aufgenommen wurde, wie ihre Entwicklung in der Familie verlief. Dies wird bis zu dem Zeitpunkt verfolgt, an welchem die Mutter auf den Vater trifft;

6. Verlauf wie bei Punkt 5 mit zweitem Elternteil;

7.a. Eltern treffen einander, es wird auf der Zeitlinie soweit gegangen, bis die Eltern bereit sein können, das Kind zu empfangen, sie haben alle Werte zum Zeitpunkt der Geburt zur Verfügung;

7.b. Klient spürt sich selber in der pränatalen Zeit und nimmt Geborgenheit wahr, geht bis in die perinatale Phase;

8. Klient geht mit den bisherigen Erlebnissen auf der Zeitlinie bis in die Gegenwart, erlebt dabei Altes wieder und teilweise neu, bis er die Gegenwart auf der Zeitlinie erreicht hat. Dieser Schritt kann sich als ein langer Prozeß herausstellen, wenn der Klient mehrere Ereignisse in seiner Vergangenheit neu erlebt und dabei jeweils länger verweilt, um das neue Erlebnis zu verinnerlichen;

9. von der Gegenwart aus wird ein Anker gesetzt, um das neue Gefühl und die Werte in die Zukunft mitzunehmen.

Die Schritte 2 bis 9 werden solange wiederholt, bis eine Bereinigung traumatischer Erlebnisse erfolgreich durchgeführt ist und somit Hindernisse der Problembewältigung vermindert wurden. Es ist hinzuzufügen, daß es bei dieser NLP-Intervention nicht um ein reales Wiedererleben vergangener Situationen geht (was in Anbetracht der starken zeitlichen Rückschritte unmöglich wäre), vielmehr steht die Subjektivität des Empfindens im Vordergrund.

10.a. Test durch Therapeuten: Physiologie, verändert sich Mimik, Gestik, Körperhaltung auf der Zeitlinie; gleicht sich die Physiologie im Vergleich der Zeugung zur Gegenwart an, ist ein Ziel der Intervention erreicht. Ist dies nicht gegeben, wird davon ausgegangen, daß eine Blockade mit dem Ursprung in der Vergangenheit weiterwirkt.

10.b. Es wird auf der Basis der Intervention überlegt, welche neuen Möglichkeiten der Problemlösungsstrategien bestehen, welche positiven Beliefs im Sinne einer produktiven Strategie installiert werden können.

10.c. Future pace.

3.3.5. Phobie-Technik

LANKTON (1980) beschreibt als Ursache für die Entwicklung von Phobien die Art der kinästhetischen Erinnerungsform. Nach dieser Theorie besteht eine starke emotionale Assoziation zum traumatischen Erlebnis: In der ersten Erfahrung mit dem phobisch besetzten Objekt wurden intensiv negative Gefühle freigemacht, die bei einer neuerlichen Konfrontation mit dem Objekt zur Wiederholung der Gefühlsintensität führen. Die Problematik der phobischen Reaktion liegt in der assoziierten Weise der Erinnerung – eine Situation wird unmittelbar in der alten Stärke wiedererlebt.

Aus diesem Schema ergibt sich zwangsläufig ein Interventionsprinzip, das von O'CONNOR und SEYMOUR (1992) beschrieben wird, nach welchem ein dissoziiertes Erinnerungsverhältnis hergestellt werden soll, also sich der Phobiker in einer traumatischen Situation sieht und nicht direkt in der Situation beteiligt ist. In der therapeutischen Praxis versucht der Therapeut, dem Klienten dazu zu verhelfen, entlang der eigenen Zeitlinie bis in die früheste Situation zu gelangen, die die Phobie auslöste. Die Rückschau in der persönlichen Geschichte verläuft dissoziiert, das heißt, der Klient soll sich selbst wie auf einer Filmleinwand sehen können und mit Hilfe der vorher eruierten Ressourcen korrigieren können, sich also von einer Art Regiestuhl aus selbst neu gestalten können.

Die Schritte werden der Reihenfolge nach von SEYMOUR und O'CONNOR (1992) beschrieben, sie sind hier zusammengefaßt:

1. Bevor der Klient die Reise in die Vergangenheit antritt, installiert der Therapeut einen Sicherheitsanker. Der Klient wird aufgefordert, ein angenehmes Ereignis der Vergangenheit zu erleben, dies wird verankert[116].
2. Der Klient soll sich vorstellen, vor einer Kinoleinwand oder einem Fernsehapparat zu sitzen. Darauf soll er imaginär aus seinem Körper herausgehen und sich bildhaft selbst auf der Leinwand betrachten.
3. Der Klient geht auf der Zeitlinie entlang zurück, bis er die früheste Situation, in der der phobische Zustand auftrat, sehen kann. Diese Situation soll von kurz vor Eintritt bis kurz danach ablaufen. Kommt der Klient in dieser Phase trotz des dissoziierten Betrachtens in einen schlechten inneren Zustand, soll ihn der Therapeut entweder mit dem gesetzten Sicherheitsanker oder einem anderen Mittel herausholen und nach einer Pause neuerlich diesen Schritt wiederholen.
4. Nach erfolgreichem Abspielen des Filmes soll der Klient in seiner Vorstellung seine Identität von der Leinwand wieder zu sich gehen lassen.
5. Der Klient stellt sich vor, wie er zur Leinwand geht und dem jüngeren Selbst die Hilfe und Unterstützung gibt, die zur Bewältigung der Situation notwendig ist. Es wird darauf geachtet, daß der Klient seine persönlichen Stärken und Ressourcen in die Szene einbaut, bis die Situation an der

Leinwand an Gefährlichkeit verloren hat und das junge Selbst »verstanden« hat, wie die Angst abgebaut werden kann, also welche eigenen Stärken zur Verfügung stehen, um die Gefahr zu bewältigen.

6. Abschließend stellt sich der Klient eine künftige Situation assoziiert vor, in der die phobischen Zustände auftreten könnten. Es sollte dabei möglich sein, der ehemals phobischen Gegebenheit angstfrei oder zumindest mit geringerer Angst entgegenzutreten.

3.3.6. Zusammenfassung

Aus den Ausschnitten, welche eine regressive Dynamik beschreiben, wird deutlich, daß ein Unterschied zu psychoanalytischen Techniken besteht. Zwar wird grundlegend versucht, das jeweilige urtraumatische Ereignis zu erfassen, allerdings besteht der Zweck der Rekonstruktion darin, mittels der vergangenen Erfahrung Korrekturen durchzuführen. Damit ist einerseits ein Bewußtwerdungsprozeß für Ursachenzuschreibung in neurotischer Entwicklung vorhanden, andererseits wird durch die aktive Modifizierung in der imaginären Vergangenheit erwartet, daß ein AHA-Effekt auftritt, wie die traumatische Situation auch anders zu bewältigen gewesen wäre, wobei die Person über die notwendigen Mittel verfügt, um einem neuerlichen Auftreten eines schlechten inneren Zustands entgegenzuwirken. Durch die veränderte emotionale Beziehung und/oder Einstellung zum Problemgegenstand sollte schließlich selbiger neutralisiert und neubewertet sein.

3.4. Gegenwartsbezogene Interventionsmuster

Unter gegenwartsbezogenen therapeutischen Vorgehensweisen werden diejenigen Techniken thematisiert, welche nur zu einem geringeren Anteil regressive Elemente oder progressive Merkmale beinhalten und deren Hauptaugenmerk auf dem Hier und Jetzt liegt.

3.4.1. Drei Positionen

Wie bereits im vorigen Kapitel beschrieben wurde und aus der NLP-System-Matrix ersichtlich ist, werden die drei Wahrnehmungspositionen als Bestandteil in der Persönlichkeitstheorie betrachtet; sie sind in der therapeutischen Praxis als angewandte Technik eingesetzt. Im konkreten wird der Klient dazu aufgefordert, für jede der drei Positionen in einem Raum Standorte zu finden. Er wechselt daraufhin in die drei Situationen, um aus dem jeweiligen Blickpunkt heraus das Spezifische dieser Stellung zu analysieren[117] und Strategien zu entwickeln, die – aus verschiedenen Perspektiven betrachtet – zu einer Problemreduktion und -auflösung führen sollen. Als Hintergrund dieser Interventionsform ist die Annahme zu betrachten, daß mit einem bestimmten Problem eine bestimmte intraindividuelle perspektivische Stagnation verbunden ist und die betroffene Person selbst aus einer Art supervidierenden Sichtweise neue Problembewältigungsstrategien entwickeln kann.

3.4.2. New behavior generator

Mittels dieser Technik wird versucht, sich neues Verhalten anzueignen bzw. zu verbessern. Die Technik kann dann verwendet werden, wenn ein Modell vorhanden ist, welches über die Fähigkeiten, die für das erwünschte Verhalten nötig sind, verfügt. Nach KUTSCHERA (eigene Präsentation, 1991) beinhaltet dies folgende Schritte:

1. Ein Verhalten identifizieren, das der Klient gerne hätte und das er bei anderen Personen schon erlebt hat. Diese Modellperson braucht – abgesehen von diesem spezifischen Verhalten – sonst weder sympathisch noch nachahmenswert zu sein;
2. Identifizierung des Verhaltens mittels submodaler Hilfsmittel;
3. Vertrag, dieses Verhalten tatsächlich haben zu wollen;
4. gedanklich eigene Person neben Modell positionieren;
5. assoziiert in das Modell einsteigen und neues Verhalten schrittweise übertragen;

6. Test, ob sich Klient mit neuem Verhalten vom Modellierungsplatz entfernen kann;
7. Future pace.

3.5. Zukunftsorientierte Interventionsmodelle

Daß sich NLP als eine Methode beschreiben läßt, die im therapeutischen Vorgehen großen Wert auf Zukunftsorientierung legt, wurde bereits an mehreren Stellen angeführt. Dieser Schwerpunkt geht bereits aus der Tatsache hervor, daß eine Gegenüberstellung eines IST-Wertes – des gegenwärtigen Zustandes – zum SOLL-Wert – dem erwünschten Zustand – in vielen therapeutischen Schritten eingebaut wird. Zukünftige Perspektiven werden vor allem in zweierlei Richtungen betrachtet: Zum einen ist die Frage nach individuellen Zielen der Nährboden aller NLP-Therapien, zum anderen wird mittels bestimmter Techniken eine Erfolgskontrolle vorgenommen, um zu überprüfen, ob neu Erlerntes in der Zukunft um- und einsetzbar ist.

3.5.1. Zielarbeit

Es wird davon ausgegangen, daß die Qualität von Handlungen, Einstellungen und dahinterstehenden Motivationen einer konkreten Vorstellung davon abhängt, wohin eine Person will[118]. Ziele beziehen sich auf verschiedene zeitliche Dimensionen, sie werden in kurz-, mittel- und langfristige Dimensionen eingeteilt.

Es gibt im NLP verschiedene Techniken, um ein Ziel in der Zukunft mental in die Gegenwart zu holen. Das Grundprinzip, welches bei allen Variationen der Zielarbeit beibehalten wird, teilt sich in folgende Schritte auf:

1. Formulierung des Zielsatzes: Dabei ist zu berücksichtigen, erstens den Ausdruck ohne Negationen, also positiv, und zweitens in der Gegenwart zu gestalten. Es soll aus der Formulierung hervorgehen, daß das Erreichen des Ziels der eigenen Kontrolle unterliegt und nicht von Umständen/Merkmalen abhängt, auf

die die Person keinen Einfluß hat.

2. Imagination des Zielzustandes: Mit Unterstützung submodaler Elemente[119] stellt sich die Person vor, wie es ist, wenn das Ziel erreicht ist.
3. Kontextanalyse: Es wird zu konkretisieren versucht, mit wem, wann, in welchem Zusammenhang der SOLL-Zustand erwünscht wird.
4. Untersuchung möglicher Konsequenzen: Durch die Realisierung von erhofften Zuständen ist eine Veränderung im persönlichen Leben in den Bereichen zu erwarten, die in unmittelbarer Verbindung zu den Objekten des Ziels stehen. Um die Rahmenbedingungen des wünschenswerten Zustands ebenfalls in die Zielarbeit miteinzubeziehen, wird thematisiert, welche Bereiche des Lebens sich ändern und wie vom Zielzustand betroffene Mitmenschen reagieren.
5. Vergleich von IST- zu SOLL-Zustand: Es wird untersucht, was der Nutzen des alten Zustands und der Preis des neuen ist. Die Realisierung eines Ziels ist nur dann möglich, wenn entweder der Nutzen integriert werden kann, und/oder die Vorteile der Zielerreichung so stark sind, daß Nachteile, wie Verzicht, die aus der Aufgabe des Vertrauten resultieren, keine Hemmschwellen für Schritte zum Ziel bedeuten.

3.5.2. Future pace oder: der Schritt in die Zukunft

Bei vielen spezifischen Interventionen des NLP wird als letzter Schritt eine Situation der Zukunft imaginiert. Es wird dabei versucht, neue Erkenntnisse und Lerninhalte, die sich im Rahmen der Therapie ergeben haben, mittels einer Vorstellung zukünftiger Ereignisse zu überprüfen. Inhaltlich wird darauf geachtet, daß vor allem die neuen Elemente, welche in eine Form der Verhaltensmodifikation mit einfließen sollen, in einer zukünftigen Vorstellungswelt integriert werden.

Wenn eine Person während der Therapie zu der Erkenntnis gelangt ist, daß zum Verändern eines unerwünschten Verhaltens gewisse Ressourcen genutzt werden sollen, so wird in einer Überprüfung mittels »Future pace« darauf geachtet, daß diese Ressourcen in der Imagination der Zukunft gebraucht werden. Durch diese Vorstellung des künftigen Verhaltens wird untersucht, in welcher Weise neue Strategien wirken, wie die Veränderung des alten Zustandes damit in Verbindung steht und welche Konsequenzen sich in systemischer Hinsicht zeigen.

3.6. Bezug zur Fragestellung

Um zu überprüfen, ob die Interventionsmodelle eine logische Ableitung aus den theoretischen Annahmen des NLP darstellen, ist vorerst eine Gegenüberstellung der Unified Field Theory von DILTS[120] und der einzelnen Techniken angebracht.

Die Verwendung der System-Matrix drängt sich deshalb auf, da sie als eine Verbindung der diversen theoretischen Kernannahmen des NLP betrachtet wird. Einerseits kommen bei diesem Modell die logischen Ebenen zur Geltung, andererseits sind die drei zeitlichen Dimensionen wie die Wahrnehmungspositionen in die Matrix aufgenommen.

Die zeitlichen Aspekte der NLP-Theorie finden vor allem in den Techniken ihre Umsetzung, die sich mit der Time line befassen, weiterhin wird der Zukunft eine starke Bedeutung gegeben, wie sich aus der obigen Beschreibung der Technik Future pace schließen läßt.

Die drei Wahrnehmungspositionen sind durch eine eigene Technik in der therapeutischen Praxis repräsentiert, die fünf Ebenen werden unterschiedlich konkret in der Umsetzung gebraucht: Eindeutig sind es die Beliefs, die durch bestimmte Interventionsmuster aufgearbeitet und modifiziert werden, während die restlichen vier Elemente in verschiedenen Behandlungsformen integriert sind:

Die Ebene *Umwelt* ist vor allem dann angesprochen, wenn es erstens um diagnostische Arbeit geht, zweitens analysiert wird, in welcher Weise Mitmenschen von persönlichen Veränderungen betroffen sind bzw. wie diese darauf zu reagieren vermögen.

Viele Techniken des NLP zielen darauf ab, eine Modifikation unerwünschter *Verhaltensweisen* zu erreichen, die häufig mit dem Erlangen neuer Einstellungen, Erkenntnisse und Erlebnisformen einhergeht. Behandlungserfolg und Zielannäherung werden in der Regel daran gemessen, inwieweit sich erwünschte Handlungsweisen mit gegenwärtigen decken, indem überprüft wird, ob sich ein Verhalten dem Soll-Wert angenähert hat bzw. diesem entspricht.

Dem Bereich der *Fähigkeiten* kommt vor allem dann Bedeutung zu, wenn in der Therapie thematisiert wird, welche Ressourcen der Patient für den Zielzustand benötigt, welche davon er bewußt besitzt, und/oder vorhanden sind, ohne dies gewußt zu haben.

Die Ebene *Individuum* trägt eine übergeordnete Bedeutung, sie läßt sich im therapeutischen Kontext als Ich-Stärke umschreiben, die dann vorhanden ist, wenn die anderen vier genannten in ihrem Sinn »installiert« sind.

Folgende weitere theoretische Ansätze, die nicht explizit aus der System-Matrix hervorgehen, sind eine Fundierung für bestimmte Interventionen: Wie bereits ausgeführt, trifft dies auf das Prinzip der Ankertechnik zu, »New behavior generator« ist auf die Theorie des Modellierens rückführbar, »Reframing« läßt sich als eine Anwendungsform betrachten, in der die kognitiv orientierten Aspekte des NLP zur Geltung kommen[121].

Es konnte mit dieser selektiven Auflistung von Therapietechniken gezeigt werden, daß ein Zusammenhang zwischen Theorie und Praxis des NLP gegeben ist, womit sich festhalten läßt, daß theoretische und praxeologische Vorstellungen eine Verbindung zueinander besitzen.

C Resümee

In der vorliegenden Arbeit wurde der Versuch unternommen, eine Reformulierung des NLP als eigenständige Schule der Psychotherapie unter Verwendung wissenschaftsmethodischer Kriterien zu beschreiben.

Eine sich diesbezüglich aufdrängende Frage, die für das NLP als Methode gestellt werden muß, ist, ob sie eine Berechtigung als eigenständige Therapieform besitzt oder als »Abklatsch« verschiedener bereits existierender Ansätze zu betrachten ist. Es wurde bereits an manchen Stellen der Arbeit auf dieses Problem eingegangen, es soll allerdings an dieser Stelle im Hinblick auf die Fragestellung nochmals thematisiert werden.

Wie bereits aus der Entstehungs- und Entwicklungsgeschichte des NLP ersichtlich wird, besteht in zahlreichen Teilen des NLP eine Anlehnung an anerkannte psychologische Theorien. Dabei fällt auf, daß teilweise solche Theorien miteinander verknüpft werden, die eine hohe Diskrepanz zueinander besitzen.[122]

Vom Theorienpluralismus der allgemeinen Psychotherapieforschung sind vor allem Diskussionen in zwei Richtungen geprägt, einerseits Untersuchungen, die sich mit Vergleichen verschiedener Therapieformen auseinandersetzen, andererseits Beiträge, die sich um eine Verbindung der Strömungen bemühen, um den Pluralismus zu überwinden: Es wurde in den letzten Jahrzehnten der Ruf nach Verknüpfung der unterschiedlichen Richtungen laut. GARFIELD (1982) trat bereits vor über zehn Jahren dafür ein, eine Integration der voneinander abweichenden Theorien zu versuchen. Er schlug vor, das Dilemma der Psychotherapie in Form eines eklektischen Ansatzes zu lösen. Derartige Aufforderungen finden sich auch heute in ähnlicher Form, wie u.a. bei EIDELBERG (1992).

Indem NLP als eine eklektische Therapieform zu bezeichnen ist, drängt sich die Frage auf, ob dieses Modell eine Realisierung der Forderung nach Integration unterschiedlicher Theorien darstellt. Für den Eklektizismus des NLP sprechen der o.g. Bezug auf mehrere psychologische Theorien und der konsequente Versuch, dieses mulitdimensionale Modell in therapeutisches Handeln umzusetzen. Allerdings ist mit dieser Methode die Schwierigkeit verbunden, sich durch eine derartige Vorgangsweise leicht in Widersprüche zu verstricken, wie dies von Kritikern an NLP argumentiert wird. Insbesondere wird dabei diskutiert, daß die Übernahme psychologischer Theorien von Lücken und Verzerrungen geprägt sei. Auf dieser Linie argumentiert auch REVENSTORF (1985), wenn er bemerkt, daß das theoretische Gerüst des NLP auf der Basis von Ansätzen aufbaut, die ihre Thesen in einem anderen Kontext gebrauchen, als dies bei NLP der Fall sei. Demgegenüber nimmt WEERTH (1992) Stellung und weist darauf hin, daß übernommene theoretische Bestandteile eben nur zum Teil ihre Originalität beibehalten, da eine Transformation in das Weltbild des NLP auch Veränderungen der ursprünglichen Annahmen bewirkt. In diesem Sinn folgert er, daß das Einzigartige des NLP dadurch gewährleistet bleibt, indem eine Erweiterung von Theorien bzw. deren Adaption an das Modell des NLP stattfindet.

Weiterhin ist anzuzweifeln, daß es generell einem eklektischen Therapiemodell gelingen kann, sämtliche Theoriebestandteile ohne Modifikation oder Reduktion einzelner Erkenntnisse zu integrieren. Sollte diese Forderung nach einer 1:1-Transformation erhalten bleiben, ist zu befürchten, daß von vorneherein jeder eklektische Ansatz zum Scheitern verurteilt ist. In diesem Fall muß zugleich mit einer Vergrößerung der Misere bei wissenschaftlicher Psychotherapie gerechnet werden. Zu erwarten ist dann nämlich, daß es zu einer Vermehrung des Theorienpluralismus und zu vielen, sich widersprechenden Untersuchungsergebnissen kommt.

Der derzeitige Stand einer empirischen Psychotherapieforschung NLP ist dahingehend zu beurteilen, daß diese sich in den Kinderschuhen befindet. Es existieren zwar einige Ansätze zu Feldstudien innerhalb der NLP-Szene, diese wurden bisher jedoch kaum publiziert. Veröffentlichungen beziehen sich meist auf phänomenologische Beobachtungsergebnisse, deren Überprüfung großteils noch aussteht. Dies scheint jedoch nicht als ein Spezifikum des NLP abgetan werden zu können, es fehlt bisher insgesamt ein einheitliches Vorgehen zur empirischen Überprüfung in der Psychotherapieforschung.[123]

Wenn sich PERREZ (1991b) der Thematik widmet, was klinisch-psychologische Behandlungs- und Therapiemethoden charakterisiert, und dabei formuliert, daß ein psychotherapeutischer Aspekt den Interventionszusammenhang auf der Ebene der Funktionsmuster und der interpersonellen Systeme als auch auf der Ebene der gestörten Funktionen erfaßt, besteht hierbei eine Deckung mit der Auffassung des NLP: PERREZ und BAUMANN (1991) teilen Interventionsebenen in ein intrapersonelles System – Funktion, Funktionsmerkmal[124] – und interpersonelle Systeme ein – Dyade, Familie/ Primärgruppen, Betrieb, Schule, Gemeinde. Wie sich durch die gesamte Arbeit hindurch des öfteren zeigte, widmet sich NLP exakt diesen Ebenen, es wird einerseits auf personeninterne Zustände im Laufe der Therapie eingegangen, deren Betrachtung findet allerdings stets in einem Umweltbezug statt. Auf diesen Zusammenhang wird während jeder therapeutischen Phase Rücksicht genommen, da sowohl bei der Analyse des IST-Zustandes als auch bei einer Bearbeitung des Soll-Wertes isolierte Betrachtungen als unvollständig und unzuverlässig angesehen werden.

Weiterhin sei noch auf eine umfassende Kritik an der Psychologie und Psychotherapie von EIDELBERG (1992) eingegangen und in der Hinsicht überprüft, ob und in welcher Form NLP dazu beitragen kann, die von ihm bezeichnete aktuelle Krise zu entschärfen:

Der Autor ist der Ansicht, daß die moderne Psychologie auf den Philosophen des 17. Jahrhunderts, Thomas HOBBES, zurückgeführt werden kann. Er postulierte das Primat des Nichtrationalen im menschlichen Verhalten. Durch diesen Reduktionismus komme es zu einem moralischen Relativismus, indem Denken oder Vernunft auf ein Instrument der Leidenschaften wie der persönlichen Begierden und/oder Abneigungen vermindert wird. Diese Lehre von HOBBES wirke in der jetzigen Psychologie seiner Ansicht nach in der Psychoanalyse, den behavioristischen und biomedizinischen Modellen der Psychopathologie und sogar in der kognitiven Psychologie.

Als Beispiel sei hier die Stellungnahme zu ELLIS wiedergegeben, da EIDELBERG (1992) nachzuweisen versucht, daß selbst bei ELLIS kein Primat der Vernunft gegenüber den Emotionen vorliegt. ELLIS wird als moralischer Relativist bezeichnet, da nach ihm Vernunft nicht dazu geeignet ist, objektive oder suprapersonale Standards zu erfassen. Dies hat zur Folge, daß Vernunft als Instrument persönlicher Emotionen im obigen Sinn gesehen wird und insofern das Primat der Emotionen unterstützt.

Das Ziel der Therapien, die durch ihre pluralistische Situation selbst die Misere verdeutlichen, sei das Freilassen von Emotionen durch Entfernen von Schranken, Hemmungen bezüglich sinnlicher Lustgewinne. Damit wird das Postulat des Primats der Leidenschaft bekräftigt, und folglich die Liberalisierung selbiger unterstützt. In Konsequenz bedeute dies den Verlust an moralischer Verantwortung, einher geht damit auch die Erhöhung des Stellenwerts aggressiver Emotionen[125]. Diese Überlegungen veranlassen den Autor dazu, von der modernen Psychologie als einer Psychologie ohne Seele zu sprechen.

In den weiteren Ausführungen versucht der Autor, mittels eines Denkexperimentes für ein Primat des Intellekts zu argumentieren. Lebt eine Person gegenüber einer anderen Zorn aus und entdeckt sie daraufhin, daß sich der Zorn gegen eine unschuldige Person richtete, wird aus dem Gefühl des Zorns das Gefühl der Reue entstehen. Die Konklusion dieses Versuchs ist, daß jeder menschlichen Emotion eine Idee oder ein Konzept zugrunde liegt, also rationale Prozesse emotive bewirken.

Es steht noch aus, in welcher Form diese Kritik von EIDELBERG in die therapeutische Theorie und Praxis umgesetzt werden kann, so daß seine Ansprüche in einer bestimmten Therapieform Anwendung finden könnten. Es scheint jedoch in manchen Ansätzen eine Möglichkeit für NLP vorhanden zu sein, diese Forderungen zu erfüllen.

Durch den bereits thematisierten eklektischen Ansatz kann NLP als ein Versuch gelten, erste Beiträge dazu zu leisten, das Problem des Pluralismus innerhalb der Psychotherapieforschung zu überwinden. Nach der Vorgangsweise des hier reformulierten Modells ist eine Überwindung dieses Dilemmas durch Integration verschiedener – wenn auch scheinbar nicht miteinander vereinbarer – Formen möglich.

Im derzeitigen Forschungsstand ist kein Primat für Emotionalität oder Intellekt zu finden, auch scheint ähnlich wie ELLIS auch NLP nicht an die Möglichkeit rationalen Registrierens objektiver Standards zu glauben. Dennoch läßt sich dem NLP zusprechen, daß es teilweise gelingt, den Ansprüchen von EIDELBERG gerecht zu werden. Dies ist vor allem dann gegeben, wenn die Idee des Kritikers am bestehenden moralischen Relativismus durch das geschilderte Gedankenexperiment untermauert wird. NLP versucht, durch bestimmte Vorgehensweisen und Techniken eine Veränderung auf der Bewußtseinsebene zu erreichen, um daraus zu einem anderen inneren Zustand zu gelangen.[126]

Eine weitere Frage ist, ob NLP ebenfalls den moralischen Relativismus vertritt, und damit auch der daraus resultierenden Unmöglichkeit unterliegt, zwischen gut und böse in objektiver Weise zu unterscheiden, bzw. Unterscheidungskriterien lediglich personenbezogen durchgeführt werden können. Dies läßt sich zum derzeitigen Forschungsstand nicht eindeutig beantworten: Erstens postuliert NLP den Vorrang der Subjektivität gegenüber der Objektivität, wodurch der moralische Relativismus bestätigt wird. Zweitens findet sich zwar keine objektive Unterscheidung zwischen gut und böse[127], jedoch sind moralische Instanzen, die über eine subjektive Bedeutung hinausgehen, in der Praxeologie des NLP vorhanden. In bestimmten Bearbeitungsteilen wird thematisiert, ob eine erwünschte Veränderung Dynamiken in der sozialen Umwelt auslöst, die nicht mehr verantwortbar sind. In diesem Sinn ist eine teilweise Abweichung vom moralischen Relativismus vorhanden, indem die Verantwortung für das Sozialleben hervorgehoben wird.

Im Hinblick auf die Fragestellung der vorliegenden Arbeit ist an dieser Stelle zusammenzufassen, ob erstens die theoretischen Bausteine des NLP Bezüge zu psychologischen Theorien aufweisen und wie derartige Verbindungen zu charakterisieren sind, und ob zweitens eine logische Verbindung der theoretischen Elemente des NLP mit dem praktisch-therapeutischen Vorgehen gegeben ist.

Einleitend zu diesen Überlegungen ist zu erwähnen, daß sich der Versuch der Reformulierung als ein nicht einfaches Unterfangen herauskristallisierte, da sich NLP nach wie vor in einer Entwicklung befindet, die von expansiver Kraft getragen wird, weshalb eine thematische Eingrenzung in manchen Kapiteln notwendig war. Auch kann aus diesem Grund kein Anspruch auf Vollständigkeit bei der Beschreibung des NLP als psychotherapeutisches Modell erhoben werden; vielmehr stand die Fragestellung der gesamten Arbeit im Vordergrund, um danach ausgerichtet die Diskussionen zu gestalten.[128]

Wie sich durch die gesamte Arbeit hindurch zeigen läßt, verfügt NLP über Affinitäten zu mehreren psychologischen Theorien. Somit läßt sich im Sinne der Fragestellung eindeutig resümieren, daß

Bezüge zu anerkannten psychologischen Theorien bestehen und insofern die Forderungen zwei und drei für wissenschaftliche Fundierung[129] nach PERREZ (1991a) erfüllt sind. Als ein durchweg größeres Problem stellte sich im Zuge der Vergleiche zu anderen Theorien die Analyse heraus, ob Transformationen inhaltlich korrekt durchgeführt sind. Es läßt sich darauf keine generalisierende Antwort für das gesamte Modell NLP finden, da die Ausgangssituationen, welche zur Übernahme von Kenntnissen psychologischer Theorien führten, unterschiedlich sind: Wird an manchen Stellen konkret ein Bezug zu anderen Theorien hergestellt, so ist eine Affinität zu manchen psychologischen Schulen eine eher zufällige, auf welche sich NLP-Autoren nicht beziehen und die in der vorliegenden Publikation erstmals Erwähnung finden. Weiterhin bedient sich NLP teilweise an Theorien, die in ihrer Originalität sehr umfangreich sind. Stellvertretend für die letztgenannte Gruppe läßt sich das Meta-Modell anführen. Wie im entsprechenden Kapitel gezeigt wurde, beruft sich dieser theoretische Abschnitt des NLP auf die Transformationsgrammatik CHOMSKYs. Zugleich ist dieser Zugang zu CHOMSKY nur in oberflächlicher Form vorhanden. Die NLP-Autoren, welche die Transformationsgrammatik als Grundlage des Meta-Modells anführen, gehen keineswegs auf Einzelheiten dieser Theorien ein, sondern begnügen sich damit, auf die Oberflächen- und Tiefenstruktur hinzuweisen. Außerdem wurden in psycholinguistischen Untersuchungen bereits mehrmals Falsifikationen an CHOMSKYs Theoriengebilde vorgenommen. Auf den aktuellen diesbezüglichen Forschungsstand ist im NLP vermehrt Rücksicht zu nehmen, um auf Veränderungen alter Erkenntnisse adäquat in der eigenen Theorienbildung zu reagieren.

In ähnlicher Form sind wahrnehmungspsychologische Ausführungen des NLP zu betrachten, diese besitzen in allgemeiner Form eine Verwandtschaft zu anerkannten Theorien der Wahrnehmungspsychologie, weisen jedoch in Details geringfügige Ähnlichkeit auf.

Als folgerichtige Übernahme stellte sich im Laufe der Analyse der Arbeit das Prinzip des Hypnose-Leitmodells nach ERICKSON heraus. Außerdem konnte nachgewiesen werden, daß eine inhaltliche Parallelität zu kognitiven Modellen, vor allem zu BECK und ELLIS, besteht.

Persönlichkeitspsychologische und störungstheoretische Aussagen des NLP weisen in erster Linie auf einen Kontext zu systemischen Kernannahmen nach BATESON hin. Auch ist anzuführen, daß der Weg der Beschreibung einer Persönlichkeitspsychologie des NLP von bisher beschrittenen insofern abweicht, als vermehrt darauf Wert gelegt wird, zu definieren, was unter Gesundheit zu verstehen sei, wodurch eine Beschäftigung mit pathopsychologischen Phänomenen in den Hintergrund rückt.

Es wurde bereits im entsprechenden Kapitel untersucht, ob eine logische Verknüpfung der Theoriebausteine des NLP mit dem praktisch-therapeutischen Vorgehen gegeben ist, so daß an dieser Stelle für diesen Teil der Fragestellung zusammengefaßt werden kann, daß eine derartige Linearität im Vorgehen gegeben ist.

Im Sinne der allgemeinen Formulierung der Fragestellung auf Seite 21, kann festgehalten werden, daß erstens NLP als psychotherapeutisches Modell beschrieben werden kann, zweitens eine wissenschaftlich/theoretisch abgesicherte Fundierung partiell gegeben ist. Partiell deshalb, weil in dieser Arbeit nicht alle Kriterien untersucht werden konnten, die eine generalisierte Aussage zuließen. So läßt sich behaupten, daß bewährte psychologische Gesetze in das Modell des NLP Einzug fanden, und diese für nomopragmatische Sätze und technologische Regeln NLP-spezifisch genutzt werden.

Der Fairneß halber ist auf GRAWE, DONATI und BERNAUER (1994) hinzuweisen. Die Autoren setzen sich in schulenvergleichender Vorgehensweise mit der theoretischen Fundierung der einzelnen Strömungen auseinander. Die Überprüfung des wissenschaftlichen Standes legen die Autoren an den beiden Maßstäben

Wirksamkeitsüberprüfung und *Vereinbarkeit mit dem Wissensstand der Psychologie* fest. Das vorliegende Werk beschäftigte sich primär mit dem zweitgenannten Punkt. Trotz der genannten Mängel in der Theorienbildung des NLP spricht für die gegebene Vereinbarkeit, daß NLP sich in erster Linie gerade auf diejenigen Schulen stützt, die auch von GRAWE als theoretisch gut abgesichert angesehen werden, nämlich die kognitiv-behaviorale Strömung und die Familientherapie.

Abschließend ist auf der vorliegenden Studie aufbauend eine Forderung von GRAWE, DONATI und BERNAUER (1994) zu diskutieren: Die Autoren beschreiben die Notwendigkeit der Einführung einer Allgemeinen Psychotherapie. Die einzelnen Aspekte, welche jene zu integrieren hätte, sind:

- Aktive Hilfe zur Problembewältigung: Über die spezifische Wirksamkeit einzelner Therapieformen hinweg sollte in Therapien bei Notwendigkeit *direkte Hilfe* angeboten werden.
- Problembewältigungsperspektive: In bestimmten Therapiethemen liegt die Problemlage im *Können* bzw. *Nicht-Können*. In diesem Fall ist es Aufgabe des Therapeuten, Strategien zu erarbeiten, mit denen der Klient die erforderliche Kompetenz erwirken kann, um sich dem Problem in der Form stellen zu können, daß eine Reduktion oder Eliminierung der Schwierigkeit damit einhergeht.
- Klärungsperspektive: In anderen Fällen tritt an Stelle der Analyse des Könnens die Bearbeitung des *»Warum«* oder *»Wozu«*. Diese Perspektive betrifft Motive, Werte und Haltungen des Klienten, also stabile Persönlichkeitsdimensionen des Menschen.
- Beziehungsperspektive: Es liegt auf der Hand, daß sich in Einzel- wie in Gruppentherapien *Beziehungsfelder* anbieten, in denen eine Laborsituation auftritt. Durch den Aufbau von Beziehungen zum Therapeuten oder anderen Gruppenmitgliedern ist eine

unmittelbare Überprüfung des eigenen Schemas *Beziehungsleben* möglich.

Die Auseinandersetzungen mit Theorie und Technologie des NLP konnten klar demonstrieren, daß diese vier Dimensionen berücksichtigt werden. Beim letztgenannten Punkt liegt dies um so mehr auf der Hand, gelingt es im therapeutischen Setting doch kaum, den Beziehungsaspekt zu vernachlässigen. Interessant ist die Behauptung jedoch v.a. in bezug auf Punkt 2 und 3: In den herkömmlichen Therapieformen sind wir mit einer »Entweder-Oder«-Stellung konfrontiert. Problemorientierte Verfahren, die sich wie die Verhaltenstherapie mit dem Phänomen des *Könnens* auseinandersetzen, sind einsichtsorientierten Schulen, wie der Gesprächstherapie, gegenübergestellt, die sich mit dem Aspekt des *Wollens* auseinandersetzen. Natürlich hängen die beiden von ihrem Ursprung unmittelbar voneinander ab. Um etwas erfolgreich zu tun, ist das Können wie das Wollen Voraussetzung. Und dieser Kombination wird in herkömmlichen Verfahren nicht Rechnung getragen.

Darin besteht zugleich eine Einzigartigkeit des NLP-Modells. Wie an den verschiedensten Stellen der Arbeit deutlich wird, beschäftigt sich NLP mit beiden Perspektiven. Um die Diskussion über eklektische Vorgehensweisen zu schließen, ist deshalb in Abweichung von GRAWE[130] et al. zu folgern, daß gerade diese Methodik die Möglichkeit einschließt, sich aus dem Dilemma der Unidimensionalität einzelner Psychotherapien zu befreien. Somit ist es durchaus berechtigt, im Sinne des Buchtitels zu schließen, daß NLP eine Mixtur darstellt. Jedoch eine Mixtur, die eine hohe Wirksamkeit erwarten läßt, nicht zuletzt deshalb, weil sie durch die Integration verschiedener Theorien in der therapeutischen Anwendung eine Flexibilität verspricht, sich tatsächlich auf die Ausgangslage des Klienten einzulassen und dementsprechend im Therapieplan darauf zu reagieren, je nachdem, welches Problembild im Sinne o.a. Perspektiven vorliegt.

Was für die Forschung des NLP zu tun bleibt, ist eine vermehrte Widmung für empirische Untersuchungen, um die zahlreichen Hypothesen des Modells zu verifizieren oder bei Falsifikation zu modifizieren, um wissenschaftlichen Ansprüchen standzuhalten. Weiterhin sollten sich künftige Arbeiten mit dem Nachweis der erwünschten Wirksamkeit auseinandersetzen, wie dies allgemein von PERREZ (1991a) für wissenschaftlich untermauerte Psychotherapien gefordert wird. Neben Forschungsschwerpunkten auf dem Gebiet der Evaluation bleibt es ebenso künftigen Arbeiten überlassen, die Stellung des NLP zu den Bedingungen vier, fünf und sieben von Seite 22 und 23 zu untersuchen.

Anmerkungen

1 NLP ist die Abkürzung für die Bezeichnung des Modells.

2 Als die umfassendsten Werke, die sich um eine theoretische Fundamentierung von NLP bemühen, sind im deutschsprachigen Raum die von BACHMANN (1991) und WEERTH (1992) zu nennen.

3 Bisherige Veröffentlichungen zum Thema NLP sind durch eine elementaristische Form gekennzeichnet. Sie beschäftigen sich großenteils damit, einzelne Techniken und Annahmen zu bearbeiten, meist wird versäumt, diese in einen Kontext zueinander zu stellen. Im Unterschied zu vorliegenden Publikationen über NLP wird in dieser Arbeit der Versuch unternommen, die Vielzahl von Theorien und Techniken des NLP unter dem Blickpunkt zu untersuchen, ob sie in ein Gesamtmodell des NLP integriert werden können.

4 Da in der Psychologie ein Theorien- und Methodenpluralismus vorherrscht, ist anzuzweifeln, ob sich eine allgemeingültige Theorie der Psychologie finden läßt. Das Dilemma wird auch transparent, wenn die Frage diskutiert wird, ob überhaupt eine Psychotherapieform den Ansprüchen nach PERREZ gerecht zu werden vermag. Unter diesem Gesichtspunkt wäre zu überlegen, ob selbst anerkannte Verfahren wie Verhaltenstherapie, Psychoanalyse oder Gesprächstherapie als wissenschaftlich fundierte Methoden zu betrachten sind.

5 Die Therapietheorie befaßt sich nach HAGEHÜLSMANN (1984) mit diagnostischen Konzepten, Zielen und Inhalten der Therapie und den Anwendungsbereichen, sowie insbesondere der Frage von Indikation/Kontraindikation.

6 Eine genaue Beschreibung der anfänglichen Intention von BANDLER und GRINDER findet sich bei O'CONNOR und SEYMOUR (1992).

7 Auf die Diskussion, ob NLP als ein pädagogisches oder psychotherapeutisches Modell zu betrachten sei, wird später eingegangen.

8 Ich lasse diese begriffliche Formulierung zunächst absichtlich noch als solche unbegründet stehen, da ich zu einem späteren Zeitpunkt detailliert darauf zu sprechen komme.

9 vgl. KUTSCHERA, Seminarprogramm NLP-Trainings G.m.b.H. 1991.

10 Bei NLP wird der letztgenannte Terminus im Sinne von Gefühl, Stimmung

gebraucht, eine genauere Beschreibung ist weiter unten zu finden.

11 vgl. BACHMANN, BANDLER und GRINDER wie auch die meisten anderen Autoren, die NLP-Schriften publizierten sowie Abschnitt 1.2. von Kap. III dieser Arbeit.

12 vgl. BANDLER und GRINDER (1990b)

13 vgl. BACHMANN (1991)

14 Darunter ist sowohl Alltagslernen als auch therapeutisch indiziertes Lernen zu verstehen.

15 Ich weise nochmals auf die Fragwürdigkeit bei der Verwendung des Begriffes Programmieren hin.

16 NLP deutet auf die Wechselwirkung von individuellen Einstellungen und Zukunftsplänen zu Vorgängen in betreffenden Lebenssystemen sowie auf die subjektive Erlebnisweise des Menschen hin, welche für Kognition, Handlung und Emotion ausschlaggebend ist.

17 Was im NLP unter Persönlichkeit zu verstehen ist, wird im Kapitel III dargelegt.

18 Bei Bezugnahme auf systemtheoretisches Verständnis einer Erkenntnistheorie wird von NLP-Autoren in erster Linie BATESON zitiert.

19 Unter dieser Wechselwirkung verstehen die Autoren die Annahme, daß sich psychische Vorgänge und Zustände körperlich repräsentieren und umgekehrt eine bestimmte physische Verfassung sich auf das seelische Befinden auswirkt.

20 Das »In-der-Welt-Sein« von HEIDEGGER bedeutet eine Analyse des menschlichen Daseins und der Eingebundenheit des Seins in den Gesamtzusammenhang.

21 Konkret sind je nach der Formulierung folgende Fragen: Wer oder was genau?; Wie genau?; Verglichen womit?; Auf welcher Basis passiert Bewertung?; Was würde passieren, wenn?; Gab es einmal eine Situation, in der...?; Was führt zur Annahme, daß...?; Wie verursacht das eine das andere...?

22 Es erscheint richtiger, eine Diskussion in folgender Form zu führen: Wie bereits ausgeführt wurde, kann eine Kritik, wie sie REVENSTORF vorbringt, in ihrer Argumentationsweise nicht standhalten, da erstens schulspezifische Ableitungen durchaus für eine vorhandene Eigenständigkeit des Verfahrens sprechen, sofern diese korrekt durchgeführt wurden, zweitens dies nach PERREZ (1991a) sogar ein Kriterium für die Legitimation

ist, sich als Psychotherapieverfahren zu bezeichnen.

23 Darunter fällt das Phänomen der Submodalitäten, s.u.

24 Es wird angenommen, daß die Fähigkeit der Wahrnehmungsverfeinerung auf den verschiedenen Ebenen je nach individueller Disposition differiert, so kann z.B. im visuellen Kanal eine exakte Wahrnehmung möglich sein, während im auditiven Bereich es kaum möglich ist, qualitative Abstimmungen zuzulassen: z.B. genaue Aufnahme der Farbe vs. ungenauer Wahrnehmung der verschiedenen Töne.

25 Vgl. WEERTH (1992), O'CONNOR und SEYMOUR (1992).

26 Häufig ist auch nur von »VAKO« die Rede, da gustatorische und olfaktorische Kanäle zusammengelegt werden.

27 Vgl. BANDLER und GRINDER (1991a).

28 Nähere Beschreibungen sind bei WEERTH (1992) zu finden.

29 Die olfaktorischen und gustatorischen Repräsentationssysteme werden wie o.a. in der Perzeptionsforschung des NLP vernachlässigt.

30 Weitere Ausführungen über Submodalitäten finden sich im Kapitel der Praxeologie unter 3.2.. Die Theorie der Submodalitäten und die therapeutische Umsetzbarkeit stellen nach KUTSCHERA (pers. Mitteilung) das »Herz« der NLP-Methode dar. Weiterhin ist in den Thematisierungen der Submodalitäten eine Einzigartigkeit innerhalb der Psychotherapieschulen insofern gegeben, als Ergebnisse der Wahrnehmungsforschung unmittelbar im diagnostischen und therapeutischen Feld Verwendung finden.

31 Z.B. ein dunkles Bild heller machen, oder dumpfe Klänge verfeinern, etc.

32 Es gibt beinahe keine Fachliteratur des NLP, die sich nicht mit der Theorie der Augenbewegungsmuster auseinandersetzt. Stellvertretend für alle diese Werke seien die Grundlagendiskussionen von DILTS et al. (1991), BANDLER und GRINDER (1991a) und von CAMERON-BANDLER (1991) genannt.

33 Vgl. SCHÖNPFLUG und SCHÖNPFLUG (1983).

34 Siehe v.a. Ausführung über Submodalitäten.

35 Unter Rahmenbedingungen fallen in diesem Zusammenhang diejenigen Persönlichkeitsvariablen, welche die Person aktiv zur Zielannäherung einsetzen kann.

36 Dies kann eintreten, wenn Widerstände den autobiographischen Rückblick blockieren oder keine Erlebnisse gefunden werden, in denen das Gesuchte aktiv vorhanden war.

37 Als Flow bezeichnet er eine Art Glückszustand, indem Freude, Kreativität und ein Prozeß vollständigen Einsseins mit dem Leben erlebt wird.

38 Nach der o.a. These geht NLP davon aus, daß eine Person nur dann Fähigkeiten anderer erkennen kann, wenn sie selbst bereits etwas davon mitträgt. Es ist dabei nebensächlich, ob diese Person tatsächlich existiert oder ob sie lediglich ein Produkt innerer Phantasie ist.

39 Ich denke, daß verschiedenste tiefenpsychologische Strömungen auf psychoanalytische Erkenntnisse zurückgreifen und diese in gewisser Weise gemäß der eigenen Ideologie adaptieren. Es steht eine Abgrenzungsdiskussion zwischen verschiedenen Schulen noch aus, wenn bedacht wird, daß kein eindeutiges Kriterium besteht, das unter dem Argument verwendeter Raubmaterialien eine Psychotherapieform als nicht eigenständig verwirft.

40 Ich beziehe mich bei dieser Aufzählung verschiedener Systeme auf die Kategorisierung nach WITTE (1989), da nach dieser diejenigen Elemente der Umwelt berücksichtigt werden, die für die Betrachtung der Quellen von Beliefentwicklung in Frage kommen.

41 Es ist in diesem Zusammenhang allerdings anzumerken, daß sich keine Untersuchung eingehend damit beschäftigt, ob ein Vergleich von JUNGs Theorie des kollektiven Unbewußten mit der Position des NLP, d.h. der Erklärung gesellschaftsdimensionaler Beliefbildung zulässig ist.

42 Dies entspricht dem NLP-spezifischen Anspruch, nicht auf inhaltliche Ebenen zu achten, sondern Prozesse und deren Wirkungen zu untersuchen.

43 Weitere Ausführungen dazu sind im besonderen bei der Beschreibung der Persönlichkeitsbilder in dieser Arbeit zu finden.

44 Vor allem auf die theoretische Untermauerung durch kognitive Verfahren wird von mehreren Autoren hingewiesen.

45 Vgl. hierzu das Kapitel über das Meta-Modell der Sprache, insbesondere die Symptome der Verzerrung, Generalisierung, Tilgung.

46 Defizite sind vorhanden, wenn wichtige Ziele nicht gegeben sind und eine Person gleichgültig lebt. Bei Exzessen werden entweder viele Handlungen als wichtig erlebt, oder sie beruhen auf einer Negativmotivation.

47 Es liegt die Auffassung vor, daß pathologisches wie »normales« Verhalten die Funktion hat, bestimmte Systeme einer Person zu unterstützen bzw. aufrechtzuerhalten.

48 Genauere Ausführungen über die »Manipulationskapazitäten« durch eine direkte Kommunikation mit dem Unbewußten finden sich bei KUTSCHERA (1994).

49 Das Prinzip der Kongruenz findet auch als diagnostisches Mittel Einsatz: Wenn eine bestimmte Aussage mit der Gestik, Mimik und Körperhaltung nicht übereinstimmt, wird angenommen, daß Einwände gegen die verbal getätigte Mitteilung bestehen – zumindest auf einer unbewußten Ebene.

50 Neben WATZLAWICK, BATESON bedienen sich auch PERLS und ERICKSON einer theoretischen und praktischen Bezugnahme auf unbewußte Instanzen, so daß diesbezügliche Kritiken umfassender zu fassen wären und nicht auf NLP zu reduzieren sind.

51 Vgl. PFEIFFER (1982).

52 Im therapeutischen Kontext wird danach gesucht, welche Handlungsmerkmale für die Erstellung eines guten IZ verantwortlich sind. Wurden diese gefunden, folgt die Analyse, wie in Bereichen, die mit einem schlechten IZ gekoppelt sind, positiv verankerte Merkmale integriert werden können, um die Qualität des IZ zu steigern.

53 Auf die Wechselwirkung der genannten Bereiche wird auch im Kapitel der Störungsansätze genauer eingegangen, siehe auch Abb. 10 der vorliegenden Arbeit.

54 Bei diesem »Erinnerungsvorgang« wird alles aus der eigenen Perspektive erlebt, das Subjekt sieht sich folglich dabei selber *nicht*.

55 Zur genaueren Ausführung siehe Kap. der Praxeologie.

56 Dies scheint mir in der Argumentationslinie des Autors allerdings erstens etwas widersprüchlich zu Aussagen an anderen Stellen, zweitens nicht korrekt, wie diese vorliegende Arbeit verdeutlicht: Direkte Vergleiche mit anderen Verfahren sind bei der Untersuchung der Frage, worin Affinitäten und Abgrenzungen bestehen, durchaus möglich und sogar notwendig.

57 Die Frage bei der Thematisierung dieses Punktes lautet: »Welche Fähigkeiten trage ich in mir, um zum erwünschten Verhalten zu gelangen?«

58 »Weshalb verhalte ich mich so, welche Werte dienen mir zum Erreichen des erwünschten Verhaltens?«

59 Siehe auch Abb. 7.

60 Auf eine Beschreibung der einzelnen Gruppen wird verzichtet, wenn sie mit dem Verständnis nach DILTS konform gehen.

61 Vgl. SCHÖNPFLUG und SCHÖNPFLUG (1983).

62 Es wird auch hier auf eine genauere Beschreibung der Variablen verzichtet, sofern sie sich mit den o.a. Deskriptionen decken.

63 Es fällt schwer, diesen Gedankengang nachzuvollziehen, weshalb in der weiteren Ausführung dieser Arbeit WEERTHs Anspruch nicht beibehalten wird und deshalb beide Ausdrucksformen zu finden sind.

64 Die englische Bezeichnung hierfür ist auch im deutschsprachigen Raum geläufig und wird in dieser Arbeit ebenfalls benutzt: Time line.

65 Es ist darunter eine heterogene Auffassung zu verstehen, die sowohl auf den Inhalts- als auch den Beziehungsaspekt zutreffen kann.

66 Mit exogenen Ursachen werden Behinderungen angesprochen, die aus dem Umfeld stammen.

67 Ein einfaches Beispiel ist die Gegenüberstellung des Wertes »Lebensfreude« zum Belief: »Ich darf nicht lustig sein.«

68 Einwände können entweder wegen Zweifeln an den eigenen Fähigkeiten, die zur Zielerreichung notwendig sind, oder »Unattraktivität« des Ziels auftreten.

69 Vgl. KIEREIN, PRITZ und SONNECK (1991).

70 BATESON erwähnt in diesem Zusammenhang zwar die Möglichkeit der Provokation einer Verfassung, die dann von Psychiatern als psychotisch etikettiert wird, läßt es allerdings aus, eine genaue Beschreibung zu geben, wie das krankhafte Erscheinungsbild aussieht.

71 Vgl. Ausführungen zum Prinzip der Wahlmöglichkeiten.

72 Grenzerfahrungen sind in der Darstellung nach BROWN und HERRNSTEIN intensive bis ekstatische Erlebnisse, es besteht eine Ähnlichkeit zu CSIKSZENTMIHALYIs Beschreibung des »Flow«-Phänomens.

73 NLP legt, wie bereits an mehreren Stellen angeführt, auf eine subjektive Einschätzung der Problemstellung wert. Damit geht einher, daß eine Störung dann als solche zu akzeptieren ist, wenn sie von der betroffenen Person derart empfunden wird.

74 Die Zielarbeit stellt eine eigene Interventionsform dar und wird im Kapitel der Praxeologie eigens beschrieben.

75 Allgemein formuliert ist das Ziel der Therapie wiederum eine »gesunde« Bewältigung des Alltagslebens nach dem beschriebenen homöostatischen Prinzip.

76 Siehe auch Ausführungen zum Gesundheitsbild im Kap. 3 und Abb. 7

dieses Abschnitts.

77 Siehe Abb. 9.

78 Auf eine genauere Beschreibung dieses Anwendungspunktes kann unter Berücksichtigung des Themas der Arbeit verzichtet werden.

79 Dieser Punkt scheint sicherlich so pragmatisch und selbstverständlich, daß die Erwähnung unnötig erscheint. Dennoch ist es mir wichtig darauf hinzuweisen, um an die NLP-Anwender zu appellieren, im Zuge des Therapie-Ethos zu überprüfen, wo persönlich rationale und emotionale Grenzen gesetzt sind. Dies betrifft nicht nur Klientenkreise und Krankheitsbilder (z.B.: Sind dem »Psychosebehandler« die Symptomcharaktere des psychisch Erkrankten geläufig und weiß er um Risikofaktoren beim Einsatz mancher Interventionstechniken?), sondern es stellt sich auch die Frage, ob der Therapeut über Dynamiken seines Egos soweit Bescheid weiß, daß Phänomene der Gegenübertragung keine blockierenden Elemente des Therapiefortschritts bedeuten.

80 Eine konkrete Beschreibung, wie eine Sitzung im Falle eines phobischen Problems ablaufen kann, findet sich im Kapitel der Praxeologie.

81 Typisch für den Zugang zu psychosomatischen Behandlungen ist die Frage, was der Nutzen einer Krankheit sei. Es wird also davon ausgegangen, daß eine Krankheit mit einem Krankheitsgewinn korreliert. Ein wesentlicher Teil der psychosomatischen Therapie ist also der Analyse gewidmet, welchen Vorteil der Patient aus dem Symptom zieht.

82 Mir sind durch persönliche Gespräche und die Zusammenarbeit mit Ärzten und psychiatrischem Krankenpersonal Projekte bekannt, in welchen derzeit institutsintern die Effizienz der NLP-Therapie überprüft wird. Es ist allerdings auch hier anzumerken, daß diesbezügliche Publikationen und empirisch abgesicherte Studien über Wirksamkeit bei psychotischen Erkrankungen fehlen.

83 Dies betrifft vor allem Interventionen, die nach der Störungstheorie den Punkt interpersonaler Konfliktfelder bearbeiten.

84 Dies bezieht sich vor allem auf das Ziel, den Klienten zu vermitteln, daß es möglich ist, auch bei unsympathischen Personen innere Strategien finden zu können, die für einen selbst im Sinne der erwünschten persönlichen Entwicklung hilfreich sein können. NLP verspricht sich davon, daß das Repertoire, aus welchem eine Person schöpfen kann, vergrößert wird und damit eine Erhöhung der Problembewältigungskompetenz einhergeht.

85 Vgl. Ausführungen zur Dimension der Zeit im Kapitel Persönlichkeitsbeschreibung, sowie Erklärungen zur »Time line« im Teil Praxeologie.

86 Von diesem Standpunkt aus läßt sich keine normative Festlegung der Anzahl notwendiger Sitzungen bezüglich idealtypischer Krankheitsbilder beschreiben, da eine Abhängigkeit zum Therapieziel besteht und das Erreichen des Soll-Wertes auch bei identischen Symptomen unterschiedlich lang dauern kann.

87 Vgl. Punkt 3 des Kapitels über Menschen- und Weltbild.

88 Nähere argumentative Ausführungen über den Grund, weshalb NLP als eigenständiges psychotherapeutisches Verfahren zu betrachten ist, finden sich bei KUTSCHERA (1994).

89 GARFIELD geht nicht darauf ein, welche Beziehung zwischen verbaler und averbaler Interaktion besteht, auch liefert er keine Argumente, weshalb es sich in erster Linie um eine verbale handeln soll. Diese Diskussion ist deshalb notwendig, da körper- und einsichtsorientierte Verfahren sich sehr auf Körperhaltung, Bewegung und Physiognomie konzentrieren und dennoch für sich den Anspruch erheben, als Psychotherapien geführt zu werden.

90 Es fehlt allerdings bei den zitierten Autoren eine eingrenzende Definition des Begriffes Profession, so daß dieser als abstrakter Terminus zu werten ist.

91 Zu diesem Punkt finden sich an mehreren Stellen der Arbeit Hinweise, siehe auch 3.5.1. des folgenden Kapitels.

92 Vgl. Ausführungen zum Thema »Öko-Test« im Kapitel der Praxeologie unter Six-Step-Reframing. Wie außerdem noch dargestellt wird, behandelt der NLP-Therapeut in der Praxis ausführlich die Frage, welche Auswirkungen persönliche Veränderungen im Gesamtsystem der Lebensumwelt besitzen.

93 Weitere Querverbindungen zu anderen Schulen werden weiter unten beschrieben.

94 Unter Widerstand erster Instanz wird das Phänomen verstanden, daß der Klient in einer ersten Phase der Therapie den Therapeuten daraufhin überprüft, ob er soweit über eine Kompetenz verfügt, daß ein sich-Einlassen auf persönliche Probleme möglich scheint. Siehe auch 1.2. dieses Kapitels.

95 Vgl. KOSSAK (1989).

96 Nach erfolgreicher Absolvierung des Ausbildungsprogramms nach den internationalen NLP-Richtlinien sollte der Therapeut die Fähigkeit besitzen, durch Anwendung bestimmter Techniken sich selbst aus einer blockierenden psychischen Verfassung herauszumanövrieren.

97 Vgl. Kapitel zu Persönlichkeitsmodell und insb. Abb. 10 der vorliegenden Arbeit.

98 Genaueres ist in jenen Abschnitten zu finden, die sich mit »Rapport«, »Pacing und Leading« sowie »Kalibrieren« beschäftigen.

99 Diese Thematik scheint vor allem für kognitive Verfahren bedeutungsvoll, da sie häufig darauf bedacht sind, dem Patienten neue Einsichten in die Problemlage zu geben, um so Veränderungen herbeizuführen.

100 Wie insbesondere in den Ausführungen über den Therapieprozeß des NLP gezeigt wird, verlangt das NLP eine ständige Überprüfung des Fortschrittes in der Therapie, um eventuelle Fehler in der Hypothesenbildung zu erkennen und darauf in Form einer Veränderung des Therapieplanes zu reagieren.

101 Es sei in diesem Zusammenhang darauf hingewiesen, daß es weiterführenden Arbeiten überlassen ist, sich in empirischer Form mit der Untersuchung eines idealtypischen Therapieverlaufs des NLP auseinanderzusetzen.

102 Siehe auch Ausführungen zum Future pace.

103 Die breite Fächerung der Anwendungsformen von NLP wird deutlich, wenn die Ausbildungsvariationen von NLP-Schulen betrachtet werden. Es finden sich jeweils eigene Ausbildungsrichtlinien für Beratung, Psychotherapie und Supervision.

104 Eine derartige Isolation der Zeitdimensionen würde der Idee des NLP entgegenwirken, daß Erkenntnisse und Effekte, die aufgrund einer Bearbeitung biographischer oder gegenwärtiger Ereignisse erzielt wurden, unmittelbar nach dem Kenntnisgewinn auf die anderen Zeitdimensionen übertragen werden.

105 (K-) ist die Bezeichnung für negative kinästhetische Zustände.

106 Genaue Beschreibungen zu den Möglichkeiten, wie in der therapeutischen Praxis Submodalitäten eingesetzt werden können, finden sich bei WEERTH (1992) und SEYMOUR und O'CONNOR (1992). Weitere Ausführungen zu diesem Thema folgen in der vorliegenden Arbeit.

107 Wenn ein assoziiert erlebtes Bild dissoziiert wird, ist damit zu rechnen,

daß sich die emotionale Intensität abschwächt. In der Therapie wird diese Theorie vor allem dann umgesetzt, wenn eine Person eine bestimmte Situation als unangenehm und schmerzvoll erlebt.

108 Der Begriff Realität oder Wirklichkeit bezieht sich weniger auf Objektivität, vielmehr geht es um die subjektive Betrachtungsweise der Geschehnisse.

109 Manche Erweiterungen von Interventionsvorschlägen betreffen lediglich einzelne Schritte innerhalb einer Interventionstechnik und sind entweder durch eine Veränderung kleiner Elemente oder durch Ergänzungen bestimmter Schritte gekennzeichnet.

110 Eine detaillierte theoretische Fundamentierung dieser Theorie ist bei BANDLER, GRINDER und SATIR (1983) zu finden.

111 Wirkung sollte das Satir-Modell vor allem bei Beliefs zeigen, die eine Generalisierung beinhalten, wie »Niemand mag mich«, »Ich bin unfähig, das zu tun«, »Alle Männer wollen mich nur ausnutzen« usw.

112 Vgl. CAMERON-BANDLER (1991).

113 Vgl. LAZARUS und AVARILL (1972).

114 Z.B.: »Wann habe ich wie einen bestimmten Wert gelebt?«

115 Bei diesem Beispiel ist zu berücksichtigen, daß nach den o.g. Prinzipien des Assoziierens und Dissoziierens bereits ein emotionaler Abstand zu dem Ereignis durch Dissoziation erzielt wird. Dieser wird allerdings durch den Blick in das Jetzt und in die Zukunft verstärkt, da die Frage miteinbezogen wird, welche Pläne für die Zukunft bestehen und wie sie konkret aussehen können.

116 Als kinästhetischer Anker werden Berührungen, z.B. der Schulter bezeichnet. Er wird gesetzt, wenn ein positiver innerer Zustand vorhanden ist. Rutscht die geankerte Person im Laufe einer Behandlung in ein extrem negatives Gefühl, wird der Anker aktiviert, indem die zuvor geankerte Stelle berührt wird. Dadurch erhofft man sich eine Überlappung des negativen Zustandes, indem die positive Stimmung des angenehmen vergangenen Ereignisses mobilisiert wird.

117 Fragen sind z.B.: »Welche Werte sind da, welche fehlen?«, »Wie werden Ressourcen in der Situation genutzt?«, »Was kann verändert werden und hinzukommen, so daß eine Verbesserung eintritt?« usw.

118 vgl. KOSTERE und MALATESTA (1985).

119 Der Therapeut leitet den Klienten auf der »Vorstellungsreise« des Ziel-

zustandes und gibt darauf acht, daß alle Repräsentationssysteme – VAKO(G) – in das Bild eingebaut werden.

120 Siehe 2.4. des Kapitels Persönlichkeitsmodell.

121 Wie gezeigt wurde, beruht »Reframing« auf der Annahme, daß mit einer veränderten Sichtweise zu einem bestimmten Problem dieses konstruktiv bearbeitet und/oder benutzt werden kann.

122 So kommt es im NLP-Modell zu einer Integration behavioristischer und tiefenpsychologischer Ansätze.

123 Dies bezieht sich nicht nur auf die Standarddiskussion qualitative vs. quantitative Forschungsmethode, sondern auch auf zulässige Untersuchungsmethoden. Nach EIDELBERG (1992) ist dieses Problem auch damit verbunden, daß die Psychologie im Gegensatz zur mathematischen Physik keine exakte Wissenschaft sein kann, da weder das Denken noch die Emotionen quantifizierbare Einheiten haben.

124 PERREZ und BAUMANN (1991) unterscheiden zwischen der Ebene der psychischen Funktionen, wie Wahrnehmung, Gedächtnis, Lernen usw. und der Ebene von Funktionsmustern, die die klassischen Syndrome und die Persönlichkeit als System von Funktionsmerkmalen repräsentiert.

125 Generell diskutiert EIDELBERG (1992), daß durch den Verlust moralischer Werte neurotische Störungen provoziert werden.

126 Vgl. Technik der drei Wahrnehmungspositionen sowie Meta-Modell als Beispiel hierfür: Man erwartet von diesen Bearbeitungsformen, daß der Klient neue gedankliche Perspektiven zu einem Problem entwickelt, und folglich eine Veränderung des inneren Zustands und im weiteren des Verhaltens möglich wird.

127 Es ist hier hinzuzufügen, daß EIDELBERG (1992) keine Hinweise gibt, was Moral ist, welche objektiven moralischen Merkmale beschrieben werden können. Er unterläßt es darauf einzugehen, was moralisch vertretbar sein kann, was nicht.

128 Es wurden in der Arbeit vor allem die Kernannahmen, Grundlagen und Basisinterventionstechniken beschrieben und untersucht.

129 Siehe Seite 21f der vorliegenden Arbeit.

130 Die Autoren versäumen es allerdings, einen Alternativvorschlag zur eklektischen Vorgehensweise zu machen. Außerdem sind keine Argumente zu finden, die gegen Eklektizismus sprechen.

Literatur

Andreas, C. und Andreas, S. (1989). Heart of the mind. Engaging your inner power to change with Neuro – Linguistic Programming. Moab: Real People Press; dt.: (1994) Mit Herz und Verstand. NLP für alle Fälle (2. Aufl.). Paderborn: Junfermann.

Andreas, C., Andreas, S. (1990). Gewußt wie. Arbeit mit Submodalitäten und weitere NLP-Interventionen nach Maß (2. Aufl.). Paderborn: Junfermann.

Bachmann, W. (1991). Das neue Lernen. Eine systematische Einführung in das Konzept des NLP. Paderborn: Junfermann.

Bandler, R. (1990). Veränderung des subjektiven Erlebens. Fortgeschrittene Methoden des NLP (4. Aufl.). Paderborn: Junfermann.

Bandler, R., Grinder, J. (1990a). Reframing. Ein ökologischer Ansatz in der Psychotherapie (NLP) (4. Aufl.). Paderborn: Junfermann.

Bandler, R., Grinder, J. (1990b). Metasprache und Psychotherapie. Die Struktur der Magie I (6. Aufl.). Paderborn: Junfermann.

Bandler, R., Grinder, J. (1991a). Kommunikation und Veränderung. Die Struktur der Magie II (6. neubearbeitete Auflage). Paderborn: Junfermann.

Bandler, R., Grinder, J. (1991b). Neue Wege der Kurzzeit-Therapie. Neurolinguistische Programme. Paderborn: Junfermann.

Bandler, R., MacDonald, W. (1991). Der feine Unterschied... NLP – Übungsbuch zu den Submodalitäten (2. Aufl.). Paderborn: Junfermann.

Bandler, R., Grinder, J., Satir, V. (1983). Mit Familien reden. Gesprächsmuster und therapeutische Veränderung (2. Aufl.). München: J. Pfeiffer.

Bandura, A. (1986). Social foundations of thought and action. Englewood Cliffs: Prentice-Hall.

Bastine, R. (1990). Klinische Psychologie, Bd. 1: Grundlagen und Aufgaben Klinischer Psychologie. Definition, Klassifikation und Entstehung psychischer Störungen (2. neubearbeitete Aufl.). Stuttgart: Kohlhammer.

Bateson, G., Jackson, D.D., Haley, J., Weakland, J.W. (1956). Towards a theory of schizophrenia. Behavioral Science. 1, 251-264.

Bateson, G. (1981). Ökologie des Geistes. Anthropologische, psychologische, biologische und epistemologische Perspektiven. Frankfurt: Suhrkamp.

Beck, A.T. (1976). Cognitive therapy and emotional disorders. New York: International University Press.

Beck, A.T. (1979). Wahrnehmung der Wirklichkeit und Neurose. Kognitive Psychotherapie emotionaler Störungen. München: J. Pfeiffer.

Bliemeister, J. (1987). Empirische Überprüfung von Grundannahmen des Neurolinguistischen Programmierens (NLP). Kritische Bewertung der Darstellung des NLP durch Bandler und Grinder. Integrative Therapie. 4, 397-406.

Bliemeister, J. (1988). Empirische Überprüfung zentraler theoretischer Konstrukte des Neurolinguistischen Programmierens (NLP). Zeitschrift für klinische Psychologie. 1, 21-30.

Brown, R., Herrnstein, R.J. (1984). Grundriß der Psychologie. Berlin: Springer.

Cameron-Bandler, L., Gordon, D., Lebeau, M. (1985). The Emprint Method. A Guide To Reproducing Competence. San Rafael: Future Pace, Inc.; dt.: (1995) Die EMPRINT-Methode. Paderborn: Junfermann.

Cameron-Bandler, L. (1991). Wieder zusammenfinden. NLP – Neue Wege der Paartherapie (5. Aufl.). Paderborn: Junfermann.

Cleveland, B.F. (1992). Das Lernen lehren. Erfolgreiche NLP – Unterrichtstechniken. Freiburg: Verlag für Angewandte Kinesiologie.

Csikszentmihalyi, M. (1992). Flow. Das Geheimnis des Glücks. Stuttgart: Klett-Cotta.

De Lozier, J., Grinder J. (1987). Turtles all the way down: Prerequisites to personal genius. Bonny Doon: Grinder, De Lozier and Associates; dt.: (1995) Der Reigen der Daimonen. Paderborn: Junfermann.

Dilts, R. (1983). Applications of Neuro-Linguistic Programming. Cupertino: Meta Publications.

Dilts, R. (1990). Changing Belief Systems with NLP. Cupertino: Meta Publications; dt.: (1993) Die Veränderung von Glaubenssystemen. Paderborn: Junfermann.

Dilts, R., Bandler, R., Cameron-Bandler, L., De Lozier, J., Grinder, J. (1991). Strukturen subjektiver Erfahrung. Ihre Erforschung und Veränderung durch NLP (4. Aufl.). Paderborn: Junfermann.

Dilts, R., Epstein, T. (1991). Systemic NLP – A unified field theory. Ben Lomond: Dynamic Learning Publications.

Dilts, R., Hallbom, T., Smith, S. (1991). Identität, Glaubenssysteme und Gesundheit. NLP Veränderungsarbeit. Paderborn: Junfermann.

D'Zurilla, T.J., Goldfried, M.R. (1971). Problem solving and behavior modification. Journal of Abnormal Psychologie. 78, 107-126.

Eagle, M.N. (1988). Neuere Entwicklungen in der Psychoanalyse. Eine kritische Würdigung. München: Urban und Schwarzenberg.

Eidelberg, P. (1992). The Malaise of Modern Psychology. The Journal of Psychology. 2, 109-120.

Elhardt, S. (1986). Tiefenpsychologie. Eine Einführung (10. überarb. und erg. Aufl.). Stuttgart: Kohlhammer.

Ellis, A. (1977). Die rational-emotive Therapie. Das innere Selbstgespräch bei seelischen Problemen und seine Veränderung. München: Pfeiffer.

Ellis, A., Grieger, R. (1979). Praxis der rational-emotiven Therapie. München: Urban und Schwarzenberg.

Garfield, S.L. (1982). Psychotherapie: ein eklektischer Ansatz. Weinheim: Beltz.

Gordon, D. (1986). Therapeutische Metaphern. Paderborn: Junfermann.

Gräff, C. (1989). Konzentrative Bewegungstherapie in der Praxis (2. neubearbeitete Aufl.). Stuttgart: Hippokrates.

Graupe, S.R. (1978). Ergebnisse und Probleme der quantitativen Erforschung traditioneller Psychotherapieverfahren. In: Strozka, H. (Hrsg.), Psychotherapie: Grundlagen, Verfahren, Indikationen (2. überarb. u. erw. Aufl., S. 34-86). München, Wien, Baltimore: Urban und Schwarzenberg.

Grawe, K., Donati, R., Bernauer, F. (1994). Psychotherapie im Wandel. Von der Konfession zur Profession (2. Aufl.). Göttingen: Hogrefe.

Grewendorf, G., Hamm, F., Sternefeld, W. (1990). Sprachliches Wissen. Eine Einführung in moderne Theorien der grammatischen Beschreibung (4. Aufl.). Frankfurt am Main: Suhrkamp.

Grinder, M. (1991). NLP für Lehrer. Ein praxisorientiertes Arbeitsbuch. Freiburg: Verlag für Angewandte Kinesiologie.

Grinder, M., De Lozier, J., Bandler, R. (1977). Patterns of the hypnotic techniques of Milton Erickson, M.D. Vol. 2. Cupertino: Meta Pulications.

Guski, R. (1989). Wahrnehmung. Stuttgart: Kohlhammer-Verlag.

Hagehülsmann, H. (1984). Begriff und Funktion von Menschenbildern in Psychologie und Psychotherapie: Wissenschaftstheoretische Überlegungen am Beispiel der Humanistischen Psychologie. In: Petzold, H. (Hrsg.), Wege zum Menschen: Methoden und Persönlichkeiten moderner Psychotherapie. Ein Handbuch. Band 1 (9-44). Paderborn: Junfermann.

Hajos, A. (1972). Wahrnehmungspsychologie. Psychophysik und Wahrnehmungsforschung. Stuttgart: Kohlhammer.

Howe, J., Minsel, W.R. (1984). Gesprächspsychotherapie. Die Kraft des Guten.

In: Petzold, H. (Hrsg.), Wege zum Menschen: Methoden und Persönlichkeiten moderner Psychotherapie. Ein Handbuch. Band 1 (309-386). Paderborn: Junfermann.

Jacobsen, S. (1983). Meta-Cation, Vol. 1. Prescriptions for some ailing educational prcesses. Cupertino: Meta Publications.

James, T., Woodsmall, W. (1991). Time Line. NLP-Konzepte. Paderborn: Junfermann.

Jandl-Jager, E., Presslich-Titscher, E. (1993). Psychotherapieforschung zwischen Politik und Erkenntnis. Psychotherapieforum 2 (1), 92-95.

Jojart, J., Revenstorf, D. (1986). Zur theoretischen Grundlage des sprachlichen Metamodells von Bandler und Grinder. Hypnose und Kognition, 3 (2), 52-54.

Kernberg, O.F. (1988). Innere Welt und äußere Realität. Anwendungen der Objektbeziehungstheorie. München; Wien: Verlag Internationale Psychoanalyse.

Kierein, M., Pritz, A., Sonneck, G. (1991). Psychologengesetz, Psychotherapiegesetz. Kurzkommentar. Wien: Orac.

Korzybski, A. (1933). Science and sanity. Lakeville: The International Non-Aristotelian Library Publishing Company.

Kossak, H.C. (1989). Hypnose. Ein Lehrbuch. München: Psychologie Verlags Union.

Kostere, K., Malatesta, L. (1985). Get the results you want. A systematic approach to NLP. Cupertino: Meta Publications.

Kutschera, G. (1994). Tanz zwischen Bewußt-sein und Unbewußt-sein. NLP-Arbeits- und Übungsbuch. Paderborn: Junfermann.

Lankton, S. (1980). Practical Magic. A Translation of Basic Neuro-Linguistic Programming into Clinical Psychotherapie. Cupertino: Meta Publications.

Lauth, G.W. (1990). Denken/Problemlösen: Klassifikation und Diagnostik. In: U. Baumann, M. Perrez (Hrsg.), Klinische Psychologie. Band 1: Grundlagen, Diagnostik, Ätiologie (104-107). Bern: Huber.

Lauth, G.W. (1991). Problemlösen: Intervention. In: U. Baumann, M. Perrez (Hrsg.), Klinische Psychologie. Band 2: Intervention (224-232). Bern: Huber.

Lazarus, R.S. (1966). Psychological stress and the coping process. New York: Mc Graw Hill.

Lazarus, R.S., Averill, J.R. (1972). Emotion and cognition. With special reference to anxiety. In: C.D. Spielberger (Hrsg.), Anxiety: Current trends in theory and research, Vol. II (242-263). New York: Academic Press.

Lazarus, A.A. (1980). Innenbilder. Imagination in der Therapie und als Selbsthilfe. München: Pfeiffer.

Lee Gun, S. (1983). The excellence principle. Utilizing Neurolingistic Programming (2nd revised edition). Oklahoma: Excellence Unlimited, Inc.

Lindsay, P.H., Norman, D.A. (1981). Einführung in die Psychologie. Informationsaufnahme und -verarbeitung beim Menschen. Berlin: Springer.

Lloyd, L. (1991). Des Lehrers Wundertüte. NLP macht Schule. Freiburg: Verlag für Angewandte Kinesiologie.

Maslow, A.H. (1954). Motivation and personality. New York: Harper.

Mc Mahon, E. (1963). Grammatical analysis as part of understanding. Unpublished doctoral dissertation. Harvard University, Cambridge.

Mehler, J. (1963). Some effects of grammatical transformations on the recall of English sentences. J. Verb. Learn Verb. Behav. 2, 346-351.

Meichenbaum, D. (1979). Kognitive Verhaltensmodifikation. München: Urban und Schwarzenberg.

Miller, G.A., Mc Kean, K.O. (1964). A chronometric study of some relations between sentences. Quart. J. Exp. Psychol. 16, 297-308.

Miller, G.A., Galanter, E., Pribram, K. (1960). Plans and the structure of behavior. New York: Holt, Rinehart and Winston.

Nagel, C. van, Siudzinski, R., Reese, E.J., Reese, M. (1989). Megateaching – Neurolinguistisches Programmieren in Unterricht und Erziehung. Freiburg: Verlag für Angewandt Kinesiologie.

O'Connor, J., Seymour, J. (1992). Neurolinguistisches Programmieren: Gelungene Kommunikation und persönliche Entfaltung. Freiburg: Verlag für Angewandte Kinesiologie.

Paivio, A. (1971). Imagery and verbal processes. New York: Holt, Rinehart and Winston.

Pekrun, R. (1990). Motivation: Ätiologie/Bedingungsanalysen. In: U. Baumann, M. Perrez (Hrsg.), Klinische Psychologie. Band 1: Grundlagen, Diagnostik, Ätiologie (235-247). Bern: Huber.

Pelz, H. (1987). Linguistik für Anfänger (7. Aufl.). Hamburg: Hoffmann und Campe.

Perrez, M. (1991a). Wissenschaftstheoretische Grundbegriffe der klinisch-psychologischen Interventionsforschung. In: U. Baumann, M. Perrez (Hrsg.), Klinische Psychologie. Band 2: Intervention (51-63). Bern: Huber.

Perrez, M. (1991b). Behandlung und Therapie (Psychotherapie): Systematik und allgemeine Aspekte. In: U. Baumann, M. Perrez (Hrsg.), Klinische Psychologie. Band 2: Intervention (99-116). Bern: Huber.

Perrez, M., Baumann, U. (1991). Systematik der klinisch-psychologischen Intervention: Einleitung. In: U. Baumann, M. Perrez (Hrsg.), Klinische Psychologie. Band 2: Intervention (99-116). Bern: Huber.

Pfeiffer, W.M. (1982). Die Gesprächspsychotherapie. Carl R. Rogers' Theorie der Psychotherapie und ihre Anwendung auf die Praxis. In: Eicke D. (Hrsg.), Tiefenpsychologie. Band 4: Individualpsychologie und analytische Psychologie (504-533). Weinheim, Basel: Beltz.

Quitmann, H. (1985). Humanistische Psychologie. Zentrale Konzepte und philosophischer Hintergrund. Göttingen: Verlag für Psychologie.

Reicherts, M. (1991). Gesprächspsychotherapeutisch orientierte Intervention. In: U. Baumann, M. Perrez (Hrsg.), Klinische Psychologie. Band 2: Intervention (146-160). Bern: Huber.

Reinecker, H. (1983). Grundlagen und Kriterien verhaltenstherapeutischer Forschung (15-27). Salzburg: AVM – Verlag der Arbeitsgemeinschaft für Verhaltensmodifikation.

Reinecker, H. (1991). Verhaltenstherapeutisch orientierte Intervention. In: M. Perrez, U. Baumann (Hrsg.), Lehrbuch Klinische Psychologie. Band 2: Intervention (21-30). Bern: Huber.

Reiter, L. (1978). Werte, Ziele und Entscheidungen in der Psychotherapie. In: Strozka, H. (Hrsg.), Psychotherapie: Grundlagen, Verfahren, Indikationen (2. überarb. u. erw. Aufl., 87-112). München, Wien, Baltimore: Urban und Schwarzenberg.

Revenstorf, D. (1985). Kritik an der »Struktur« der Magie. In: B. Peter (Hrsg.), Hypnose und Hypnotherapie nach Milton H. ERICKSON: Grundlagen und Anwendungsfelder (238-270). München: J. Pfeiffer.

Revenstorf, D. (1991). Sexual- und Beziehungsstörungen: Intervention. In M. Perrez, U. Baumann (Hrsg.), Lehrbuch Klinische Psychologie. Band 2: Intervention (370-385). Bern: Huber.

Richter, R. (1991). Psychoanalytisch orientierte Intervention. In: U. Baumann, M. Perrez (Hrsg.), Klinische Psychologie. Band 2: Intervention (117-128). Bern: Huber.

Riemann, F. (1987). Grundformen der Angst. Eine tiefenpsychologische Studie. München: E. Reinhardt.

Robbins, Anthony (1992). Grenzenlose Energie. Das Power Prinzip (2. Aufl.). Bonn: Norman Rentrop.

Rogers, C.R. (1983). Therapeut und Klient. Grundlagen der Gesprächspsychotherapie. Frankfurt: Fischer.

Rosenthal, T., Bandura, A. (1978). Psychological modeling. In: S.L. Garfield, A.E. Bergin (Hrsg.), Handbook of psychotherapy and behavior change (2. Aufl.). New York: Wiley.

Satir, V. (1990). Kommunikation – Selbstwert – Kongruenz. Konzepte und Perspektiven familientherapeutischer Praxis. Paderborn: Junfermann.

Schauer, G. (1987). Wilhelm Reich. Sein Weg von Psychoanalyse zu Orgonomie und der Anfang körperzentrierter Psychotherapie. Unveröff. Dipl.arb. Universität Salzburg.

Schiermann, J.U. (1987). Die Repräsentation anschaulicher Information. Eine experimentelle Studie zur kognitiven Psychologie über die Identifizierung modalitätsspezifischer Repräsentationssysteme. Frankfurt/Main: Lang.

Schmelzer, D. (1985). Problem- und zielorientierte Verhaltenstherapie. Teil I: Zu einigen Kernannahmen des aktuellen verhaltenstherapeutischen Vorgehens. Verhaltensmodifikation, 2 (6), 101-151.

Schmelzer, D. (1986). Problem- und zielorientierte Verhaltenstherapie. Teil II: Das „OPTIMIZE"-Prozeßmodell als Orientierungsrahmen für die Praxis. Verhaltensmodifikation 1/2 (7), 2-110.

Schönpflug, W., Schönpflug, U. (1983). Psychologie. Allgemeine Psychologie und ihre Verzweigungen in die Entwicklungs-, Persönlichkeits- und Sozialpsychologie. Ein Lehrbuch für das Grundstudium. München: Urban und Schwarzenberg.

Schuhbauer, J. (1988). Augenbewegungen als Indikatoren für Informationsverarbeitungsprozesse. Unveröff. Dipl.arb., Ludwig-Maximilian-Universität, München.

Sloane, R.B., Staples F.R., Cristol A.H., Yorkston, N.J., Whipple, K. (1975). Psychotherapy versus behavior therapy. Cambridge: Harvard University Press.

Stahl, T. (1981). Das Konzept ‚Widerstand' in der Psychotherapie Milton Ericksons, in der Kommunikationstherapie und im Neurolinguistischen Programmieren. In: H. Petzold (Hrsg.), Widerstand – ein strittiges Konzept in der Psychotherapie. Paderborn: Junfermann; sowie in MultiMind – Zeitschrift für Neurolinguistische Kommunikation 2/3/4-1994.

Stahl, T. (1988). Triffst du 'nen Frosch unterwegs... NLP für die Praxis. Paderborn: Junfermann.

Strotzka, H. (1978). Was ist Psychotherapie? In: Strotzka, H. (Hrsg.), Psychotherapie: Grundlagen, Verfahren, Indikationen (2. überarb. u. erw. Aufl., 3-6). München, Wien, Baltimore: Urban und Schwarzenberg.

Taylor, C. (1988). Your Balancing Act: Discovering New Life Through Five Dimensions of Wellness. Portland: Metamorphous Press.

Tolman, E.C. (1948). Cognitive maps in rats and men. Psychological Review. 55, 189-208.

Vaihinger, H. (1911). Die Philosophie des Als Ob. System der theoretischen, praktischen und religiösen Fiktionen der Menschheit auf Grund eines idealistischen Positivismus. Berlin: Reuther und Reichard.

Watzlawick, P. (Hrsg.). (1985). Die erfundene Wirklichkeit. Beiträge zum Konstruktivismus (2. Aufl.). München: Piper.

Watzlawick, P. (1988). Münchhausens Zopf oder: Psychotherapie und »Wirklichkeit«. Bern: Huber.

Watzlawick, P, Beavin, J.H., Jackson, D.D. (1969). Menschliche Kommunikation: Formen, Störungen, Paradoxien. Bern: Huber.

Weerth, R. (1992). NLP und Imagination. Grundannahmen, Methoden, Möglichkeiten und Grenzen. Paderborn: Junfermann.

Witte, E. (1989). Lehrbuch der Sozialpsychologie. Berlin – Heidelberg – New York – Toronto: Springer.

Zimmer, J.M., Cowles, K. (1972). Content analysis using fortran: Applied to interviews conducted by C. Rogers, F. Perls and A. Ellis. Counseling Psychology. 19, 161-166.